**San Mateo; la historia de los olvidados.**

Ricardo Ruiz Zamudio

Primera edición 2026.
Irimbo Michoacán, México.
Aletheia Consultorías

Ztella Ediciones
Diseño Editorial: Ricardo Ruiz Zamudio
Diseño de portada: Ricardo Ruiz Zamudio
ISBN: 979-8866518487
Impreso y hecho en México, 2026.

# Dedicatoria

*A Dios, que me da todo sin pedir nada*

# I

—¡Que no vas a cambiar nada, muchachito! —gritó con tono despectivo el licenciado.

—¿Pero por qué no? —dijo el maestro—. Casi 500 años del municipio, sin industria, sin empleo, sin desarrollo. La gente se muere de hambre y ¿usted quiere que las cosas sigan igual?

—Es necesario iniciar un cambio: seguir con los talleres a las madres de familia sobre finanzas; a los campesinos hay que seguirles dando los cursos sobre agricultura protegida. Vamos a llevar los talleres a todas las comunidades del municipio, podemos hacerlo juntos. Crearemos un comité de fiscalización del ayuntamiento para que rindan cuentas a los ciudadanos, hacer un verdadero plan de desarrollo municipal, no ese que entregan solo para cumplir. Se debe involucrar a toda la ciudadanía para beneficiarnos todos. En las escuelas deben implementarse programas de escuela para padres, talleres de prevención del embarazo, talleres de emprendimiento. Vamos a impulsar a los jóvenes a que nos ayuden a transformar este municipio, después los municipios vecinos, luego el estado, el país y el mundo completo —dijo Leonardo con emoción.

Estaban sentados en el despacho del licenciado. Los muebles, tallados en madera de ébano, tenían adornos y terminaciones de bocote y rosa marfil. El piso estaba recubierto de caoba. Elegantemente vestido, con lámparas LED que se encendían al paso de las personas o con un chasquido de los dedos, había unos sillones importados de piel en medio del despacho. Su escritorio, también de bocote, hacía —junto con el archivero y el mueble de la biblioteca— una de las oficinas más lujosas de todo el municipio. Cómodamente, podían instalarse allí veinte personas. El espacio era acogedor.

El despacho estaba situado sobre la avenida principal, a escasos doscientos metros de la presidencia municipal. En contraste con esta, la casa del licenciado parecía un palacio. Había pertenecido a un pariente suyo que se la había heredado al fallecer, junto con algunas otras propiedades: casas en la playa, obras de arte, algunos millones de pesos. "Nada ostentoso", solía decir el licenciado de manera burlona siempre que se le hacía algún comentario sobre su fortuna. Su casa era de tres pisos, con una terraza en la parte superior que hacía las veces de cuarto piso, y ocupaba tres cuartas partes del total de la manzana. La separaban de la presidencia una calle y tres raquíticos negocios que vendían menos de lo mínimo para sostenerse. La construcción, en su tiempo de adobe, había sido recubierta de cemento y después revestida de mármol color blanco con adornos de aluminio color oro, lo que daba la sensación de un palacio.

Los interiores de la casa estaban confeccionados con la misma calidad que los muros exteriores. El jardín espacioso y las plantas importadas que rodeaban la no menos lujosa piscina —con un jacuzzi privado bajo un tejado de tabique rojo perfectamente adornado— estaban separados de la alberca principal solo por un vidrio templado. Este conjunto ofrecía una vista completamente elegante, pero también hacía sentir la casa fuera de lugar, dadas las precarias condiciones del municipio. El despacho del licenciado tenía una amplia entrada con un cancel elaborado de manera artística y elegante. Las figuras de búhos y de la diosa *Dice* daban al frente de la casa un aspecto intimidador, lo que hacía que el palacio municipal pareciera humilde y pobre ante su majestuosidad.

Por su parte la calle era todo lo contario al frente de la casa del Del licenciado, amplios baches cubrían la totalidad de la calle de piedra, parchada con cemento en la mayor parte de su trayecto, desde la entrada hasta la salida de la cabecera municipal. Banquetas disparejas, sucias y llenas de basura, con intentos de jardineras que habían sido olvidadas hacía mucho tiempo, en las que se acumulaba hierba seca —nacida por la falta de cuidado de los dueños— y, dentro de la misma, una cantidad exagerada de bolsas, cacas de perro y latas de cerveza que a veces recogían algunas señoras para vender al kilo.

Las fachadas de las casas eran de adobe al natural; solo unos pocos habían pintado el frente de sus casas con colores de los diferentes partidos políticos. Ahí se mezclaba el verde y rojo del PRI, con el amarillo del PRD y el azul del PAN, aún muy poco el guinda de MORENA. Las casas de los precarios negocios estaban mal enjarradas con cemento; algunas habían sido remodeladas por sus propios dueños —lo hacían para evitar pagarle a un albañil—, eso ahorraría algunos pesos, aunque la calidad del trabajo dejaba mucho que desear.

Los letreros de lámina de los negocios estaban enmohecidos, podridos y, en general, daban un aspecto más deplorable a las fachadas. No tendrían que esperar mucho para cambiar las pinturas de sus casas: era noviembre de 2023, fecha en que los partidos políticos a nivel nacional estarían presentando a sus candidatos para competir por la presidencia de la República. Una vez iniciadas las campañas, los colores carcomidos por el tiempo en los negocios del municipio de San Mateo serían repintados con los colores de los partidos políticos afines, según cada dueño de las bardas que daban a la calle principal. Pronto cambiarían de color.

La presidencia municipal no escapaba de las malas condiciones de la mayoría de las casas del lugar. Construida en tiempos del Porfiriato, cuando la línea del ferrocarril llegaría a ese municipio, se había hecho un convenio para que el entonces presidente de la República, Porfirio Díaz, aportara el material, y los habitantes trabajarían por turnos para construir su palacio municipal —que de palacio solo tenía el nombre—, ya que la primera planta fue construida con piedra y cemento, y la segunda, de adobe y tierra, con techos de madera y teja de arcilla que se trabajaba en el mismo municipio. Con el tiempo, presidente tras presidente se había encargado de mejorar un poco la presidencia, sin lograr continuar con los trabajos por más de tres años. Algún presidente puso una fuente; otro agregó jardineras; después, otro quitó el jardín; años más tarde, la falta de agua obligó a quitar la fuente. Un presidente comenzó a remodelar la presidencia, pero la falta de presupuesto hizo que la obra se suspendiera; el presidente siguiente la pintó —así, sin terminar de enjarrar—; otro más forró con cantera la parte que no estaba enjarrada. Y así, la presidencia reflejaba el poco progreso del municipio, la falta de oportunidades, y hacía que los visitantes obligados a pasar por ese camino se dieran cuenta de que las decisiones que importaban sobre la vida de los habitantes del municipio se tomaban en la casa de cantera blanca que anunciaba a un importante licenciado.

—Mira, cabrón —dijo el licenciado, al tiempo que abría un cajón de su escritorio y se inclinaba para buscar algo—, presidentes municipales se han sentado en la silla donde tú estás para pedir mi apoyo, y tú no vas a venir a decirme cómo manejar a mi gente.

Hizo una pausa, al tiempo que apuntaba con una pistola a la cabeza del visitante. —Así que le paras a tu desmadre y te largas a la chingada de aquí, en este mismo instante, o te despides de este mundo.

El maestro enmudeció. No era ningún muchachito, como le decía el licenciado. Se había graduado con honores de la carrera de pedagogía y, gracias a su padrino de carrera, realizó un posgrado en la misma universidad. Se postuló para presentar una ponencia en Europa y, al mismo tiempo, viajó austeramente por gran parte de la Unión Europea. Se maravilló con las construcciones de los castillos, las universidades y los centros culturales. Sin embargo, le fascinaban más las pirámides, el colorido de las pinturas mexicanas y las múltiples tradiciones de su México. Por eso, y por su familia, había regresado: tres hermanitas pequeñas y Dylan su hermano menor, su papá trabajador de la arcilla y su madre ama de casa. Se había propuesto que la comunidad en la que vivía se transformaría lentamente, después el municipio, siguiendo con su región, para que después todo el estado, y de esta manera el país, fuera un lugar mejor para vivir.

Estaba completamente seguro de que la profesión de maestro era la más noble de todas, ya que le permitía construir personas, mejorarlas, darles herramientas para la vida, abrirles los ojos y hacerlas más críticas, pero sobre todo con más iniciativa. Ya era docente vía examen de oposición —ese mismo que nació con la reforma educativa en ese sexenio que anterior— y ganó apenas cuatro horas en la Secundaria Técnica No. 329 de su municipio. Aunque su padrino, el expresidente del municipio vecino, le ofrecía meterlo al sindicato, había optado por el camino de la idoneidad. Aplicó el examen en el área de humanidades y había quedado nada más que en el lugar número cuatro, que a la fecha de la asignación se había convertido en dos, debido a que los que estaban en lista de prelación no se presentaron. Tal vez porque no les llegó la información, tal vez porque tenían conocimiento sobre cómo funcionaba el sistema y no querían ser parte de la farsa de la mal llamada reforma educativa que tanto se defendía en tiempos del presidente Enrique Peña Nieto.

Ahí, en la sala de un lujoso hotel donde se realizó el evento público de asignación de plazas, se llevó su primera decepción. Conocía la ley de memoria y, al estar en la lista de prelación en el cuarto lugar a la espera de una plaza, tenía la esperanza de que, de acuerdo con la ley, le asignarían un número de horas mínimo de medio tiempo, que correspondía a 20. Suficientes para entrar al magisterio, para empezar a hacer carrera y transformar el mundo, empezando por sus alumnos.

Sin embargo, su sorpresa fue mayúscula cuando, al presentar la lista de las horas y plazas disponibles, había muy pocas; muchas menos de las que se ofertaban en la convocatoria. La ley decía que debían ser horas base, pero las que estaban ofreciendo eran interinatos. Nada seguro para los llamados idóneos, que estaban más que preparados y que habían probado sus conocimientos en un examen que no convencía a la opinión general, pero que había sido el instrumento del gobierno para contratar a los docentes.

Cuatro horas en la secundaria técnica de su municipio fueron las que recibió. Algunas escuelas ofrecían ocho horas, pero estaban muy alejadas. Aun así, las ganas de transformar el mundo, iniciando con su escuela, no decayeron. Tampoco lo hicieron cuando, al llegar a la escuela, los maestros del sindicato le prohibieron la entrada, argumentando que estaban defendiendo sus derechos. Cuando se sintió tentado a dudar fue cuando, cuatro meses después, le anunciaron que no podría cobrar porque su cheque aún no salía; aunque se comprometieron a pagarle en la siguiente quincena, tardarían todavía meses en hacerlo.

Esa era la vida del maestro: muchas alegrías en el salón de clases, mucho trabajo, poco salario y desfasado; pagos muy tardados, y sin más posibilidad que hacer marchas para exigir su salario. Él no había participado en ninguna todavía, pero estaba seguro de que, si las cosas seguían así, tendría que apoyar a sus compañeros de la escuela para exigir sus derechos.

Además de ser maestro y estar en la peligrosa nómina del gobierno del estado, trabajaba dando clases a los adultos de la misma comunidad donde vivía. Había iniciado como labor social: en una reunión con padres de familia para que, en conjunto, el personal de la escuela y los padres tomaran acciones para mejorar las calificaciones del segundo parcial, se había percatado de que la mayoría no escribía sus nombres. Al preguntar, descubrió uno de los mayores problemas de la escuela: los padres de familia no sabían escribir, mucho menos leer. Casi un 80% de ellos no tenía formación. Así que inició como un proyecto para ayudar a los alumnos y, a su vez, a los padres de familia, y se había convertido en una forma de ganarse la vida. Ahora que contaba con más de 120 alumnos —todos mayores de 15 años que no habían terminado sus estudios—, le proporcionaba un ingreso mensual mucho mayor que su pago por las clases en la secundaria.

—Así cambiaré el mundo —se repetía a cada momento, y estaba convencido de que estaba avanzando a pasos muy pequeños. Habría querido hacer más, hacer un cambio verdadero: que las familias no tuvieran que separarse por falta de empleo, que hubiera mejores oportunidades de trabajo en ese municipio. Sin embargo, al paso que iba, tardaría años en que su labor repercutiera positivamente en la sociedad. Así que se conformaba, por el momento, con dar clases en la secundaria por las mañanas y a los adultos por las tardes.

Cuando el licenciado le puso el arma en la cabeza, literalmente se orinó en los pantalones. Fue una respuesta instintiva; no pudo controlarlo y no se dio cuenta hasta más tarde. Tenía tantos sueños. Había pensado que, si hablaba con el licenciado, este lo apoyaría. "Tal vez —se dijo—, incluso me dé más horas por el proyecto que presenté; tal vez pueda hacer esos cambios en mi municipio".

Jamás imaginó que ocurriría lo que estaba pasando: al borde de la muerte, con una pistola tocando la piel de su frente. Pudo sentir el frío acero. El pánico que le provocó lo dejó sin respuesta; no logró moverse por unos momentos. Después, con lágrimas en los ojos y las manos en alto, se arrodilló a suplicar por su vida. No pensó que terminaría así —nadie lo piensa—; todo el mundo hace planes a largo plazo y muchos de estos quedan inconclusos. No aceptaba que le pasara a él. Por un momento imaginó a su mamá llorando al lado de su ataúd. Su padre, mudo, sin expresar emociones. Los amigos que tenía, los alumnos, su familia. "No —se dijo—, mi vida no puede terminar así".

—Por favor, licenciado, cometí un error al sugerirle cosas; por favor, perdóneme. No se volverá a repetir, lo juro.

Tal vez había sido muy insistente en los beneficios que esto traería, así como en los proyectos que implicarían una mejora en el municipio. No lograba entender qué era lo que le molestaba al licenciado ni por qué su reacción.

—Pues más te vale que así sea —dijo al tiempo que retiraba el revólver de su cabeza y lo colocaba sobre el escritorio—. Ahora, si no tienes nada mejor que hacer, vete a chingar a tu madre. Órale.

Sin pensarlo dos veces, se levantó. Fue entonces cuando sintió los pantalones húmedos; no se preocupó por averiguar a qué se debía, se limitó a salir sin volver la vista atrás. Ya afuera de la oficina, sintió un fuerte dolor de estómago; al llegar a la esquina, se dobló con estrépito y vomitó.

# II

María despertó cuando escuchó llorar a su niño. Lo cobijó con sus menudas manos, y Panchito volvió a llorar, aún con más fuerza. María se descubrió el pecho y se lo ofreció, pero el niño lloraba de dolor. Despertó a Pancho, su marido; sin embargo, él no había conciliado el sueño: el frío que le calaba hasta los huesos y el hambre que sentía no le dejaban dormir.

Vivían en una de las colonias recién fundadas del municipio, y aunque habían tenido sueños, hacía años que no podían completar el pago del terreno y de las cooperaciones. Pronto los echarían de ahí; aunque la organización presumía ayudar a la gente, en realidad solo los explotaba con cooperaciones y más cooperaciones. Pancho agradecía el apoyo del terreno, asistía a todas las marchas a las que los convocaban y a todas las juntas, pero no lograba que le dieran los papeles de este.

Recordaba con alegría el día en que se había robado a María. Hacía tres años y algunos meses que le había pedido que se casara con él, sin formalismos, porque él estaba solo —no tenía familia— y ella contaba con mamá y papá, pero como eran alcohólicos no le prestaban mucha atención, así que había aceptado de buen agrado. En casa de ella pasaba mucha hambre y no vestía nada bien. Por su parte, Pancho era un buen hombre que iba a verla cada día que podía; tenía bicicleta y además había entrado a trabajar en la nueva fábrica de plásticos, donde le habían prometido seguro, medicinas y una casa después de algunos años de trabajo. Sin embargo, su vida se vino abajo cuando lo despidieron. No era culpa suya; jamás le preguntaron si sabía leer. De haberle preguntado, les habría dicho la verdad, pero no lo hicieron, y él se hizo ilusiones con un trabajo para el que no estaba capacitado. Así que se quedó sin trabajo y, recién casado con María, ahora se mantenían vendiendo botellas. Las juntaban en la carretera, de la basura, donde hubiera, y las llevaban a vender a la planta recicladora, la misma que lo había despedido.

Nunca les había ido muy bien, pero era el único trabajo al que podían aspirar, ya que ninguno de los dos sabía ni cómo escribir su nombre. Les pagaban tres pesos con cincuenta centavos por kilo de botella; nunca lograban juntar más de diez kilos, pero les alcanzaba para comprar algo que comer ese día. Así era su vida: vivían al día y, sin embargo, estaban más que endeudados. Ya no les fiaban en todas las tiendas de Lo Áiles, su comunidad. Su casa era de las más humildes de la colonia —y había muchas casitas de madera—, ellos no tenían ese lujo. Cuando María le dijo a Pancho que estaba embarazada, le pidieron a Héctor, el dirigente de la organización, que les diera un terreno; ya no podían vivir en casa prestada. En el terreno pusieron cuatro horcones de los más grandes que pudieron encontrar en el cerro, que no medían más de 1.5 metros, y le pusieron un hule viejo que cambiaron por botellas en la recicladora. El piso era de tierra y, como no tenían cama, ponían parte del hule debajo de una cobija y ahí dormían.

—¡Calla a ese niño, María! —dijo Pancho con brusquedad. Un día antes había bebido alcohol y no estaba de humor para escucharlo.

—Pos no sé qué le pasó, no quiere comer —dijo ella, aunque sabía que nunca había llenado a ese niño porque ella misma nunca había comido bien.

—¡Álzalo a ver si así se calma! —gritó esta vez su marido.

Y para evitar que se enojara, lo levantó de donde estaba, para ver con horror y miedo que había un alacrán en la cobija del niño.

—¡Pancho, un alacrán! —gritó ella—. Creo que le picó al niño.

Pancho se levantó enseguida. Conocía los alacranes; sin embargo, no sabía que se trataba de un alacrán de la especie *Tityus*. Sabía que habían matado gente con solo una picadura; si le picaban a un niño, era muerte segura. Así que, sobresaltado, se levantó, olvidando el dolor de cabeza producto de la borrachera anterior.

—¡Chúpale el veneno, pendeja! —ordenó de manera histérica—. ¡Córrele, que se nos muere!

María le quitó el pantalón, desabrochó la bolsa y el trapo que usaban como pañal. Jamás en sus siete meses de vida le habían podido comprar un pañal desechable; valían tres pesos, y eso era suficiente para comprar tortillas si se lo proponían. Su mamá le había dicho que antes los pañales desechables ni se usaban, así que era suficiente con una bolsa y un trapo abajo. Revisó de prisa sus piernitas para ver dónde le había picado el alacrán; lo descubrirían en cuanto vieran un puntito rojo, que, sin embargo, a la luz de la lámpara sería más difícil.

Se alumbraban con la lámpara del alumbrado público que había en la calle; ellos no tenían luz, y comprar velas era muy costoso para ellos. No habían podido pagarlas; sin embargo, la luz era suficiente para que Pancho descubriera el alacrán y lo aplastara con sus huaraches descosidos, pero ver un punto rojo con esa luz sería casi imposible.

—¡Búscaselo tú! Yo voy corriendo con doña Lupe a que me regale leche y un ajo; dicen que con eso se le quita —se lo dijo con la voz quebrada, casi a punto de llorar por la desesperación de escuchar a su hijo llorar de manera tan alarmante.

Abrió la puerta de hule y palos y salió corriendo a la casa de su vecina Lupe, ya que sabía que la gente de las casas de los lados, sus vecinos más cercanos, no abrirían a las dos de la mañana, pero doña Lupe era buena gente; ella siempre les regalaba tortillas y sobras de comida casi a diario. Además, le había regalado ropita de sus hijos para que Panchito —que así se llamaría el niño, pues se tenía la costumbre de ponerle el nombre del papá— no pasara tanto frío.

Corrió casi los doscientos metros en menos tiempo del que hubiera hecho en otra ocasión, y cuando faltaban dos casas para llegar a la puerta de doña Lupe, sintió un dolor desgarrador en su pie derecho: un dolor que le llegó hasta la cadera, que le recorría todo el cuerpo hasta la misma cabeza. Se dio cuenta de que, por el susto, no se había puesto sus zapatos rotos, que de poco le habían servido; nunca habían sido nuevos —cuando Pancho se los llevó ya le habían dado una larga vida—, sin embargo, eran los más nuevos que había tenido. Como no tenían plantilla, les había puesto un cartón para proteger sus pies del plástico duro, pero con el tiempo se había terminado de romper y no le volvió a poner más. Así que de nada le habría servido haberlos llevado; cosa que no impidió que sintiera el dolor, que casi la paralizó. De no haber recordado que a Panchito le había picado un alacrán, se habría detenido a ver qué le causó el dolor que, sin duda alguna, le sacó algunas lágrimas.

—¡DOÑA LUPE, ABRA POR EL AMOR DE DIOS! ¡QUE MI PANCHITO SE ME MUERE, LE PICÓ UN ALACRÁN! ¡CÓRRALE, DOÑA LUPE, ¡LEVÁNTESE! —decía al tiempo que golpeaba la puerta.

La señora de la casa se levantó de mala gana. Había ayudado a esos dos desamparados con lo que podía, pero que la despertaran a mitad de la noche la hizo enojarse más de lo que su azúcar le permitía —tenía diabetes a causa del refresco que tomaba a diario, a pesar de que el doctor se lo había prohibido. Se levantó y miró por la ventana sin prender la luz, para que afuera no vieran que estaba despierta, mientras escuchaba los golpes insistentes en la puerta.

—¡ABRA POR EL AMOR DE DIOS, DOÑA LUPE! ¡MI HIJO SE ME MUERE! —gritó esta vez con voz desesperada, mezclada con llanto.

Doña Lupe abrió la puerta y miró con desdén a María, quien, aunque iba despeinada, no era raro en ella. Casi le grita al verla, pero eso no hizo que María desistiera de su petición.

—Regáleme un poco de leche y un ajo. A mi niño le picó un alacrán y tengo miedo de que se me muera —al llegar a este punto, su voz se quebró, tal vez presintiendo que doña Lupe no la ayudaría y temiendo que la muerte abrazara a su hijo.

—Pero si ayer andaba tu marido gritando y gritando en la calle —reclamó doña Lupe—. Ten, llévate un cartón de leche y una cabeza de ajo, pero córrele, que se le mete el veneno en la sangre y para que se lo saques —dijo de mala gana, pensando más en que podría volver a dormir que en el niño de María.

—Gracias, doña Lupe, que Diosito se lo pague —dijo, y echó a correr hacia su casa.

Llegó jadeando y con el dolor en el pie que la hacía llorar; sin embargo, vio que Pancho chupaba con ansia el bracito de su niño, que para ese momento ya estaba desnudo, y eso hizo que se le olvidara el dolor. Aun así, Panchito no dejaba de llorar.

—Deja, le doy la leche. ¿Ya le chupaste harto? Échale el ajo —ordenó mientras servía la leche en un vaso desechable y daba a su marido la cabeza de ajo.

Le acercó la leche al bebé, y este dejó de llorar al tiempo que la tomaba, más por el hambre que sentía que por lo que le pudiera servir. Mientras tanto, su marido había cortado de una mordida un diente de ajo en dos y se lo untaba con desesperación; había estado con el niño casi cinco minutos y se había desesperado demasiado. Panchito terminó medio vaso de leche y tomaba un segundo; sus lágrimas casi se secaron en sus sienes y sus cachetes, lo cual hizo que la joven pareja se tranquilizara un poco. Parecía que habían salvado a su hijo de la picadura, y este había dejado de llorar. El susto se convirtió en tranquilidad cuando vieron que sonreía y trataba de agarrar el vaso con sus aún torpes manos. Se miraron a los ojos y se abrazaron. Aún sería una noche larga.

Una vez que Panchito se durmió, María recordó que tenía una herida en el pie. Se apresuró a ver qué era, pero su poca elasticidad, producto de años de no hacer ejercicio, le impedía ver la planta de sus pies. Le mostró el pie a su marido, y este se sobresaltó al ver una cortadura en la parte media de la planta. Además de lo sucio que tenía el pie —consecuencia de los días que llevaba sin bañarse—, la planta estaba rodeada de sangre seca y coágulos que habían acumulado tierra, arena y suciedad.

—Pancho, me duele mucho. ¿Está fuerte? —dijo llorando, preguntando si la herida era profunda.

—Se ve que te cortaste bien adentro. Hasta se te ve algo blanco; a lo mejor es el hueso. ¿Ahora con qué te voy a curar? Ya sé: deja te lavo el pie y te pongo una venda. Mañana te llevo al doctor para que te desinfecten bien —agregó él.

Se levantó y fue por agua a la manguera que tenían en el terreno. Desató el nudo con el que la amarraban, ya que no contaban con llave, y recogió el agua en un bote de frijoles enlatados que, después de consumir su contenido, utilizaban como vaso. Llenó el recipiente y, del lazo que cumplía la función de tendedero, descolgó un pañal de Panchito lavado. Una vez en la casa, lavó el pie con abundante agua; fue necesario que saliera varias veces a llenar el bote para terminar de lavar la herida. Después colocó un trozo de tela de uno de los pañales de Panchito y lo amarró con unos lazos para que no se le despegara.

A María le gustaba que su marido fuera cariñoso con ella, y al ver los cuidados con que la curaba, se limitó a sonreír. El tacto de sus dedos en sus pies le provocaba un cosquilleo en el estómago y la hacía olvidar el dolor. Una vez que terminó de curarle el pie y amarrar los lienzos, ella subió su vestido roído hasta las caderas, abrió las piernas invitándolo a acercarse y mostró sus calzones percudidos. Pancho aceptó la invitación: se desató el lazo que usaba como cinturón y bajó su short roto, que utilizaba como pantalón, al tiempo que María se quitaba los suyos. Hicieron el amor lentamente, sin besarse, sin tocarse mucho, y Pancho terminó pronto dentro de ella —producto de la borrachera del día anterior. A María no le importó; se sentía feliz de que su esposo la encontrara atractiva a pesar de lo mugrienta que andaba y las condiciones en que vivían. Aún no había tenido ningún orgasmo; nadie le había explicado que las mujeres también podían disfrutar del sexo, y ese desconocimiento la mantenía feliz. Después de sonreír un rato, también se quedó dormida.

# III

El día siguiente fue de gran dolor para María. La planta del pie la tenía hinchada e infectada. Ese día no acudirían a juntar botellas, por lo que no tendrían dinero para comer. Además, tenían que madrugar; de lo contrario, no los atenderían en el la clínica del Seguro Social. Así que se levantaron temprano, antes de que saliera el sol, y se pusieron en marcha.

Cada paso era un martirio para María. Pancho ideó hacerle un bordón con un palo para que se apoyara mientras él cargaba a Panchito. El camino fue pesado; normalmente caminaban casi una hora hasta la clínica, pero ahora, con el dolor de pie de ella, tardaron dos horas. Cuando llegaron, ya había gente en la fila, así que les tocó esperar.

Mientras tanto, a María le dio dolor de estómago. A Pancho le dolía la cabeza y temblaba, producto, sin duda, de la borrachera del día anterior. El caso de su esposa era diferente: ella tenía hambre, siempre tenía hambre; nunca se llenaba por darle a su hijo para que creciera o por dejarle a su esposo, ya que él era quien cargaba los pesados costales de botellas que juntaban. E igual que Panchito, que empezaba a llorar, parte por el frío, parte por el hambre, ahora no tendrían ni para comprar galletas. Tendrían que esperar a que los atendieran e ir a ver quién les regalaba un taco. Ese era su consuelo.

Cuando les tocó el turno, les preguntó la enfermera:

—¿Número de expediente? —era lo que le preguntaban a todos los beneficiarios del Seguro Popular.

María y Pancho se quedaron helados, mirándose el uno al otro sin saber qué decir.

—Si no tienen Seguro Popular, no podemos atenderlos aquí —dijo la enfermera con brusquedad.

Era una señora de unos 40 años que usaba tinte en el pelo y mucho maquillaje, rellenita y con gesto malhumorado. Había estado en la clínica desde hacía más de quince años y estaba cansada de trabajar para toda esa gente. Además, el gobernador del estado le debía dinero; no había terminado de pagarles sus compensaciones y su sueldo, y eso la tenía más molesta que otros días.

—El que sigue —dijo sin pensarlo.

Pancho y María se tuvieron que quitar de la fila; no les quedó más remedio. Cuando salieron por la puerta de la clínica del seguro, ella comenzó a llorar: parte por el dolor, parte por la impotencia, parte por su vida que estaba tan mal. Comenzaron a caminar por el camino que daba a la calle, llena de baches, y antes de salir fueron interrumpidos por un señor de cabello cano. Vestía traje de color gris, camisa blanca y una corbata negra con azul que confería cierta autoridad a su sola presencia. Con seguridad, se dirigió a ellos.

—Hola, buenos días. ¿Cómo están? ¿Qué tal los atendieron? —dijo mientras estrechaba las manos de la pareja.

—No tenemos Seguro Popular y nos dijeron que no podrían atendernos por eso —las lágrimas asomaban en los ojos de María al momento que decía esto. El dolor era insoportable y los desprecios de la gente que debería atenderla la hacían sentir que valía menos que los demás.

—Pásenle, vamos a ver que los atiendan bien —dijo mientras los escoltaba nuevamente a la clínica.

Los dejó en la sala de espera mientras él se dirigió al interior del edificio de una planta. Pasó por una puerta y de inmediato regresó vistiendo una bata blanca; era el director de la pequeña clínica de la cabecera municipal. De inmediato se dirigió a la enfermera que minutos antes les había negado el servicio.

—Hola, Lety, buen día. ¿Cómo estás? —dijo amablemente mientras ofrecía su mano en saludo.

—Buenos días, director. Pues trabajando, mire que hay mucha gente —dijo en tono airado—. A ellos ya les dije que no los podemos atender; no tienen Seguro Popular y hay gente esperando. ¿Se fueron a quejar con usted? —Al responder al comentario del director, los miró con rencor y odio.

—No, Lety, no me dijeron nada. Solo que, al verlos salir, noté que la señora no llevaba el pie vendado; trae un trapo que dudo que le ayude a sanar ese pie, además está amarrado con lazos. Dejar salir así a los pacientes nos da una mala imagen ante las demás personas, como que no los atendemos, sobre todo en un día como hoy. ¿Imagínate que la encuentre afuera el señor gobernador? Está por llegar y no podemos dar esta mala imagen —hablaba con tono sencillo, muy sonriente y de buen humor; sin embargo, lo hacía por quedar bien más que por servir de verdad a la gente.

—¿Qué le vamos a decir? Pues que no hay medicinas para los enfermos, que no tenemos médicos porque no les paga, que sus dignificaciones que está haciendo en todo el sector salud no son más que una farsa; viene a sacarse la foto para presumir que gastó millones en la salud de los habitantes de San Mateo, cuando lo único que trajo fueron dos bancas de acero inoxidable de mala calidad y una computadora. ¿Si usted quiere, yo se lo digo? —Mientras le decía esto al director, su postura reflejaba cansancio y enojo. A ella le debían tres quincenas y parte de su aguinaldo; a todos los trabajadores del sector salud les debían millones, además de otros trabajadores: del sindicato de maestros, del sindicato del estado, de las siderúrgicas de Lázaro Cárdenas y otras tantas deudas que tenía el señor gobernador, había prometido que sería diferente al último gobernador del PRD, pero fue más de lo mismo, ahí en ese municipio olvidado de Dios la llamada 4T no había llegado aún.

Los recursos llegaban de la federación, pero la gente tenía conocimiento de que, entre el gobernador Alberto Ramírez y su grupo político, ayudado por otros tantos, estaban haciendo de Michoacán una lavadora de dinero. Con pocas cosas que inflaban a precios exorbitantes, desaparecían millones del erario público. Y quién más para decirlo que una trabajadora del estado, a la que además le debían mucho dinero.

—Hay que hacerlo por ellos, Lety, por la gente; no nos cuesta nada. Es más, a ellos los atiendo yo mientras llega el gobernador.

El director del centro de salud era un médico que, después de tantos años en el sector salud, se había ganado ese puesto; sin embargo, no se conformaba y quería ser presidente municipal. Estaba convencido de que su partido, el PRI, estaba en la lona, y tal vez el año de elecciones que se avecinaba fuera el peor en toda la historia moderna del país. El presidente Peña Nieto había sido desastroso en la administración y dejaba al partido en malas condiciones para ese año; pocas serían sus oportunidades, así que necesitaba quedar bien con el gobernador y la diputada federal para que le ayudaran a conseguir la candidatura. Además, ayudar a la gente con sus problemas también le servía, ya que, al fin de cuentas, ellos votarían, y qué mejor que ganarse los votos de quienes más lo necesitaban.

Pasó a la pareja a un consultorio e inició con las curaciones. Como los pies de María estaban llenos de mugre por todas partes, limpió con alcohol y algodón desde la rodilla hasta la punta de los dedos; después, limpió y desinfectó la herida, le puso una venda nueva y, cuando cerró la caja de medicinas, constató lo que su enfermera había dicho: no tenían medicina. La poca que les llegaba no alcanzaba para nada; sin embargo, alguien tenía que saber dónde estaba toda la demás, ya que él, como director de una clínica —aunque pequeña—, tenía que firmar facturas que implicaban una cantidad muy grande de dinero y medicinas que nunca aparecían en su centro de trabajo. Lety, su enfermera, y el encargado de la farmacia le habían mencionado en una ocasión que eran instrucciones del secretario de salud; que era necesario que firmara así las facturas y que después le llegarían las medicinas. Pero de eso ya habían pasado más de dos años y los faltantes eran cada vez mayores. Se prometió que hablaría con ellos para saber la raíz del problema y resolverlo; la situación en el centro de salud no seguiría igual.

El doctor formaba parte de una familia acaudalada del municipio de San Mateo, los Yépez. Varios parientes —primos, tíos, abuelos— habían sido presidentes municipales; él representaba la continuidad. Como parte de los trabajos que tenía que hacer, debía ser una persona social: participar en los comités, asistir a la adoración nocturna en la iglesia, ser padrino de generación de varias escuelas y, la que más le pesó pero que tuvo que cumplir en el año que recién terminaba, representar a Jesús en la Semana Santa. Le pesaba porque en realidad no creía en Dios; sin embargo, la gente guardaría esa imagen y le ayudaría a ser presidente municipal. Cuando curaba a su paciente de ese día, recordó que, después de la Última Cena, tuvo que lavar los pies de sus discípulos como acto de humildad; fue un acto que le provocó asco en el momento: besar los pies sucios, peludos, con las uñas largas fue todo un reto. Sin embargo, en ese instante sintió un fuerte deseo de besar los pies descuidados de María, como compensación por haberse arrepentido de besar los de sus once apóstoles en la representación. Una vez terminado el trabajo, se acercó y besó el pie de María; sus labios húmedos y su bigote largo rozaron la piel de ella.

María no cabía en sí de la emoción. Que el doctor director de la clínica les ayudara a que la atendieran no tenía nada de malo. Que las curaciones las hiciera él mismo tampoco fue malo a los ojos de nadie. Pero que la tratara con tanto cariño, le limpiara sus pies sucios, la curara y, al final, le besara los pies, la había dejado sin habla, con una fuerte emoción a causa de las caricias del doctor. Se había excitado. Por primera vez, desde que el algodón húmedo por el alcohol tocó su piel, sintió ese revoloteo de mariposas en el estómago. A medida que avanzaba en la curación, sintió húmeda su entrepierna; no podía explicárselo, era nuevo para ella. Emitió varios gemidos mientras le limpiaba la herida; el doctor preguntó si le dolía y ella contestó que no. No quería decirle a qué se debía. Se sintió apenada. Sucia y maloliente como estaba, le dio pena pensar que el doctor, tan fino y elegante, tratara de seducirla; sin embargo, no pudo evitar sentir placer mientras la tocaba, como su esposo jamás lo hacía, ni lo haría en toda su vida. Se creyó equivocada por tales pensamientos, pero cuando sintió los labios del doctor en su pie, no pudo ocultar un gemido más fuerte. No podía estar equivocada; el doctor estaba enamorado de ella. Se negaba a creerlo, pero todo lo confirmaba: su amabilidad, sus gestos, sus caricias y ese beso que guardaría en su corazón para siempre.

—Listo, doña María, quedó como nueva. Le voy a recetar una medicina para que se le baje la hinchazón y esta otra para que se le quite el dolor. ¿Sabe cómo pedirlas? —Mientras llenaba la receta, miraba a la joven pareja, que se sonrojó de pena—. A ver, a ver... ¿Saben leer? —Ambos negaron con la cabeza—. Vamos más lento. ¿A qué se dedica, señor Francisco?

—Recogemos botellas y las vendemos a la fábrica que está en San José. De eso vivimos, doctor.

—¿Cuánto ganan diario, señor Francisco? —preguntó pensativo el doctor mientras se tocaba la barba rala que le nacía y se reclinaba en su silla.

—Pos, a veces treinta pesos, cuarenta. Hoy que esta no me va a acompañar, tal vez unos veinte. Es poquito; hay rete hartos pepenadores y poca basura —dijo con pena Pancho.

—¿Ya comieron hoy? —preguntó de nuevo el doctor. Ambos negaron con la cabeza, así que se apresuró a buscar en su cartera. Sacó un billete de cien pesos y se lo extendió a don Francisco, quien de inmediato se limitó a negarse con la cabeza.

—Usted fue muy amable al atender a mi mujer, y hasta nos va a pagar... pos no, cómo cree —hubiera querido agarrar el billete e ir a comprar unos tamales para comer él y darle a su esposa e hijo, pero le daba pena—. Antes, díganos: ¿cuánto le debemos?

—No sea chistoso, don Francisco. Cómanse algo sencillito, porque hoy viene el gobernador aquí al centro de salud y vamos a tener una comida. Si se vienen a comer aquí, yo los invito —dijo al tiempo que le daba una bolsa con las medicinas—. Cómprele un agua a doña María y que se tome las pastillas para el dolor de una vez. Le compra algo chiquito y se vienen a almorzar. No tarda en llegar el gobernador.

En eso estaban cuando alguien tocó a la puerta.

—Doctor, ya está aquí el gobernador —dijo la secretaria al tiempo que cerraba nuevamente la puerta.

—Muchas gracias, doctor —dijo en esta ocasión María. Si hubieran quedado a platicar, siempre era bueno tener amistad con la gente importante, eso se decían ellos. Sin embargo, el doctor salió rápidamente y no les dio tiempo de más.

El gobernador llegó acompañado del presidente municipal, Tarsicio, y la diputada local del distrito, Toñita. Los tres eran emanados del PRD, el gobernador ahora de Morena; ganaron en las elecciones del 2021 por una amplia ventaja y, como en todas las elecciones, juraron que el cambio estaba por llegar. Y en cierta manera dijeron la verdad, solo que el cambio los involucraba en primer lugar a ellos tres y a sus familiares más cercanos. Ya se estaban haciendo de dinero.

Junto con las tres autoridades venía mucha gente de los tres niveles de gobierno, lo que hacía que la comitiva fuera muy numerosa. Destacaban los empleados del ayuntamiento de San Mateo, directores y regidores que buscarían la continuidad en las elecciones del año próximo; los empleados que acompañaban a la diputada local, todos pagados por la federación y que se dedicaban solo a sostenerle la bolsa, servirle refresco, prepararle sus cubas y acompañarla a donde fuera; y los empleados del estado, también numerosos. Seis camionetas acompañaban al gobernador a donde fuera dentro del estado. En una viajaba él junto con empleados del estado: los secretarios que tenían que resolver situaciones con el aval del gobernador, los que tenían que estar presentes en sus eventos —en este caso, el secretario de Salud con sus empleados de confianza—, los encargados de seguridad del gobernador, que eran más de diez, los de protocolo, encargados de poner las lonas y hacer los eventos en conjunto con los empleados municipales, los choferes de las seis camionetas, y siempre había otros que se sumaban a la cuenta: presidentes municipales de otros municipios, diputados de otros distritos, algunos empresarios. Total, el endeudado estado de Michoacán pagaba.

Viajaba, además de en sus seis camionetas, en tres helicópteros que lo acompañaban por todo el estado. No eran propios del estado; los rentaban por un costo de 17 millones de pesos al mes, una cifra desproporcionada que bien alcanzaría para cubrir otros gastos: los pagos al sector salud, a los maestros, construir empresas que dieran empleo. Pero el gobernador tenía que imponer presencia en los municipios a donde fuera, así que, a pesar de las críticas, no los dejaba.

El evento inició con la presentación de los miembros del presídium: el gobernador, el secretario de Salud, la diputada, el presidente municipal, algunos regidores municipales —todos del PRD— y, dentro del presídium, aparecía el director del centro de salud, el doctor Óscar, impecablemente vestido, que fue víctima de las bromas del gobernador por ir tan presentable. El evento formal se finalizó con la develación de la placa que decía: "Centro de Salud Dignificado por el Gobernador Alberto Ramírez". Todos aplaudieron efusivamente, incluso el director del centro de salud, que aprovechó la oportunidad para hacer una solicitud de equipar el área dental de la clínica de San José, y el gobernador se comprometió a que, antes de iniciar las campañas, tendría el equipo necesario para operar.

Lo que no le gustó al director fue cuando el secretario de Salud del estado le pidió firmar y sellar una factura por 2.4 millones de pesos por los tres centros de salud del municipio que se habían dignificado. Calculaba el doctor que no se habían gastado ni cuatrocientos mil pesos: solo en la que estaban llevaron dos bancas de acero inoxidable, una computadora para implementar el programa de salud digital y algunas medicinas. Sin embargo, no dijo nada; estaba consciente de que, de protestar, le quitarían la dirección del centro de salud, y necesitaba el cargo para aspirar a ser presidente municipal. Así que firmó.

La comida transcurrió sin el gobernador, la diputada y el presidente municipal; tenían que seguir su agenda de trabajo y visitar otros municipios. Además, la comida consistió en corundas, carne de puerco y refresco. Los directores del ayuntamiento para arriba estaban acostumbrados a platillos más suculentos en restaurantes exclusivos. Los que sí se quedaron fueron los empleados del ayuntamiento de más bajo rango, que aprovechaban las inauguraciones para comer gratis, aunque nunca se presentaran cuando los necesitaban —mucho menos para ver en qué se podía ayudar—, así que la mayoría eran desconocidos para la gente del sector salud que participó en la comida.

Pancho y María, que habían guardado el billete que les dio el director, se esperaron hasta que sirvieron la comida; incluso tenían dolor de cabeza. Su niño no paraba de llorar por lo mismo, y a pesar de las insistencias de María para que le comprara algo, él se negaba diciendo que la comida sería gratis, así que a aguantar. Al final se arrepintió, pero ya había aguantado mucho tiempo. Comieron con avidez; en esta ocasión, María comió hasta llenarse y siguió comiendo. Incluso cuando le preguntaron si quería para llevar, acercó su plato de nuevo. Las corundas que sirvieron estaban muy ricas; ella siempre las comía frías —de las que le regalaba doña Lupe, su vecina, ya de otro día—; estas estaban calientitas y estaban acompañadas de crema y mucho queso. Incluso se comió la carne de puerco, a pesar de que le dijeron que con la herida le hacía daño. Por último, en una bolsa de platos desechables, se llevó salsa, corundas, crema y queso. Después de todo, que le picara el alacrán a Panchito había sido una bendición: ahora tenían comida para dos días, dinero y a ella la habían curado. Qué bien se sentía.

Cuando estaban por salir de la clínica, el director volvió a alcanzarlos. Se dio cuenta fácilmente de las carencias que tenían y vio en ellos una oportunidad para afianzar su candidatura a la presidencia municipal; después de todo, un voto es un voto, se dijo.

—Gracias por habernos acompañado a la comida.

—De nada, doctor —dijo María—. Gracias a usted por invitarnos.

—¿Saben ustedes que yo soy el presidente del PRI en el municipio? —Estaba seguro de que no lo sabían, así que los dejó que se miraran el uno al otro y que negaran con la cabeza—. Vayan a las oficinas y díganles que van de mi parte. Les van a dar una despensa, y cada mes vengan por una. Y en lo que pueda ayudarles, cuenten conmigo —dijo estrechando la mano de ambos.

María lloraba de la emoción; Pancho también estaba emocionado. Sus vidas al fin cambiarían. Agradecieron al doctor estrechando su mano; no lo abrazaron por temor a ensuciarle su fino traje y su bata blanca, pero ganas no les faltaron. Se despidieron de él prometiendo volver a visitarlo en la casa del partido.

# IV

El presidente municipal de San Mateo estaba muy emocionado; hoy realizarían un recorrido de obra en conjunto con el gobernador y la diputada federal de su distrito. La oportunidad se presentaba sin igual para que pudiera externarles su deseo de ser nuevamente el candidato a la presidencia. Estaba trabajando bien: había hecho obras, les reportaba ganancias a las constructoras de las dos autoridades, tenía convenio con ellas en varios proyectos y, lo más importante, estaba seguro de que, sin importar quiénes fueran los candidatos de los demás partidos, el trabajo que estaba desempeñando le daría la victoria. Tal parecía que era el momento oportuno y que bien podría seguir hasta el 2027 al frente de la presidencia municipal.

Mientras se vestía para salir, imaginaba que, si las cosas se le daban, podría pasar a la historia como el primer presidente municipal que ganaba una reelección. El cargo no le importaba demasiado; a todos les pedía que le dijeran como antes de ser presidente municipal. Todos lo conocían por Tacho, Tachito o Tarsicio. Sin embargo, este último sonaba más seco, menos armonioso, más tosco; así le decía su mamá cuando se enojaba, así que mejor Tacho. Como le dijeran no importaba; lo que realmente importaba era el dinero, eso que movía al mundo. Que, sin importar cuántos discursos se dijeran en favor de la honestidad, siempre había forma de beneficiarse de las obras que se hicieran.

Tenía poco camino en la política; entró al PRD como militante en el 2006, con el fervor de López Obrador para llegar a ser presidente de la República. En el 2008 participó activamente en la campaña para presidenta municipal de la actual diputada Toñita, que venía del Distrito Federal después de estar fuera por más de 20 años. Ganaron la presidencia municipal y a él lo nombraron secretario particular. Se casó y tuvo un hijo. Ganaba bien, muy bien para un joven de 25 años en un municipio de solo quince mil habitantes, sin industria ni trabajo; a lo más que se podía aspirar era a un puesto en la presidencia. Tacho lo había conseguido.

A la par, fue presidente del partido por la corriente interna de Foro Nuevo Sol, la misma del actual gobernador y de la diputada. Participó como candidato en las elecciones del 2012 por el PRD, y perdió. Entonces, todo se vino abajo: sin casa, sin trabajo, sin hogar, se acordó de que era ingeniero y se dedicó a vender equipo de cómputo a los municipios y las escuelas. Era mucho trabajo, no le pagaban a tiempo y tenía muchas necesidades en su casa. Nació su segundo hijo y lloró cuando no tenía más que unos pesos para darle de comer a su familia y comprar pañales; fue una época dura. Por eso se juró que, sin importar los comentarios de la gente, gestionaría obras con todas las instancias posibles, con el fin de cobrar el respectivo diezmo que tanto se manejaba en la política: de cada monto total de la obra, quien la gestionaba se quedaba con el 10% del total, y quien asignaba los recursos se quedaba con otro 10%. Total, todos lo hacían; si lograba ganar, tenía que ver por su familia; al fin de cuentas, la gente no lo ayudó cuando más lo necesitó.

Y ganó en las elecciones del 2021. Hizo un arduo trabajo en las calles, casa por casa, evento tras evento. Logró ganar en el municipio, y los pocos votos de este le ayudaron a elegir al diputado federal, a la diputada local y al gobernador del estado de MORENA; todo lo demás era amarillo. Quedó satisfecho, tanto que incluso antes de iniciar ya estaba gestionando dinero para su municipio. Logró que, en conjunto con la diputada federal y otros diputados de otros partidos, le llegara en dos años una partida de más de 300 millones de pesos. Aunado a su sueldo, tendría para vivir felizmente el resto de su vida; solo el 10% de lo gestionado le daba 30 millones de pesos, más los beneficios de ser presidente. En ese momento, casi rondaba los 33 millones; aparte, tenía otra entradita de dinero.

De las obras que se hacían en su municipio, las constructoras del exgobernador, que seguía mandando en el estado, y la diputada le proporcionaban un porcentaje del total de las obras.

"Y recuerden, amigos: la política es como la viruela, al que no lo mata, lo deja picado".

Una frase que sonaba en el noticiario de la radio al terminar la parte que informaba sobre la política. Eso le pasaba a él; le dolía confesarlo, pero ahora que tenía la vida resuelta, quería más. En otros tres años, con su capacidad de gestión, con la experiencia de los tres años, con la diputada y el gobernador como aliados, estaba seguro de que juntaría la misma cantidad, incluso más. Sin embargo, primero tenía que convencerlos.

Sonó su teléfono con el tono de mensaje y leyó en la pantalla que su chofer había llegado. Se puso su camisa a cuadros y su chaleco Caterpillar amarillo, y salió a la calle. Su esposa se había ido a dejar a los niños al kínder y en ese momento regresaba.

—Es la inauguración de las obras con el gobernador y la diputada. No me esperes despierta, tenemos mucho que revisar. Vamos a platicar para ver si me dejan reelegirme —dijo mientras se despedía de ella.

—Yo ahorita llego al DIF. Déjame solo arreglar unas cosas. Con mucho cuidado —se despidió con un beso.

El recorrido del presidente con la comitiva del gobernador y la diputada fue extenso. Iniciaron en el municipio vecino inaugurando obras, llegaron temprano al centro de salud de San Mateo e inauguraron la dignificación de los centros de salud. Ahí estaba quien, a todas luces, sería el candidato del PRI a la presidencia municipal: el director encargado del centro de salud. Después inauguraron una carretera que conectaba la cabecera municipal con el vecino municipio, una obra de apenas dos kilómetros por un costo de 28 millones, cuando en la administración anterior un ingeniero había hecho lo mismo por 10 millones. Cualquiera que comparara las obras se daría cuenta de la estafa. Dieron arranque a la perforación de un pozo profundo para extraer agua para la cabecera municipal y se encaminaron a otro municipio a seguir con las inauguraciones.

Mientras se trasladaban a bordo de una de las camionetas del gobernador, el presidente municipal tuvo a bien hacerles el comentario sobre la Alianza por México, que había anunciado apenas unos días antes el partido.

—¿Qué opinan de la Alianza? ¿Creen que le ganemos a Morena? —preguntó.

—¡Quién chingados le gana a mi partido! ¿No has revisado las encuestas? —respondió el gobernador con autoridad.

No era la respuesta que esperaba, pero servía para introducir el tema, así que continuó:

—Hice una encuesta a nivel municipal y, si metemos a un buen candidato, podemos repetir y darle seguimiento a los trabajos —quería que la propuesta naciera de ellos, no pretendía verse tan obvio promoviéndose solo.

—San Mateo es un municipio pequeño. Deja de preocuparte por eso. Si llega el cabrón de Morón al senado, se vienen abajo todos los negocios; nos quitará muchos privilegios esta trabajando de la mano de Claudia Sheinbaum y presumen de mucha honestidad —en su voz se notaba que, en realidad, el municipio y el estado le importaban un comino. Su carrera política podría venirse abajo; eso era lo que en realidad le importaba—. Necesitamos fortalecer la alianza con el PAN y PRI, y eso significa que debemos ceder candidaturas, pero nos dará la posibilidad de tener aliados en el congreso, no me importa mi partido, lo que importa es el poder.

—Quiero reelegirme como presidente municipal. Si ustedes me apoyan, saben que cuentan conmigo para seguir entrándole a la construcción. Ahí podemos seguir ayudando a la gente con calles y lo que se ocupe —los nervios lo traicionaban; de verdad que era un momento crucial en la vida de Tacho. Tenía que convencerlos.

—Presenta tu solicitud por escrito. Ya en el partido lo resolveremos, pero recuerda que hay más cosas que ser solo presidente municipal —sentenció el gobernador.

Esto último no lo entendía Tacho. Estaba enterado de que la diputada ahora buscaría ser diputada federal; llevaba tres años trabajando en ello. El cargo de diputado local podría ocuparlo cualquiera, más aún sabiendo que en el Frente tenían que dejarle algo al PAN. Bien podría ser que le dejaran la candidatura federal, pero ese partido estaba desarmado; en el distrito no figuraba mucho. Y lo que sí le molestaba era que su partido, sin estructura, encabezara el Frente en el municipio. Tal vez a eso se refería el gobernador al mencionar que tenían que dejarles puestos al PAN o al PRI, más con el comentario que decía que San Mateo tenía pocos votos. Sin embargo, también vio algo de esperanza al escuchar "otras cosas", no solo la presidencia municipal.

Estaba convencido de que buscaría ser el candidato; nada podría quitarle la intención. Así que presentaría su solicitud por escrito, como había mencionado el gobernador, y esperaría. Sin embargo, recordaba la frase que rezaba: "Lo único seguro en la política es que nada es seguro". Tenía que tener un plan alterno por si las cosas no salían como esperaba, aunque apenas tenía que idearlo.

Siguieron el recorrido inaugurando obras. Después de tres municipios en los que lo presentaban como presidente municipal, se le unió mucha gente al gobernador; ya era imposible estar con él. Así que decidió retirarse; no necesitaba despedirse, solo llamó a su chofer y se subió a su carro. Comieron de regreso a San Mateo y llegó ya entrada la noche.

# V

La diputada local Antonia Molinos era una de las jóvenes promesas del PRD en la política. Ya era diputada local, estaba haciendo un buen trabajo y continuaría por mucho tiempo trabajando a favor del pueblo. Su carrera política inició con el auge del internet. Tenía un negocio de computadoras en la Ciudad de México e inició a venderles a las delegaciones; fue un negocio millonario, más por las facturas que inflaba que por lo que realmente vendía. Analizó que a ella le quedaba buen dinero, pero a los jefes delegacionales les redituaba mucho más solo con la venta de equipos de cómputo. Además, los jefes delegacionales tenían otros negocios: con las constructoras, los hospitales, los petroleros, entre otros; eran millones lo que obtenían.

Para la actual diputada federal, sin embargo, hacer política en la capital le fue muy difícil; lo intentó varias veces y no logró reunir el apoyo necesario. Así que se le ocurrió probar suerte en su pueblo de origen, un pueblito de no más de 2500 habitantes del municipio de San Mateo llamado Los Manantiales. Había vivido ahí de niña, tenía parientes en ese lugar; incluso su abuelo tenía tierras y una casa que le dejó a su madre cuando él falleció.

Entrar al PRD no le fue nada difícil; llegó como un integrante más desde el 2006. Se ganó a los campesinos y ejidatarios miembros de mucho tiempo dentro del partido, propuso ideas nuevas, estrategias de campaña que ayudaron al partido, fundó la casa del partido, hizo algunos cambios dentro de su funcionamiento, sumó gente nueva, se hizo del apoyo de las mujeres —relegadas hasta antes de su llegada en la vida política del municipio—, sumó a los jóvenes y ganó las elecciones internas del 2008.

En la campaña, logró tener el apoyo del crimen organizado; les ofreció un nada despreciable 20% del total de la obra pública que se hiciera, y el grupo recién creado en Michoacán, La Familia, aceptó con gusto. Sin embargo, no se confió y formuló un acuerdo con la cúpula de los partidos políticos para beneficiarse todos; al fin de cuentas, la política era un negocio y todos podrían beneficiarse. Acordó que, con el partido del PRI, el único que figuraba dentro del municipio, le dejarían ganar una elección y después ellos ganarían otra. Los demás presidentes de los partidos políticos —PAN, Partido Verde Ecologista, Movimiento Ciudadano—, que servían de satélites a los demás, podrían alcanzar alguna reguiduría. Todos los participantes del convenio se beneficiarían con un salario de la presidencia que ayudaría a cubrir los gastos de campaña, trabajaran o no; además, podrían tener trabajo los allegados de los partidos políticos, y se priorizaría que los gastos del ayuntamiento fueran entre ellos: constructoras, empresas de materiales de construcción, papelería, y lo que necesitara el ayuntamiento se cubriría primero con los negocios de los líderes de los partidos, ahora que el PRD estaba por desaparecer votaba en favor de las iniciativas del gobernador de MORENA, ya se veía dentro de ese partido.

Aceptaron, no sin poner sus condiciones, y desde entonces se convirtieron en socios de la política, y lo seguirían siendo siempre y cuando se respetaran las partes. Pero al verlo como negocio, si cumplían, todos ganaban; y quien se quisiera salir de los acuerdos, siempre había manera de hacerle cumplir, y lo habían hecho en dos ocasiones: cuando el hermano del presidente municipal, patrocinador de la campaña, se negó a contratar a la constructora del equipo contrario, lo mandaron matar.

Así, su administración municipal estuvo llena de buenas obras —casi todas infladas de precio—, mucha gestión y muchas relaciones con políticos de más altura, como el diputado federal en ese periodo Silvio Aureoles, después gobernador del estado y en esta elección nuevamente siendo candidato a diputado federal. Solo buscaba el fuero sabía que de tener mayoría calificada MORENA se destaparían los fraudes que cometió contra el erario de los michoacanos. Algunos otros encumbrados del PRD con quien incluso hoy en día eran socios de varias empresas constructoras que les reportaban una buena ganancia. La red de negocios con la política la había trazado el actual gobernador de MORENA y con muchos diputados federales, presidentes municipales y senadores; ahora, ya como exgobernador, estaba cosechando los frutos de los arreglos con todos los partidos políticos. Incluso había pactado con el anterior presidente de la República, y dentro de esa cadena de corrupción se encontraba la diputada, llevándose entre sus malas acciones la vida de los ya casi veinte mil habitantes del municipio.

Las cosas no habían sido fáciles. Por un lado, tenía que hacer obras dentro del municipio para seguir figurando en la política. También era responsable de entregar la parte de dinero que se le debía dar a la familia michoacana; además, tenía que apartar dinero para la siguiente campaña y, sobre todo, el gobierno también vigilaba a los políticos y debía llevarse uno o dos funcionarios de cualquier orden de gobierno para enseñarle a la gente que estaban trabajando. Siempre que alguien de la Red se quería independizar, acusar a los miembros de la misma o dejar de aportar recursos, le inventaban algún cargo y lo mandaban a la cárcel; de ese tipo había muchos. Se habían llevado a nada menos que a once presidentes municipales durante su gestión, en el 2009, dieciséis altos funcionarios y un juez del estado, todos ellos por nexos con el crimen organizado; todos salieron libres gracias a la intervención de sus palancas, sin embargo, debían cuidarse.

En el año 2012 participó en las elecciones como candidata a diputada federal; perdió gracias a la gran expectación que generaron los medios al candidato a la presidencia de la República y expresidente Enrique Peña Nieto. Sin embargo, siguió trabajando y en 2021 logró ser diputada local; entonces, las gestiones de millones de pesos para el distrito fueron posibles, que claro que ella se quedaba con una gran cantidad y otra para los gastos del partido, aunque las constructoras que operaban como parte de la Red les dejaban casi todas las ganancias a ellos.

Ese día, 18 de diciembre del 2023, además de hacer cuentas con sus amigos del estado, presentaría su candidatura para ser diputada federal. Tenía madera para eso y, aunque sus negocios con el gobernador le aseguraban alguna secretaría en el estado, preferiría ganarse el puesto por ella sola. Había trabajado tres años para buscar la presidencia del municipio vecino; incluso tenía su domicilio ya en Hidalgo, pero el candidato por el PT y Morena era fuerte. Le convenía buscar la diputación federal; sin embargo, tenía que negociar muy bien, ya que la Alianza por México, que unía al PAN, PRI al PRD, dejaría sin puestos a muchos políticos; ella no sería de esos.

Cuando escuchó que su anterior secretario particular, Tarsicio Yépez, buscaría la reelección, hizo una mueca de reproche. Tenía un acuerdo que cumplir con sus amigos del PRI, y estaban dispuestos a hacer lo que fuera necesario para cumplirlo, pero no dijo nada; dejó que el gobernador dirigiera la plática y ella se limitó a confirmar lo que decía. Lo estaba acompañando en una gira por el estado; inició en el municipio de San Mateo, su municipio, y lo siguió durante todo el día. En cuanto se quedarán solos, hablarían de negocios; se dio la oportunidad después de Zitácuaro, cuando el presidente de San Mateo se regresó a su municipio.

—Gober, ya tengo las escrituras de 85 hectáreas. Quedamos que con eso iniciábamos el proyecto. ¿Cuándo nos sentamos a platicarlo con el presidente del partido? —dijo al tiempo que le extendía copias de las escrituras—. ¿A quién más vas a invitar al proyecto? Se va a requerir de mucha lana.

—Fíjate que hay que cerrarlo a 100 hectáreas. La visión a futuro que tenemos es que el desarrollo residencial tenga campo de golf. ¿Qué te parece? —dijo el gobernador.

—Bien. Me preocupa la gente de Los Manantiales —dijo con sinceridad la diputada.

—Jajajaja, ¿de cuándo acá te preocupa tu pueblo? —dijo Alberto—. Además, no eres ni de ahí. Después los ocuparemos para que recorten el pasto, de recamareras o para que limpien las habitaciones. Míralo como un proyecto social que traerá beneficios a la gente.

—Ya ni la chingas, gober. Me preocupan porque anda un cabrón que me critica todos mis proyectos; siempre me cuestiona lo que voy a hacer y, cuando se entere del proyecto, seguro va a ser una piedrita en el zapato —se notaba que no estaba conforme con que la contradijeran—. Sobre todo, porque le vamos a quitar el agua a los campesinos de Los Manantiales para las albercas, los spas y los campos de golf. ¿Y si le damos un giro para que el proyecto sea más sustentable? —dijo más a manera de propuesta que como pregunta, pero en el fondo sabía que el gobernador no estaría de acuerdo.

—Veo que en realidad te preocupa, pero ¿por qué no le ofreces un puesto en algún lugar? —comentó sin inmutarse Silvio.

—No es de los que acepten cargos; se ve más como un luchador social —como no queriendo decirlo, siguió—: estaba pensando... decirle al director que nos recomiende a alguien para un trabajito. Al fin, no será el primero ni tampoco el último.

—Pues resuélvelo ya. ¿Qué te detiene? —preguntó con curiosidad el gobernador.

—Su papá es de los fundadores del partido; me apoyó en la campaña del 2008. Después quería un tractor de los que nos ayudaste a conseguir y, como no se lo dio el amigo Silvio —de hecho, no le di nada—, pues ya no tengo su apoyo —su semblante parecía preocupado.

—Si te preocupa el partido, debes saber que es muy poco probable que se queden sin registro en estas elecciones; pero acá tienen las puertas abiertas, aunque no me gusto su alianza con el PRI y con el PAN en Michoacán mando yo y ni Obrador ni Claudia me van a decir con quien tengo alianzas en mi estado. Aunque saquemos pocos votos, siempre habrá a quien sobornar, pero es muy probable que para el 2027 esté desaparecido el partido —lo dijo sin morderse la lengua, y agregó—: así que háblale al director de seguridad que nos quite esa piedrita del camino —sonó como quería que se escuchara: como una orden. Si las cosas no se hacían como decía el gobernador, era poco probable que lo perdieran como socio.

—Está bien, lo voy a llamar llegando a Huetamo —sus palabras no reflejaban el ánimo de las campañas; esperó que el gobernador no lo notara.

Antes pasaron a Tuzantla; ahí inaugurarían una obra también. Así que se dedicaron a saludar a la gente y dejaron que la plática quedara entre ellos. No dijeron más el resto de la tarde; se limitaron a reírse de los chistes del gobernador y a escuchar las peticiones y las porras que le tenían preparadas en la puerta de Tierra Caliente al gobernador.

# VI

El doctor tenía que elegir a su planilla para participar en las elecciones. De acuerdo con el calendario para el registro de candidatos, los aspirantes tenían del 2 al 6 de enero de 2023 para presentar sus solicitudes para aspirar a la presidencia municipal. Por parte del Partido Revolucionario Institucional (PRI), estaba claro que el doctor sería el candidato a presidente municipal; había trabajado durante mucho tiempo y ahora le tocaba. Además, era el presidente del partido y, de acuerdo con lo que le había contado su tío —que fue presidente municipal en la administración 2012-2015—, le tocaba ganar al candidato de «los rojos», nombre con el que se conoce a los militantes de ese partido.

Terminaban de realizar la posada del PRI, donde a la gente que los acompañó les dieron posada, ponche, pozole y tostadas solas para que los acompañaran. Al final solo quedó la gente de confianza, que se pasó a la casa del licenciado Emanuel para seguir platicando sobre la situación política del país.

—¿Cómo vamos a elegir a los regidores, licenciado? —dijo bajito, dirigiéndose al priista más representativo del municipio—. Aquí el candidato pasado la quiere; dice que él hizo un esfuerzo por el partido y que la primera regiduría es para él —dijo Óscar.

—Déjame hablarlo con él, yo lo arreglo. Pero sí debes saber que los regidores son los que más aportan para la campaña. En esta ocasión, que nos toca ganar, vamos a sacarles unos 200 mil por cada candidato, y que el suplente también pague algo. Ese dinero, recuerda, es para pagar tu campaña. Ya los que queramos apoyarte con algo más, eso será extra —paró para encender su puro y continuó—. A la candidata a síndico hay que sacarle una buena lana, para que con eso se pague lo de las lonas, la pintura... Sabes que en la campaña hay muchos gastos.

—Tengo gente muy buena en el partido, pero con esa lana nadie le va a querer entrar. Es mucho dinero.

—En esta elección vamos a ganar. La diputada ya se acercó; quiere ser diputada federal y quiere que la apoyemos. Ella, a cambio, va a lanzar un candidato débil en los amarillos —dijo mientras se recargaba en su sillón de piel, demostrando que estaba seguro de lo que decía.

—Quiero hacer un buen trabajo como presidente. Si empiezo a comprometer los puestos de trabajo, ¿cómo voy a exigirles que trabajen? —en sus palabras se notaba tristeza y preocupación.

—Quítate de la cabeza eso de que quieres cambiar el municipio. A la gente nunca le vas a dar gusto: si haces, dicen que estás robando; si robas, eres un aprovechado; si no robas, eres un pendejo porque no robas. Si vas a ser presidente, es para agarrar dinero, y ese lo agarramos desde la campaña, que para eso me tienes a mí como asesor —el licenciado estaba curtido en la política. Desde los 15 años trabajó para el gobierno municipal, era consejero del PRI a nivel estatal y miembro destacado del partido. Había participado en varios procesos y logró el acuerdo con la diputada del PRD y la cúpula de los demás partidos; incluso en ocasiones se reunía con ella para tomarse unos tragos.

—Entonces, ¿cómo le hacemos? —preguntó el doctor, que veía al licenciado como una figura de autoridad en el partido.

—Vamos a platicar con ellos. Acuérdate que ahora, con eso de la equidad de género, el síndico debe ser mujer, el primer regidor hombre, mujer, hombre y mujer —en sus palabras se notaba que no le gustaba la decisión del INE de introducir mujeres en la política; siempre las había hecho menos y sustentaba sus teorías en la filosofía de Aristóteles, que decía que a las mujeres les faltaba algo, que estaban incompletas.

—Había pensado que de Los Manantiales podemos traer a Chuy. Su hermana fue la presidenta del municipio, hizo un buen trabajo y ella nos ayudaría desde el estado. ¿Qué te parece la idea? —dijo con voz temerosa. Era conocido por todos que, si querías ser presidente, tus ideas deberían prevalecer ante las de los demás. Qué mejor que hacerlo con los que en un futuro serían regidores del municipio y sus compañeros en tres años de gestión.

—Pues a mí me parece excelente la idea. Ellos han sido priistas de toda la vida y han apoyado al partido, pero no creo que vaya a querer. Ya ves lo que les hizo ese cabrón de Pepe cuando quería ser presidente —se reclinó en su sofá favorito; sus palabras estaban cargadas de odio y resentimiento cuando recordaba a su compadre Pepe Yépez.

Se había impuesto a base de las armas como precandidato a la presidencia; había levantado, descuartizado y humillado a todos los que se opusieron. El licenciado tuvo que participar y apoyar lo que su compadre decía, todo con tal de conservar la vida. Fueron los tres años más difíciles para el municipio de San Mateo. La pobreza y el poco desarrollo de otras administraciones se vieron superados por la delincuencia, el narcotráfico y la guerra entre bandas contrarias. La gente de todo el municipio presenció en primera fila cómo dejaban descuartizadas a personas, policías, servidores públicos; balaceras, persecuciones y todo sin tener a quién recurrir, porque la policía municipal estaba para proteger a los delincuentes.

Su compadre, el presidente de la administración 2012-2015, se atrevió a amenazar a los miembros más viejos del partido con la finalidad de conseguir la candidatura. Entre ellos estaba Chuy, que era jefe seccional de casilla, un campesino que había ido a los Estados Unidos de mojado, se compró sus tierras y se dedicó a trabajar. Hacía años que no se paraba en el partido, y la culpa la tuvo Pepe Yépez: a fin de que le firmara, amenazó a su papá con una pistola, y uno de sus matones le cortó el cuello accidentalmente a Chuy. Desde entonces se alejó del partido y nunca más regresó, al menos hasta el momento.

Su hermana, que trabajaba para la cúpula priista del estado, mandó todos los recursos que pudo para que Pepe pagara por lo que le hizo a su familia, y lo logró cuando se metieron a sacarlo de la presidencia y, a punta de golpes, hicieron que retirara a los Zetas de la policía municipal. Claro que el estado estaba custodiado por la Familia Michoacana, y todo el que no se alineaba pagaba con la vida; a él, como presidente, lo dejaron vivir a costa de varios millones de pesos y la golpiza de su vida.

—¿Qué te parece si arreglamos este asunto ahora que regrese de vacaciones? —Sus palabras daban a entender que no aceptaría un no por respuesta—. Es tarde y es hora de tomar. ¿Dónde están las muchachas que quieren ser secretarias? Pásenlas para acá, vamos a ver qué tal se desempeñan —dijo entre carcajadas.

Acto seguido entraron varias jovencitas, muchas de ellas no mayores de veinte años. A algunas les gustaba la fiesta; otras necesitaban un trabajo, y la única fuente de empleo en el municipio era dentro de la presidencia. Estaban dispuestas a hacer lo que fuera con tal de obtener el empleo, aunque ello consistiera en acostarse con el candidato y los dirigentes del partido. Cada periodo sucedía lo mismo: un grupo de jovencitas de la presidencia salía embarazada después de la campaña o en los primeros días de la administración. Las que podían, se lo adjudicaban a su novio; otras eran madres solteras que solo duraban con trabajo durante un periodo de tres años, lo que agravaba su situación. Había algunas otras que lograban quedarse con el "prospecto" en funciones; muchos servidores públicos dejaban a sus esposas por irse con sus amantes después de que estas salieran embarazadas. Y el ciclo se repetía una y otra vez; sin importar el partido que llegara al poder, el número de divorcios se disparaba alarmantemente, al igual que el número de madres solteras. Ahora la historia estaba por comenzar una vez más.

# VII

Ese día, en la parcela de cebollas, Chuy trabajaba afanosamente sacando el producto que llevaría a vender al mercado mientras escuchaba en el radio los anuncios de los candidatos. Era diciembre de 2023 y ese día se iniciaban las precampañas federales para ocupar el cargo de presidente de la República. La gente, después de 6 años de trabajo de López Obrador sabían que la Doctora Claudia Sheinbaum era lo que el país necesitaba; después de dos campañas perdidas con el Partido de la Revolución Democrática (PRD), ahora MORENA era el partido más grande de México, el buen trabajo del gobierno de la república que lo colocaba en las encuestas con una ventaja imposible de superar para los demás candidatos. En el PRD a punto de extinguirse el último gobernador del estado quería buscar la presidencia de la República; sin embargo, el junior de MCCI logró que, por primera vez, el PAN PRI y el PRD fueran juntos en una contienda nacional —ya lo habían hecho en algunos estados—, y ahora su proyección era ganar en todo el país, algo que molestaba sobremanera a los militantes de ambos partidos, más al PRD, que mucha de su gente se estaba pasando a MORENA.

Chuy era un hombre trabajador. Como todos en la comunidad de Los Manantiales, era campesino. Habría querido ser ingeniero agrónomo, pero la falta de empleo en la comunidad hizo que, al salir de la preparatoria, se fuera para Estados Unidos a trabajar en la construcción de casas. Había tenido miedo del desierto —muchos murieron ahí—, sin embargo, corrió con la suerte y consiguió trabajo pronto. Trabajó durante cinco años para comprar sus tierras de riego; su papá solo tenía de temporal, donde solo se cultivaba maíz y frijol, y él siempre había anhelado tierras de riego, donde pudieran sembrar fresas, jitomates, cebollas y cilantros. Así que, con mucho esfuerzo, compró las tierras más próximas al manantial y se regresó a trabajarlas. Se casó con una linda muchacha del pueblo, con la que tenía dos hermosas hijas, y aunque ahora tenía problemas porque su esposa, tras el nacimiento de su última hija, quedó con depresión y ya no hacían el amor, la seguía queriendo con toda su alma —a sus hijas aún más—, y su trabajo le daba para sostenerlas, aunque sin grandes lujos. Había estado ahorrando para comprar más tierras y crear un invernadero que le ayudaría a producir más con menos.

Era militante de mucho tiempo en el PRI; con una hermana que fue presidenta municipal —ahora consejera estatal del mismo partido—, sabía que todos prometían un cambio verdadero, pero que no podía ser cierto, que las cosas no cambiarían por nada. La cicatriz que tenía en el cuello le recordaba eso y más. Había sido jefe seccional del PRI durante las campañas de 2011, cuando Peña Nieto gozaba de la mayor popularidad que cualquier otro candidato; Televisa había sido un gran apoyo para construir su candidatura, y sin embargo también había pactado con el crimen organizado. ¿Quién podría saber más que un jefe seccional, un priista de hueso colorado? Su hermana Consuelo fue presidenta, su papá regidor; su familia siempre había sido militante, y sin embargo las cosas habían cambiado en ese día que no olvidaría jamás. Lo recordaba perfectamente.

Era un día de enero de 2012 cuando los mandaron llamar: a Chuy y a más militantes del PRI de la comunidad de Los Manantiales. Acudieron con mucho ánimo; Chuy ese día hasta se bañó y dejó de cortar los jitomates que vendía en los tianguis del miércoles. Tenía la sensación de que las cosas cambiarían; él era jefe seccional del PRI, su familia era militante desde hacía años, los respetaban dentro del partido y estaba seguro de que le ofrecerían un trabajo, mínimo de regidor. La crisis que había iniciado en 2008 aún no terminaba, y un empleo seguro le ayudaría a pagar lo que debía y a comprarle ropa y zapatos a su esposa e hijos; tenía mucho tiempo que no les compraba ni calcetines —más que los de a cinco pesos, que no duraban más que una lavada—, pero ellos seguían usándolos, aunque se les escondieran en los zapatos. Así que tenía esperanza de que un empleo en la presidencia mejoraría sus condiciones.

Al llegar a la casa de campaña de su partido, sintió miedo. Al fondo estaba el candidato, rodeado por hombres armados. Sus esperanzas se vinieron abajo; imaginó que los amenazarían para que no compitieran. Era conocido por todos que Toñita, la presidenta municipal, tenía nexos con el crimen organizado; todos tenían que pactar con ellos. Así que, en aquel momento, a Chuy se le heló la sangre, sintió un nudo en el estómago y recordó que, por la emoción, no había comido, pero el dolor no era de hambre sino de miedo. El candidato fue quien habló:

—Jesús, buenas tardes. Soy Pepe Yépez, el candidato del partido, y estos hombres nos van a ayudar a ganar la presidencia —Chuy se quedó helado, no supo qué decir—. Como puedes imaginar, esta pinche licenciada piensa que puede mandar aquí en el municipio; quiere imponer a su secretario particular para seguir robando a manos llenas y, como sabes, no se lo vamos a permitir. ¿Qué opinas?

Claro que conocía a los Yépez, una familia de la que se decía que controlaba el partido en el municipio de San Mateo —al que pertenecían Los Manantiales—, sin embargo, no se imaginó que el candidato sería él. Tenía empresas y una asociación que "trabajaba por la gente", aunque solo era un club de carreras de caballos donde a la gente le daban migajas —lo que vendieran de las comidas los domingos—, y eso, en ocasiones, les cobraban por la entrada. Sin embargo, ahí estaba, presumiendo ser el candidato y rodeado de hombres armados. Sin saber qué decir, se recargó en la barda blanca pintada con cal que después sería la casa de campaña del partido. No estaba de acuerdo con la propuesta; tenía la esperanza de que el candidato o la candidata fueran de otra familia, que hiciera las cosas bien y que beneficiara a todos los habitantes. La candidatura de un Yépez no la esperaba, y decidió que no se quedaría callado; al fin de cuentas, su hermana trabajaba para el candidato a gobernador, y ella tampoco los quería. Así que dijo:

—No te voy a firmar. Necesitas la firma de los representantes seccionales, y no te voy a firmar —sonó seguro de sí mismo a pesar del miedo que sentía—. Queremos que se hagan elecciones libres con más candidatos, queremos mejorar las cosas.

José se enfureció; no imaginó que le diría eso. Así que se levantó de su lugar e hizo una rápida señal a sus hombres, quienes de inmediato rodearon a Chuy y a su papá Salomé. A Chuy le pusieron un cuchillo en el cuello, y a don Salomé le apuntaron con un cuerno de chivo, al tiempo que los golpeaban para que se hincaran. Con el movimiento brusco, el cuchillo cortó muy cerca de la carótida, lo que provocó que le saliera mucha sangre al instante. Sintió temor, no tanto por su vida —la de su papá sí le preocupaba—, verlo así, inerte, arrodillado, humillado; jamás lo había imaginado de esa manera, y sin embargo ahora sufría por un capricho suyo.

—Me vas a firmar, o voy a volarle la tapa de los sesos a tu padre —dijo mientras quitaba el seguro del cuerno de chivo.

—Está bien, está bien, te firmo si dejas que mi padre se vaya de aquí —dijo ahora con la voz quebrada por la preocupación y el temor.

Esperaba que su papá saliera de ahí y se olvidara de todo; sin embargo, su padre era tan valiente que no se dejó intimidar y le dijo al candidato:

—¿Crees que eres el único que conoce gente en la maña? —La voz ronca de don Salomé sonó imponente.

Chuy no esperaba esa reacción, y el miedo con el que luchaba creció aún más al escuchar a su padre continuar:

—Si nos haces algo a mi hijo y a mí, mañana mismo tendrás aquí a la gente del candidato a gobernador, y mi hija te buscará hasta encontrarte, y pagarás con tu familia haberme humillado. Así que piensa muy bien cómo vas a responder por esto.

José Jaime Yépez no esperaba una respuesta en ese tono. Miró a los hombres armados, buscando que le dijeran qué hacer. Estaba maltratando a dos de los miembros más importantes de su partido; su hermana había sido presidenta municipal, ahora era consejera estatal y trabajaba directamente con el candidato a gobernador, Faustino Vallejo. Era sabido que lo financiaba el crimen organizado. Sin saber qué hacer, les pidió a sus hombres que los soltaran y que dejaran de apuntarles.

—Váyanse a que le paren la hemorragia a Chuy; después veremos cómo hacer para que me apoyen en la candidatura —dijo pensativo.

Chuy y su padre salieron abrazados y de inmediato se trasladaron al servicio médico. No fue nada grave, pero el susto estaba hecho. Durante el camino llamaron a Arcelia, hermana de Chuy e hija de don Salomé. Ella estaba en ese momento en una reunión afinando detalles de la campaña del candidato a gobernador del PRI por el estado de Michoacán. Le contaron lo sucedido y entraron a urgencias en el hospital regional del municipio vecino, donde fueron atendidos de inmediato debido a la gravedad de la herida; se temía que hubieran perforado la vena principal, pero por fortuna no fue así. Antes de salir del hospital —pues no habían pasado ni dos horas—, recibieron una llamada de un número privado en el teléfono de Chuy; contestaron y les dijeron que los esperaban afuera.

Una vez afuera, no creían lo que veían. El guardia del hospital estaba de rodillas, con las manos en la cabeza. A la salida, toda la calle que conducía al hospital estaba llena de camionetas. Las tres más cercanas a la entrada eran Raptor blindadas, negras, de cabina y media, custodiadas por hombres con equipo militar, cascos y pasamontañas que cubrían sus rostros. Seis hombres estaban más próximos a la entrada, además de otros dos que vigilaban al guardia. Todos portaban armas largas y chalecos antibalas. Más atrás había dos camionetas RAM de doble cabina 4x4, blancas, con más hombres armados. La vestimenta era idéntica: botas militares, ropa verde olivo, chaleco antibalas, casco y pasamontañas. Casi todos empuñaban las famosas Kalashnikov, mejor conocidas como AK-47 o cuerno de chivo. Dos camionetas llevaban sobre la cabina una Barrett M82, los llamados calibre 50 o "matapolicías". Detrás había otra RAM 4x4 gris con las puertas abiertas, rodeada por ocho hombres de similar apariencia. Le seguía un Jeep de cuatro puertas, y luego dos Suburban; de todos los vehículos descendían hombres armados con fusiles de igual o mayor potencia. Chuy y su papá no alcanzaban a ver el final de la interminable fila que se extendía por toda la calle del hospital.

La imagen resultaba aterradora. Muchos de esos hombres parecían militares, salvo porque en sus chalecos se leía una "F" mayúscula y la palabra "michoacana" debajo. Corría el rumor de que intentaban limpiar el estado de grupos criminales, desde los Zetas hasta el Cartel de Jalisco y cualquier otro que surgiera. También se decía que financiaban la campaña del gobernador priista y apoyaban al candidato presidencial Peña Nieto. Las letras en el uniforme coincidían con el logo del candidato; el resto era cuestión de lógica. Uno de ellos se acercó y preguntó a los recién salidos:

—¿Don Salomé? Nos envía su hija. Somos gente del gobierno; queremos que nos lleve con quienes lo amenazaron. Sabemos que están en San Mateo; ya los tenemos vigilados —dijo un hombre de estatura media, corpulento, con voz grave.

Don Salomé y Chuy no podían creer que alguien de su familia tuviera relación con ese tipo de gente. Sin embargo, al trabajar para el candidato a gobernador y dada la situación, era seguro que algo ocurriría; no podrían mantenerse al margen.

Subieron a la camioneta más próxima. Dentro de ella se quedaron asombrados. Estaba equipada con los mejores lujos que se podrían permitir: potente sonido, cristales blindados, equipo de comunicación, computadoras e internet satelital. La comunicación era constante; claves sonaban al entrar y salir, la persona del radio tenía todas las claves e informaba lo que sucedía a cada momento. Los nuevos ocupantes, por su parte, no entendían nada de lo que pasaba.

—Hay vehículos de Chiles Verdes en la frontera con el sur —se escuchó en el radio.

—Vigilen la entrada a 3, 0, 41 —ordenó el operador de radio—. Vamos con esa dirección, todos los equipos atentos.

—Enterado 01, el halcón está en la entrada, repórtese halcón 06.

—Halcón 06 reportándose, el objetivo sigue en la madriguera, cambio.

—03, 06, cubran la salida norte —ordenó el operador de radio desde la camioneta en la que iban los ofendidos.

—03, 06 enterados.

Recorrieron en muy poco tiempo el trayecto del municipio vecino a San Mateo; en este no había hospitales que atendieran a la gente, algunos particulares, pero ninguno que pudiera ayudar a Chuy con la herida que llevaba. En el camino no se percataron de los baches, topes y el mal estado en general de la carretera. La camioneta en la que viajaban era una de las dos Raptor que llevaban un arma calibre .50 sobre la cabina. Al pasar por las instalaciones de la policía, los hombres que estaban dentro de la cabina quitaron el seguro de sus armas, bajaron los vidrios y apuntaron hacia la jefatura.

El corazón de Chuy latía fuertemente. Él era un campesino, al igual que su papá, no estaban preparados para eso. Le dieron ganas de bajarse de la imponente camioneta, y lo habría hecho si entre él y la puerta no estuviera un hombre con una pistola apuntando hacia la calle. Había escuchado hablar de la ley de fuga, cuando dejaban ir a los prisioneros y, una vez que corrían, los mataban por la espalda. Para darse valor, quiso pensar en algo diferente y recordó a su padre arrodillado en la oficina del PRI; eso le hizo hervir la sangre y el coraje reemplazó al miedo. Ahora se sentía orgulloso de ir con esos hombres armados; incluso pensó en pedir también un arma, sin embargo, no se atrevió a hacerlo, ya que los pistoleros con los que iba eran unos verdaderos profesionales: se limitaban a compartir las claves, accionar sus armas y mirar cualquier cosa que les pareciera sospechosa.

En la calle donde estaba la casa de campaña de los rojos, accionaron sus armas; no apuntaron a nada, solo dispararon hacia el cielo sin detener las camionetas hasta llegar a la casa de campaña. Cerraron la calle por ambos lados y la casa se encontró a merced de los sanguinarios que servían al candidato del PRI estatal. Chuy pensó que con el equipo que traían sería imposible que alguien les hiciera frente, y sin embargo el parabrisas se estremeció con tres impactos que activaron a los ocupantes de la Raptor donde viajaban Chuy y su padre. La camioneta estaba blindada, así que nadie sufrió daño. Entonces se desató un infierno. Chuy había visto por televisión lo que sucedía en las balaceras; incluso veía películas estadounidenses donde los soldados mantenían la calma y esperaban para repeler el ataque. Nunca pensó en vivirlo desde la primera fila.

—¡AGÁCHENSE, CABRONES! —les gritó una voz, y ellos se recostaron en el asiento de la camioneta.

—¡ABAJO, ABAJO, ABAJO, CHINGAO! —gritó otra voz.

—3, 0, 5, tenemos disparos del frente.

—Los vemos, nos atacan, nos atacan.

—Tenemos autorización para repeler el ataque —dijo el operador de radio de la camioneta en la que estaba Chuy—. Adelante, adelante.

—Confirmado, todos los equipos en posición, rechacen el ataque.

Desde adentro de la camioneta iniciaron a disparar. Las demás camionetas que se iban acercando activaban sus armas y disparaban contra la casa de campaña, de donde respondían con más disparos. Entonces, el que se presentó con don Salomé dio una orden por radio.

—¡ACTIVEN LA 50, ACTIVEN LA 50!

La orden se repitió en todas las radios que se alcanzaban a escuchar, mientras los demás seguían balaceando. Los hombres apuntaron sus armas y siguió la balacera. De todos lados se escuchaban balazos; ya había hombres en el piso, algunos heridos; sin embargo, todos seguían disparando.

Cuando se dio la orden de usar el arma, un hombre subió a cada camioneta e iniciaron a disparar con la mejor arma que tenían. De inmediato cesaron los disparos de adentro de la casa; sin embargo, las dos armas seguían disparando. De pronto, parecía que todo había pasado: los disparos de ambos bandos cesaron y se hizo un silencio que parecía eterno. Chuy se preguntaba cómo dos hombres dentro de la casa podrían defenderse con tantas ganas; no recordaba ver más de dos personas armadas, pero a la hora de disparar parecían muchos más. Durante un momento no se escuchó nada; después, desde adentro de la casa, se escuchaba una voz que decía:

—¡NOS RENDIMOS, NOS RENDIMOS!

De inmediato, sin bajar sus armas, los hombres se acercaron a lo que quedaba de la puerta y, de un puntapié, la derribaron sin pasar.

—¡SALGAN CON LAS MANOS EN ALTO O VAMOS A SEGUIR DISPARANDO, CABRONES! —dijo una voz.

Los hombres siguieron apuntando a quienes salían de la casa; solo eran cinco, entre ellos el candidato Pepe Yépez, que temblaba al caminar. Los hombres que acompañaban a Chuy se acercaron a los que salían; seguían apuntando con sus armas mientras, a golpes, los hicieron hincarse y les golpeaban las costillas y los pies. Los patearon tanto que parecía que los matarían. Cuando las emociones se controlaron, agarraron al candidato y el que parecía el jefe se dirigió a él.

—Mira lo que me haces hacer, cabrón. Te vamos a matar a punta de putazos —al decir eso, le golpeó las costillas con el arma y Pepe Yépez se retorcía del dolor.

Algunos de los hombres se metieron a revisar la casa y aún sonaron algunos disparos; estaban terminando de acribillar a los pistoleros del candidato a presidente municipal.

—Háblale a la jefa, que el jale está hecho —dijo dirigiéndose a un hombre que tenía manchada la manga derecha con sangre—. A ver qué quiere que hagamos con esta chingadera —dicho esto, volvió a patear en el estómago al candidato caído.

De inmediato habló con ella del otro lado de la línea, indicándole que solo castigaran al candidato de la manera común: bajándole los pantalones y pegándole con una tabla en las nalgas. Tres golpes bastaban para que cualquier persona anduviera varios días sin poder sentarse correctamente; y después de propinarle los respectivos golpes, aún le indicaron a don Salomé que le diera uno más, con el objeto de que el candidato entendiera en qué parte de la cadena de mando se encontraba.

Después de hecho el trabajo y dejar en claro que, si se volvía a meter con la familia de Chuy y don Salomé, la próxima no lo perdonarían, recogieron los cuerpos de sus dos compañeros caídos en la balacera y volvieron a subir a sus camionetas. Llevaron a Chuy y su papá al hospital regional donde estaba la destartalada camioneta de Chuy; se despidieron efusivamente, dejando un teléfono para emergencias en caso de que se ocupara algo.

En eso pensaba ese día entre las cebollas, recordando con excitación aquel día en que participó desde adentro de una camioneta en una balacera. Ahora las cosas habían cambiado mucho: las elecciones del 2012 las ganó José Yépez y se dedicó a dar pequeñas ayudas a la gente; no recibió ayuda ni del gobierno estatal ni del federal, ni de diputados ni senadores, pese a tener plagado de miembros de su partido en la administración del presidente Peña Nieto. Todo, gracias a que había maltratado a don Salomé y a su hijo para que le firmaran y ser presidente.

Tres años después, en el 2015, el PRI a nivel estatal y municipal recibiría una buena tunda. A nivel estatal ganó por un amplio margen Silvio Aureoles; la diputada local del mismo color, Toñita, de la comunidad de Los Manantiales; el diputado federal del mismo partido; y Tarsicio Yépez como presidente municipal. Se decía que su apellido nada tenía que ver con el presidente anterior, pero solo el apellido los delataba.

De Tarsicio, que ganó las elecciones de manera histórica ganando todas las casillas del municipio, se esperaba que hiciera un buen trabajo; y sin embargo, ahora en el 2018, a tres años del mandato del PRD, la gente estaba igual que antes. Había mucha obra pública que gestionaba la diputada y que se aplicaba en todo por parte de las constructoras que tenían en conjunto con el gobernador, el secretario de Estado y el fiscal general.

Chuy, por su parte, había mejorado muchísimo. A raíz de trabajar desde muy temprano hasta muy entrada la noche, y no despegarse para nada de sus cosechas, había logrado hacer un patrimonio y posicionarse dentro de la comunidad como uno de los campesinos que mejor calidad daban en sus productos; incluso le decían "ingeniero". Siendo además el único de la comunidad de Los Manantiales que utilizaba abonos orgánicos, le había dado una fama y un prestigio que le ayudaban a vender mucho y a muy buen precio. De no ser por su cuñado, que le pedía préstamos y mercancía y nunca le pagaba, Chuy sería de los más ricos del pueblo. Aun así, logró hacer un buen ahorro, comprar más tierras, contratar peones y sembrar a medias con otros productores, introduciendo técnicas nuevas de cultivo que aprendió en su tiempo en Estados Unidos, donde la agricultura era otra cosa, donde la tecnología estaba sustituyendo al hombre. Era un hombre inquieto; seguido estaba en cursos, conferencias y ferias agroalimentarias como la de Guanajuato, que era la más grande de todo Latinoamérica. Ya lo habían invitado a dar algunas conferencias y pláticas a los alumnos de las escuelas secundarias técnicas y las preparatorias pertenecientes a la DGETI del municipio; incluso recibía a los alumnos en sus invernaderos como parte de sus viajes de prácticas. Su vida era buena, a no ser por un pequeño detallito en su casa.

# VIII

Ese viernes 12 de enero de 2023, Tarsicio, el presidente municipal, estaba comiendo en un restaurante exclusivo de la ciudad de Morelia. Lo acompañaban su chofer, el director de la Secretaría de Comunicaciones y Obras Públicas (SCOP), una diputada federal plurinominal y algunas secretarias. Habían acordado ir a comer a uno de los restaurantes más caros de la ciudad, aunque era uno de los que menos les gustaba, ya que siempre podía llegar gente que los conocía.

—Bienvenidos —dijo el presidente municipal—, es un honor que nos acompañen a comer.

Era viernes; la hora local marcaba las 4:30 p. m. Aunque los empleados del gobierno tenían que regresar a trabajar, muchos se las ingeniaban para pasar ahí toda la tarde; más tarde, si las secretarias no se habían retirado, podrían invitarlas a un departamento a seguir la fiesta. El presidente ordenó el plato fuerte: un corte de carne al estilo europeo que no tenía más ciencia que el nombre. Su chofer ordenó algo similar. Con el costo solo de ese platillo, una familia podría comer toda una semana en su municipio; lo que estaban gastando bien podrían ser los ingresos de medio año de un empleado de las tabiquerías de su municipio, o el de un empleado de caja de la comunidad de San Francisco del Monte, que necesitaría hacer 18 000 cajas para juntar ese dinero. Sería el salario de cuatro meses de un jornalero agrícola, o el salario de tres meses de una secretaria de su mismo ayuntamiento. Aun así, para Tacho —como todos le decían—, no era motivo de remordimiento: invitar a comer a los directores de las dependencias gubernamentales era una práctica habitual. No faltaba quien les llevara fresas, guitarras, mezcal o cualquier cosa que se produjera en la región, con el firme propósito de que los directores favorecieran a su municipio con recursos extraordinarios o con obras que cambiaran las condiciones de vida de sus vecinos. Motivo por el cual el presidente lo veía como una buena inversión.

Que además saliera con las secretarias era aparte: un gusto que podía darse. Era el presidente, y su chofer era su amigo íntimo. Además, no era ningún secreto que, de las personas que entraban a laborar a la presidencia municipal, muchas —la gran mayoría— terminaban divorciadas. Él quería a su esposa, era una mujer guapa, joven, con muy buen cuerpo, pero las secretarias de la ciudad eran más jóvenes, más elegantes. Además, nadie se daría cuenta. ¿Qué más daba?

Para celebrar pidieron una botella que en realidad no era cara; solo que, dentro del exclusivo restaurante, las botellas incrementaban su valor a más del doble. El presidente solo rio cuando escuchó que el director de salud dijo:

—Una botella de tequila. Que aquí pague el presi.

La bebieron con ímpetu. Las secretarias estaban más cariñosas, pero solo con los directores; al presidente no le hacían mucha plática, a pesar de ser quien pagaba la cuenta. Sin embargo, también sabían que de nada les servía acostarse con alguien que las visitaba cada mes; tenían al director de la secretaría ahí con ellas, y podrían negociar un aumento.

—A ver, presi —dijo Jorge, el director de salud y además padrino del municipio—, ¿para qué somos buenos, aparte de para comer? —todos rieron a carcajadas.

—Lo que me trae por aquí es la carretera de Los Áiles. La gente ya me tomó dos veces la presidencia, quieren su carretera. Era una promesa de campaña y, antes de que me apunte a la reelección, quiero cumplir con todo lo que pueda. Si no, ¿cómo les vuelvo a pedir su ayuda? Vengo a que me diga qué hacemos para solucionar ese tema —dijo con agobio.

—A ver si entendí: ¿quieres volverte a reelegir? —dijo el doctor de salud que, de manera pensativa, maquinaba la forma de hacerle ver al presidente que su decisión era errada, pero sin que sospechara que sabía más cosas de las que tenía autorización para decirle—. Fíjate que ahora, con esto de la Alianza, las cosas se van a poner color de hormiga. Están exigiendo muchas posiciones, y es muy probable que encabecen en muchos municipios. Yo te pediría que no te hicieras muchas ilusiones, porque las cosas se van a poner complicadas. ¿Ya platicaste con el gober?

El doctor secretario de salud era un hombre alto, totalmente pelón a causa de una calvicie que perjudicó su cabellera y que optó por raparla totalmente; ahora usaba sombrero y lentes. Siempre vestía traje, a pesar de ser doctor; daba más la impresión de que toda su vida había vivido de la política, y en realidad así era. Había sido presidente municipal, regidor en su municipio, diputado local, asesor en el congreso, director de obras públicas en varios municipios del estado y, ahora, por el apoyo que le dio al gobernador durante la campaña, que era de otro partido le habían dejado la Secretaría de salud Públicas. Trabajaba bien; sin embargo, había muchas quejas que hacía, siempre guardaba un colchoncito para la próxima campaña, por eso la salud en Michoacán siempre estaban incompletas, infladas o de poca calidad. Tenía un largo camino dentro del partido y dentro de la administración del estado, y conocía al detalle los pasos y los acuerdos que se tomaban; incluso era consejero del gobernador, y la plática sobre los municipios del distrito XII federal se había tocado en la mesa con el gobernador y la cúpula del partido.

La diputada Toñita se había posicionado como una de las mejores gestoras a nivel estatal; bajaba y etiquetaba muchos recursos, incluso a Bienestar le había etiquetado algunos millones para su dependencia, y esta había pagado de inmediato a su gestora, dejándole, por supuesto, el famoso diezmo. La diputada quería estar ahora en el Congreso Federal y su trabajo le daba para ganar las elecciones; se sentía segura, la gente la apreciaba, y era muy probable que, si ella se quedaba con la diputación federal y alguien más del mismo partido con la diputación local, era seguro que el PAN pidiera los municipios del distrito VI para sus candidatos. Entonces, las posibilidades de su ahijado Tacho se reducían al mínimo. Por supuesto, no era algo que debiera comentar con él; dentro de la política hay niveles, y ser presidente municipal se consideraba uno muy por debajo de los secretarios de estado, y mucho más que los diputados locales y federales. Así que debía guardarse las cosas y darle largas al presidente.

—Ya lo platiqué con él y con Toñita. Antes de las vacaciones estuvieron allá en la región oriente y nos dimos a la tarea de hablarlo. Saben los dos que he jalado con ellos, que le hemos echado ganas con las empresas y que yo soy bien fiel al partido; no me voy a ir a Morena como la desbandada que está sucediendo a cada momento —su mirada reflejaba inseguridad—. Quiero que usted me ayude a ser yo el candidato. Mi trabajo me da para ganar las elecciones; la gente de San Mateo está bien pendeja, con unas despensas que les dé es suficiente para que voten por mí. Solo necesito estar en la boleta, y ahí es donde ustedes, que son más cercanos al gober, pueden ayudarme.

—Yo te pediría que buscaras un plan B, con el afán de que si sucede otra cosa no te agarre desprevenido —con sus palabras le estaba diciendo que no sería el candidato, pero no quería ser tan literal con él—. Ahora, con esto del género —qué mamadas del INE, darle participación a las mujeres, sin ofender a las presentes— las cosas van a estar más difíciles. Eso lo decide el INE, quien califica y quien no depende de su historial.

—Sí, pero en nuestro municipio ya hubo dos presidentas municipales; la diputada hace diez años que ganó, por eso no nos pueden exigir —sus palabras sonaron con decisión y como súplica a la vez, esto último no le gustó—. Además, sabemos que dentro del estado el INE obedece al gobernador; él puede ayudar a destrabar el tema.

En eso intervino la diputada federal, que se mantenía al margen de la conversación, pero cuando escuchó que las mujeres no debían participar, se sintió en la necesidad de defenderse, no solo a ella, sino a su género completo.

—La política es un arma de doble filo; si sabes ayudarte, puedes obtener dinero para no volver a trabajar en tu vida, pero cuidado si te descuidas y si te envicias del poder. Ahora entiendo este candado que quitaron los diputados anteriores; la adicción al poder consume a la gente, justo lo que te está pasando ahora, por eso no debe haber reelección en nuestro país —se sintió ofendida con el comentario sobre la igualdad de género, y esto lo decía para desquitarse; sin embargo, pensaba sacar algo de esa reunión, así que dijo—: Por otro lado, trabajemos el tiempo que nos queda y beneficiémonos los tres. Tengo los informes que me pidieron para las carreteras que vamos a pavimentar; ya mis hijos lo arreglaron para que auditoría no nos encuentre nada. Vamos a trabajar, y si nos dejan, le seguimos; si no, pues ya nos llevamos un ahorrito de unos cuantos millones a la bolsa. Si te aceptan para la reelección, vas a necesitar dinero, y si no, con estas gestiones juntas cerca de cuatro millones; eso es lo que te toca de diezmo, ya sabes.

El presidente estaba pensativo, al igual que el secretario de salud. Era verdad lo que ella decía, pero pocos querían aceptarlo: la política era algo que consumía a la gente, y debido a los malos políticos que solo veían por su bienestar, el país y el estado estaban en condiciones muy por debajo de su potencial.

Terminaron de comer y se fueron a un departamento que los ocultaba de la gente civil; no faltaba que alguien los viera y entonces podría quemarlos en las redes sociales. De los periódicos no se preocupaban; la gran mayoría estaba en sus nóminas y sabían que ellos les cuidaban la espalda. Ahí siguieron platicando sobre el tema, sin llegar Tacho a conseguir el apoyo de su padrino. Al calor de las copas, cada quien agarró una secretaria y se fueron a habitaciones diferentes; la noche sería larga.

# IX

Chuy estaba cansado del trabajo y, cuando su esposa salió del baño con su pijama completa, que usaba como ropa de dormir, se sintió decepcionado otra vez. Tenía mucho tiempo que no hacían el amor y eso lo desesperaba; sin embargo, se prometió ser paciente y esperar a que su esposa estuviera lista. Pero en ocasiones ella se mostraba muy renuente, incluso a dejarse abrazar por él. En cuanto apagaron la televisión de su alcoba, ella se dio vuelta en la cama dándole la espalda a su marido, sin siquiera despedirse. Sin embargo, esa noche Chuy haría otro intento para ver si, por medio de sus caricias, lograba despertar el deseo de su esposa.

Lo habían ido a ver los del PRI, un doctor que quería ser el candidato y que buscaba su apoyo. Platicaron durante mucho tiempo y Chuy terminó diciéndole que sí, que contara con su apoyo, aunque lo más probable era que ni a votar fuera. Le preocupaba su esposa e intentó seducirla esa noche.

Primero la abrazó y, al sentir que ella no rechazaba el contacto, comenzó a deslizar su mano por encima de su ropa, desde su pierna hasta su hombro izquierdo. Después se animó a dar el siguiente paso y acarició los grandes senos de su mujer de la misma manera, sin meter la mano por debajo de la ropa. Cuando intentó meter su mano debajo de la ropa de Alina, ella reaccionó con violencia.

—¡DEJA DE ESTAR CHINGANDO, JESÚS, QUE TENGO SUEÑO! —sentenció con palabras fuertes.

—Amor, tengo ganas de que me abraces y me acaricies —dijo el marido con voz casi suplicante.

—Tú, como te vas a hacer pendejo todo el día por allá, crees que todos hacemos lo mismo. Yo sí me canso —la voz de ella reflejaba enojo.

—Es que necesito que me demuestres tantito interés, que me abraces, que me acaricies, que me digas cosas de las que te pasaron en el transcurso del día. Quiero hacer el amor contigo.

—Eso es lo único que buscas, ¿verdad? Crees que soy una cualquiera que estoy a tu disposición cuando a ti se te antoje —prendió la luz de su lámpara y lo miró directamente a los ojos—. Si no dejas de chingar, te voy a mandar a dormir a la sala, Jesús —en sus ojos se reflejaba odio y rencor hacia el pobre de Jesús.

Sus palabras fueron determinantes. Chuy se dio media vuelta y se cubrió; ella, al ver que él cedía, apagó la lámpara que tenía en su buró y se tapó con la sábana, tratando de alejarse lo más posible de él. Era notable: no sentía el menor interés sexual por su marido. Todo nació a partir de que dio a luz a su segunda hija; ya fuera porque tenía miedo de quedar embarazada, porque tenía la regla o cualquier pretexto que le inventaba a su marido.

Él, por su parte, deseó tener la fuerza necesaria para ir a calmar sus deseos a un bar, de esos donde hay mujeres que cobran por acostarse con uno; sin embargo, su moral estaba por encima de su deseo y no le permitía verse engañándola. Esa noche le costó trabajo dormir, pensando en las noches en que hacían el amor hasta el cansancio y que ahora no lograba obtener ni una sola caricia. En eso pensaba cuando el sueño lo venció.

# X

El maestro Leonardo daba clases en la preparatoria en el área de humanidades, impartiendo clases sobre ética. Mientras les hablaba a los alumnos de Platón, Aristóteles y los conceptos que rigen la moral, no pudo dejar de pensar en la reunión que había tenido con el licenciado sobre la manera de transformar el municipio de San Mateo. Con los alumnos había iniciado una serie de acciones para que se beneficiaran ellos mismos, las cuales incluían desde una campaña para eliminar la basura en la escuela —que a la fecha había dado buenos resultados, siendo una de las primeras escuelas dentro del estado en promoverlo—, y que le había valido mención en los periódicos de la región, lo cual ayudó a elevar su caída autoestima, víctima de la única plática que tuvo hacía un mes con el licenciado, líder del sindicato, miembro activo del PRI y con muchos contactos en la política.

Después de eso, las cosas marcharon muy mal en su vida. Alguien corrió el rumor de que todas las acciones que realizaba dentro de la escuela eran para ganarse el puesto de director. Por supuesto, las acusaciones eran falsas; sin embargo, el director no pensaba lo mismo y, de estar en común acuerdo con la mayoría de las cosas que le proponía, ahora se mostraba reacio a saludarlo, nunca platicaba con él, en pocas ocasiones lo supervisaba y rechazaba sus proyectos alegando falta de planeación, poca proyección y solicitándole que entregara planeaciones cada vez más completas. Por supuesto, esto último no le incomodaba a Leonardo, pero sentía el desprecio de quien anteriormente lo presumía en los actos cívicos, pidiendo que se le reconociera por su excelente labor.

Ahora parecía que las cosas no podrían marchar peor. Aunque el gobernador había liberado los pagos de todos los docentes, el pago de Leonardo se había retrasado. Preguntó a sus compañeros si alguien más estaba en la misma situación y, dentro de su escuela, era el único. Preguntó a compañeros de otras escuelas y todos decían que sus pagos habían sido liberados después de la toma de las vías, las autopistas y los grandes negocios. Era el único que se encontraba en esa situación, lo cual empezó a inquietarlo.

Como el semestre estaba por terminar, se preguntó si la situación no se repetiría el próximo semestre. Aunque parecía muy posible que su pago llegara en cualquier momento, era una realidad que bien podría no llegar. No alcanzaba a imaginar el poder que tenía el sindicato dentro de la educación del país; menos pensó que ese órgano que abogaba por los derechos de los maestros fuera capaz de perjudicarlo, de ensañarse con él, de desprestigiarlo, cuando lo único que quería era hacer un bien para el pueblo de Los Barros, lugar donde trabajaba. La tarde de ese día estaba cansado; el sol aturdía a la gente en ese pueblo olvidado de la mano de Dios, donde hacía muchos años que habían terminado con el poco monte que había, y la temperatura les hacía sufrir deshidratación.

Las cosas, desde que se atrevió a platicar con el licenciado, se le salieron de control. Parecía que estaba viviendo una pesadilla. Después de salir de la lujosa oficina del licenciado, cuando apenas llevaba una cuadra recorrida, pareció ver una esperanza cuando la policía lo interceptó para preguntarle cómo estaba. Para su asombro, eran seis los hombres que estaban en la destartalada patrulla del municipio: dos adelante y cuatro en la caja; todos llevaban pasamontañas. Uno de ellos lo invitó a subirse a la camioneta con un gesto y, al ver que se resistía, tres hombres bajaron de la camioneta y lo sujetaron por la fuerza, arrojándolo contra la enmohecida lámina de la camioneta, raspándose la nariz y parte de la mejilla. Lo llevaron a toda velocidad lejos de las casas de la cabecera municipal. Pensó que su fin había llegado; sin embargo, no lograba explicarse qué había hecho mal.

Era conocido que la policía estaba en la nómina del crimen organizado; también era sabido que una vez que levantaban a una persona solían encontrarla después con marcas de tortura y sin vida al lado de una carretera.

En su mente estaba su madre y sus hermanas llorando junto a su ataúd, algunos amigos y sus alumnos llorando cuando bajaban la caja. Tantos proyectos que tenía por realizar, tantas maneras que tenía de cambiar el mundo, al menos dentro del salón de clases, para sus alumnos. Se consideraba joven, con un gran futuro; se estaba preparando en el área educativa para estar a la altura de un secretario de educación y, tal vez después, presidente. Su nombre quedaría al lado de José Vasconcelos, Torres Bodet y Moisés Sáenz por su dedicada gestión; después, tal vez, si las cosas le favorecían y lograba cambios significativos en el país, seguiría el camino del maestro de América y competiría por la presidencia de la república. Y sin embargo, en aquellos momentos no tenía fuerzas para luchar y suplicar por su vida; tal vez se lo merecía, tal vez estaba bien que lo mataran por meterse en cosas que no le interesaban, quizás estaba bien ser un maestro mediocre y solo medio dar clases, medio trabajar, medio gritar. Si le dieran la oportunidad de vivir de nuevo, sería como muchos maestros: un maestro conformista con su sueldo y su trabajo, y no aspiraría a cambiar el mundo.

—¿Y a este qué le pasa? —dijo un policía.

—¿Qué tiene? —preguntó otro.

—Mira, está empapado en sudor.

Imaginó de inmediato aquella escena del libro de Sartre *El muro*, en el que los presos de aquel régimen, después de decirles que los fusilarían al día siguiente, empezaban a tener una serie de reacciones fisiológicas impropias de una persona. Imaginó que le pasaba lo mismo. Sus pensamientos se vieron interrumpidos cuando lo agarraron de la camioneta y lo sentaron en la caja, de espaldas al suelo; pensó que lo tirarían de ahí, sin embargo, se limitaron a dejarlo así. Solo entonces se dio cuenta de dónde estaban: era una parte del cerro conocida como La Encinera. En esa parte del municipio, cada 28 de diciembre se celebraban misas en ese lugar del monte y se invitaba a las personas que vivían en unión libre a que formalizaran su matrimonio ante Dios. Leonardo tenía muchos primos que se habían casado ahí, pues era mucho más barato que hacer una boda por sí solo; la iglesia cobraba muy caro y, en las condiciones en que se encontraba el municipio, pocos podían pagarlo.

Así que conocía el lugar; incluso lo visitó en la boda de su primo Alberto, cuando se casó a la edad de 43 años y con cuatro hijos ya grandes. Ahora todo resultaba tan solo, sin gente, sin el ánimo de la fiesta que se respiraba el día de los Santos Inocentes. Él ya estaba resignado; ¿a qué otra cosa lo llevarían tan lejos? Solo había una manera de regresar, y esa sería sin vida. Solo esperaba que sus familiares encontraran su cuerpo para que lo pudieran enterrar. Cuando llegó este pensamiento, las lágrimas rodaron por sus mejillas; en realidad, al borde de la muerte es cuando nos damos cuenta de lo importante que es la familia, pero para muchos ya es demasiado tarde. En eso pensaba cuando una voz familiar le dijo:

—¿Pues ahora en qué bronca se metió, profe? —reconoció la voz. Era un alumno que tenía en la comunidad de Los Pinos de la modalidad del INEA. Cuando levantó la vista, recordó sus ojos azules, aunque se ocultaban detrás de una capucha. Gerardo se había metido a estudiar en el INEA porque se lo exigían en la Seguridad Pública del estado, y Leonardo, además de enseñarle a leer, escribir y las principales operaciones algebraicas, le hablaba de la importancia de servir a los demás, de ser buen elemento, de hacer por los otros. Así se ganó su gratitud, y en la comida que hicieron por la entrega de los certificados, "El Gato" —como le decían a Gerardo por el color de sus ojos y su piel oscura— lo eligió como padrino.

Cuando escuchó su voz, le surgieron emociones encontradas: por un lado, la esperanza de seguir con vida; por otro, la vergüenza de que uno de sus alumnos lo viera llorar. Entonces reaccionó a la pregunta, y su condición de profesor que luchaba por los derechos de los demás ocupó su mente. Se llenó de valor y recordó que su único pecado fue buscar un mundo mejor.

—Yo no hice nada. Ustedes, ¿por qué me traen acá? —trató de que su tono sonara lo más seguro posible.

—Por eso le digo: se metió con gente que no debía, y nos piden que quitemos lo que estorba —al decir esto, agachó la cabeza. El profe siempre trató de que sus alumnos defendieran las causas nobles y que no se quedaran callados; ahora estaban en lados opuestos de la moneda, y todas las enseñanzas se reflejaban en su postura personal. Su tono de voz y su manera de agachar la cabeza daban a entender que respetaba la autoridad del maestro.

—Solo quiero un mejor municipio para todos, un trabajo digno para los trabajadores, un mejor salario para ustedes. ¿Acaso está mal eso? —la pregunta no necesitaba respuesta, y no la tuvo; sin embargo, Gerardo agregó—: Voy a dejarlo ir, profe, porque sé quién es usted, pero me voy a meter en una bronca. Yo le pido que, si valora en algo su vida, mejor se aleje del municipio. A la gente a la que usted les faltó al respeto jamás les va a ganar. La idea de un mundo mejor está bien y todo, pero primero hay que cuidar su vida. Hoy me mandaron a mí, pero si hubieran mandado a otro, usted no la contaría, profe. Le pido que me disculpe y que me entienda, pero la situación es esta y no la podemos cambiar —sus palabras sonaban a tristeza.

—Gracias —se limitó a decir Leonardo.

—No me agradezca, profe, pero váyase de aquí, por favor, váyase.

Después de eso, el gato se subió a la camioneta junto con sus compañeros y se alejaron, dejando al profe lejos de la civilización.

Esa fue la primera de una serie de cosas que le sucedieron. Después, su aguinaldo y pago de diciembre no le llegaron; hasta ese día, 18 de enero de 2024, tenía un mes de pago que no había recibido. Varios chismes se inventaron en la escuela, le redujeron las horas de clase y aumentó la distancia con el director, que hasta antes de diciembre habían sido amigos y buenos compañeros de trabajo. De no contar con el pago por sus clases en el INEA, no tendría dinero para pagar sus cuentas; sin embargo, las cosas estaban a punto de cambiar.

# XI

Ese día, el presidente estaba en el despacho municipal recibiendo a la gente cuando su secretario particular le avisó la llegada de la auditoría. No le tenía miedo; estaba seguro de que no podrían reprenderlos. Tenían todo en regla, y si esto no fuera tan seguro, siempre una comida y algún incentivo a las personas que los auditaban hacía que eliminaran las sanciones o las redujeran. Todas las auditorías funcionaban de la misma manera; siempre se hacían a modo del presidente y de forma que no les afectara en lo más mínimo.

—Pasen a la auditora —ordenó.

Enseguida hicieron pasar al grupo de tres auditores que iban a realizar la auditoría al municipio de San Mateo.

—Siéntense —pidió de nuevo Tacho—. ¿Qué les ofrecemos? ¿Un café, un refresco?

—Un refresco —pidieron.

—Vamos a ser bien claros —inició el presidente, que tenía mucha gente que atender ese día—. Ustedes le han arreglado varios problemas a mi gober; sé que hasta le van a dar un reconocimiento por la transparencia que tiene. Sabemos que las cosas son así, así que vamos poniéndole precio —sentenció el presidente.

—Mire, todo en la política es parte de un negocio. En México es el negocio más grande que hay; de hecho, más grande que las grandes cadenas comerciales y los grandes empresarios. Así que sí, traemos línea de que las cosas salgan bien. Una diputada y varias secretarías han metido lana al municipio, y las cuentas no les van a cuadrar. Así que ya sabe el precio, pero multiplíquelo por tres —dijo un hombre de unos cuarenta años que presumía de saber mucho, y agregó—: Ya sabe que nosotros vamos a hacer nuestro trabajo de lo mejor.

—Es un gran negocio ser auditor —dijo el presidente riendo.

—Sí, claro —dijo otra señorita que los acompañaba—. El problema son esos idealistas de MORENA que ya andan tras nosotros, pero les vamos a hacer buenas donaciones y verán que pronto los tendremos en la bolsa.

—Bueno, pues a trabajar —dijo el presidente—. Ya saben que la comida sale por nuestra cuenta.

—Gracias, presi —dijeron cuando se levantaban y lo saludaban de mano—. Pero no nos vaya a mandar al DIF.

Todos rieron con ganas el chiste. Parecía que eso solo era porque el presidente no quería gastar en nada y mandaba a los visitantes que nada tenían que ofrecerle a comer allá; ahí les daba de comer y beber. Los auditores tenían conocimiento de ello y, en la oportunidad que tuvieron, se lo dijeron.

—No, pasen con mi secretario para que los lleve al otro municipio; aquí ni a restaurante llegamos —finalizó el presidente.

Se despidieron por ese día. Todos tenían cosas que hacer: el presidente, atender a la gente y decirles que no a todas sus solicitudes con el pretexto de que no había dinero; los auditores, a mentir en sus revisiones. Cada quien siguió con su trabajo.

# XII

Las pobres oficinas de la sindicatura del municipio se encontraban deterioradas por fuera y por dentro. La misma escena de derrumbe que presentaba el edificio del palacio municipal por la parte exterior era la misma imagen que se tenía en el interior: paredes despintadas, el cemento del poco enjarre que se le había hecho estaba disparejo; en algunos lados tenía cemento, en otros estaba enmohecido y en otras tantas partes se había caído. Los muros de los arcos que sostenían el segundo piso, y que en algún tiempo habían sido adornados con cantera negra y blanca, carecían de muchas piezas, lo que hacía que la imagen fuera más deprimente que las mismas calles del municipio. A pesar de todo, sí era más elegante que las casas de madera y adobe de la cabecera municipal.

El interior de la oficina del síndico municipal estaba oscuro, con una cortina percudida. La instalación eléctrica tenía más de 40 años y las pocas modificaciones que se le hacían eran cambiar los focos fundidos por focos de 100 watts para que alumbraran de la mejor manera el frío salón que hacía de oficina. Había también un viejo escritorio de madera carcomido y rayado por las administraciones salientes con mentadas de madre y dibujos de sus respectivos partidos políticos, que siempre dejaban cuando el partido perdedor tenía que dejar la presidencia. Y siempre ocurría; la alternancia había estado presente desde los tiempos del presidente de la República Ernesto Zedillo. De la misma manera, las vigas que sostenían el techo y el segundo piso, así como el piso de arcilla desgastada, hacían que la impartición de la justicia dentro de ese edificio fuera de la misma calidad que este.

La oficina estaba a mano izquierda de la entrada principal; era la primera oficina, custodiada por un guardia de la policía municipal que llevaba como uniforme un desgastado pantalón azul, una camisa de la misma tela igual de desgastada y, como única arma, usaba un garrote que siempre estaba sujeto al cinto. Al policía lo cambiaban cada 24 horas por otro que lo reemplazara y, aunque las acciones que desempeñaba no eran de gran importancia, el hecho de estar todo el día resguardando a la máxima autoridad del municipio dejaba exhausto a quien estuviera a cargo.

El síndico era un hombre de complexión gruesa, que usaba huaraches y sombrero, campesino durante toda su vida, sin habilidades políticas más grandes que haber ofrecido en alguna ocasión a su hijo recién nacido a Arsenio, líder del partido amarillo, para que lo llevara a que el cura le pusiera las aguas. En aquel entonces, Arsenio había sido regidor del campo por cuarta vez y tenía algo de trato con los campesinos. Así lo había conocido Chon. Ahora eran compadres, y ese compadrazgo le había valido el puesto, muy a pesar de que no contaba más que con el segundo grado de primaria y de leyes no conociera absolutamente nada. Para mitigar su desconocimiento, se había contratado a un licenciado que acababa de cambiarse de partido político y había dejado la vacante que ocupaba una joven licenciada de la tenencia de San Francisco del Monte, la tenencia más chica del municipio, debido a que de ella se obtenía toda la madera que se ocupaba. Anteriormente se había planeado esta como la cabecera municipal, pero se habían decantado por Las Casitas del Chirimoyo, debido a que quedaba más céntrica que todas las demás.

La joven licenciada, recién egresada de la facultad de leyes de la máxima casa de estudios del estado, tenía muchas esperanzas de que, al regresar a su pueblo, las cosas cambiarían. Ya no estaba en los tiempos de antes, donde los caciques dominaban el pueblo y los recursos naturales que este tenía. Ahora las cosas podían ser mejores, pensaba a cada momento.

Cuando el presidente municipal la mandó llamar, ella estaba más nerviosa que en su examen de recepción. Era la persona más preparada de la comunidad de Los Manantiales. Había muchos compañeros de ella misma que habían terminado una carrera: algunos eran licenciados, otros ingenieros, maestros e incluso doctores, pero la falta de empleo hacía que todos se fueran a las grandes ciudades en busca de trabajo. En el municipio no había industria, ni fuentes de empleo, ni manera de empezar, así que estaba bien que se buscaran un futuro mejor.

Itzel, por su parte, decidió quedarse y, en contra de la opinión de su mamá —que la animaba a que se quedara en el bufete jurídico para el que había trabajado en Morelia, ya que en el municipio de San Mateo no había trabajo, menos para ella—, decidió regresar a su casa. Había terminado sus estudios y se había graduado como una de las mejores de su generación; al menos no reprobó materias, y su cédula profesional y el ansiado título que tanto esperaba tardarían en llegar. Aun así, esperaba que la contrataran. Su mamá y don Chon eran ejidatarios y se conocían bien; don Chon platicó con gusto y muchas promesas cuando andaban en la campaña, así que era probable que le dieran el trabajo. Llegó con media hora de anticipación a la cita; no quería que vieran que era impuntual. Así que llegó, subió a la segunda planta del palacio municipal, entró a la oficina del presidente y preguntó por él.

—Buenas tardes —dijo nerviosa y jadeante por las escaleras—. Soy la licenciada en derecho Itzel Gómez, tengo una cita con el presidente municipal.

Era la primera vez que estaba en la presidencia municipal; de niña había asistido con su mamá a recoger los apoyos que le llegaban o para hacer alguna queja. Ahora estaba ahí para trabajar en la única fuente de empleo del municipio, al menos para ella, ya que trabajar en algún taller, en el campo o haciendo cazuelas y tabiques no era lo suyo. Se había esforzado tanto y tenía la esperanza de que la contratarían.

—El presidente municipal no está —dijo tajante la voz de un hombre que daba la espalda y no volteó, ya que estaba muy entretenido en la computadora junto con otra señorita que no alcanzó a ver—. Salió a Morelia; el día de hoy no recibirá a nadie.

De momento sintió que todas sus esperanzas se venían abajo. Tantas ilusiones se había hecho, que de pronto, con una frase y de manera tan descortés, la habían dejado sin esperanza. Pero no se daría por vencida tan pronto; había luchado contra los drogadictos de sus compañeros en Morelia, contra varios novios que le proponían tener relaciones, las noches en vela haciendo tareas. "Soy más fuerte que ellos", se dijo a sí misma. Tengo que conseguir otra cita, así que con más fuerza preguntó:

—¿Y cuándo puedo verlo? Me llamó él personalmente —lo dijo con fuerza y con ganas. *Como la licenciada que soy*, se dijo, haciendo valer su autoridad, lo que hizo que su voz sonara segura de sí misma.

En ese momento, Mario, el secretario particular del presidente, levantó la vista de la computadora y, de mala gana, se dirigió hacia ella. Tenía el rostro cansado; se veía que no había dormido e iba despeinado, lo cual empataba con el aspecto de todo el edificio. Hizo una mueca de desprecio; Itzel se dio cuenta de que le daría otra negativa, cuando fue interrumpido por la señorita que estaba sentada junto al secretario frente a la computadora. Hasta ese momento no sabía de quién se trataba, pero cuando la vio, el corazón se le llenó de alegría.

—Itzel, ¿eres tú? —preguntó un tanto sorprendida—. Soy Diana, tu compañera de la prepa, ¿te acuerdas de mí?

Claro que se acordaba. Habían pasado solo seis años desde que se había ido a estudiar a Morelia; no era mucho tiempo y, en realidad, no estoy tan cambiada, se dijo para sí misma. Sin embargo, Diana sí había cambiado: durante los cuatro años que tenía de no verla, se veía más alta y estaba más entrada en carnes, y sin el uniforme del CBTA lucía diferente. Habían sido buenas amigas durante su educación media superior y, aunque habían prometido que no dejarían de serlo, la distancia se había impuesto. Pero claro que la recordaba.

—Por supuesto que me acuerdo de ti. ¿Cómo has estado? —preguntó al momento de abrazarla.

—Muy bien. Mira, trabajo para el ayuntamiento, y tú, ¿cómo estás? ¿Qué ha sido de ti? ¿Terminaste de estudiar? ¿Vienes a ver al presidente? Ay, tengo tantas ganas de verte, de platicar contigo y tantas cosas que contarte, pero dime, ¿a qué has venido? —preguntó al tiempo que la tomaba del brazo y se la llevaba afuera de la oficina donde atendía. Cuando nadie las pudo escuchar, dijo en el tono más bajo posible—: El presidente sí está, solo que hoy vino mucha gente y anda resintiendo la borrachera de ayer; anda igual o peor que mi compañero. ¿Te va a contratar? —preguntó con un tono de preocupación en su voz.

—Sí, fíjate que me habló para que viniera a una entrevista. ¿Crees que tenga lugar para mí?

—Ay, amiga —dijo Diana al tiempo que vigilaba que nadie la estuviera escuchando— las cosas aquí son más difíciles de lo que parecen, pero esperemos a que entres a la entrevista con el patrón y platicamos cuando salgas.

Ese día Itzel se había vestido para la ocasión: blusa formal sin escote de color verde claro, un traje color gris —el mismo con el que presentó su examen de grado—, tacones elegantes, aunque no muy altos, un peinado recogido propio de una licenciada y su maletín. *Seguro que por presencia no quedo*, había pensado. Había llegado con media hora de antelación para no parecer impuntual, y habían roto sus esperanzas al mencionarle que el presidente no estaba. Vieja táctica usada con los habitantes del municipio que acudían con la ilusión de que el presidente les resolviera sus problemas. Y ahí estaba ella, sentada en un viejo sillón esperando a ser recibida por el presidente municipal.

Durante su breve estancia en la oficina de presidencia municipal, se dio cuenta de cómo se trabajaba en ese lugar de servicio público. Cuando llegó, el secretario particular y la secretaria del presidente —que había resultado ser una amiga de la adolescencia— parecían tan ocupados que ni tiempo tenían de voltear a saludarla. En realidad, estaban ocupados revisando los chismes de Facebook sobre el ayuntamiento. Había muchas críticas por el pobre desempeño que tenían, e Itzel pensaba que tenían razón. Estaba pensando en ello cuando anunciaron su nombre para que pudiera pasar. Muchas personas se incomodaron debido a que habían llegado antes que ella y querían ver al presidente. Itzel se sintió incómoda al recibir las miradas de desaprobación que le dirigían los presentes. Se animó pensando que ella cambiaría las cosas para bien, que no haría esperar a la gente durante horas y resolvería los problemas de la manera más justa posible.

En el despacho del presidente había tres hombres que, al entrar, le dirigieron una mirada lujuriosa mientras la saludaban. La oficina estaba bien amueblada —era la oficina del presidente—, así que a ella no le extrañó. Había una mesa ovalada de madera rodeada por diez sillas de piel. La silla del presidente era más alta que las otras, con más lujos y de mejor piel. Había además un juego de sala que combinaba a la perfección con el color de la mesa ovalada. Varios libreros adornaban la presidencia y tenían el mismo color vino que la mesa y la sala. Tenían un archivero de cristal que contenía algunas piezas de piedra que, se observaba, databan de la época prehispánica, así como un libro viejo y enmohecido que debía contar con historias importantes.

La presidencia estaba adornada con dos pinturas: una de forma cuadrada que no medía más de un metro, con la fotografía del gobernador del mismo partido, Silvio Aureoles, cuidadosamente pintada al óleo sobre tela, perfectamente adornada con un marco de madera elegante y protegida por un cristal de excelente calidad. Otra, de mayores proporciones, quedaba de frente a esta, como disputándose el poder. Esta última tenía la imagen del padre de la patria, don Miguel Hidalgo y Costilla, que sostenía en su mano derecha una espada de fuego con las palabras "LIBERTAD" escritas en letras negras, y en la otra, una cadena rota, símbolo de la esclavitud que él mismo había abolido hacía ya más de 200 años. Su pie derecho descansaba sobre los libros de la Ilustración. Estaba rodeado de varias personas: madres con sus hijos muertos, soldados lisiados, sangre, fuego y desolación alrededor. La pintura estaba sobre un marco de madera torcido, de mala calidad y que se notaba que hacía muchos años que se lo habían elaborado. No tenía cristal que la protegiera y, en varias partes, estaba manchada por el polvillo que le caía del techo enmohecido. A diferencia de la pintura de Silvano, esta se encontraba enmohecida. Se notaba a quién idolatraban en esa oficina. A Itzel le dolió su mexicanidad.

Cortésmente, dio la mano a cada uno de ellos, presentándose como la licenciada Itzel. El presidente le indicó que se sentara.

—Buenas tardes. Te presento al tesorero municipal, Abram Soto, y al regidor de Asuntos Agropecuarios, el ingeniero Eduardo Alanís —dijo el presidente al tiempo que se volvía a sentar.

—Mucho gusto —dijo Itzel y saludó de nuevo a los funcionarios.

—Te pedí que vinieras para conocer tu formación. Sé que terminaste tu carrera de Derecho y quisiera saber si estás interesada en trabajar para nosotros —mientras le hablaba, la miraba fijamente a los ojos para ver su reacción.

—No tengo experiencia en el sector público —mencionó apenada—, pero trabajé para un despacho particular en Morelia durante mi carrera y llevábamos casos de la Suprema Corte de Justicia del Estado, así que creo que puedo desempeñarme bien —añadió de inmediato.

—¿Tienes novio? —interrumpió el regidor.

—No, no tengo novio —se apresuró a responder. Pensó que la conversación estaba tomando otro cariz que no le gustaba. Observó al tesorero y notó cómo se humedecía los labios con actitud lasciva—, pero por el momento no me interesa...

Fue interrumpida de pronto por el fuerte sonido de la puerta de la oficina al azotarse. En el rostro de los presentes reinó el desconcierto y el terror cuando vieron entrar a un hombre de complexión gruesa, vestido de manera formal, acompañado de dos guardaespaldas que portaban armas AK-47, con uniforme militar de color oscuro, capucha y chaleco antibalas. Llevaban la capucha puesta y de inmediato quitaron los seguros de sus armas, apuntando cada uno a quienes ocupaban el lado opuesto de la mesa. El que entró primero —vestido de manera diferente, quien parecía el jefe— se dirigió al presidente municipal, mientras Tarsicio se levantaba con el rostro ensombrecido por el miedo.

—Licenciado, ¿por qué no me dijo que vendría? —dijo con voz temblorosa.

—¡A MÍ NO ME VENGAS CON MAMADAS, TARSICIO! —gritó, sin dejarlo terminar, al tiempo que le propinaba una bofetada que lo hizo caer de espaldas. Sin esperar a que se levantara, el recién llegado le dio una patada en el estómago—. ¡TIENES TODO EL MES QUE NO LE PAGAS AL LICENCIADO VILLEGAS! ¿QUIÉN CHINGADOS TE CREES? EL HECHO DE QUE SEAS PRESIDENTE NO TE DA DERECHO A NO PAGARLE A UN TRABAJADOR TUYO.

—Tiene dos meses que no viene a trabajar —dijo despacio el tesorero, pero lo suficientemente fuerte para que lo escuchara el licenciado—. Le pagamos el mes pasado, pero si le pagamos otro, auditoría nos va a multar.

—Cállate, pendejo, y ponte de rodillas —dijo mientras señalaba a uno de sus acompañantes—. Tengo 27 años sabiendo cómo funcionan las cosas en la presidencia. Ningún pendejo va a venir a decirme cómo se manejan. Manda traer la chequera, que es lo único para lo que sirves —volvió a decir el licenciado.

Uno de los encapuchados golpeó con la culata de su arma al tesorero en el estómago. Al mismo tiempo, su compañero le pegó en la cabeza al regidor, quedando de pie solo los tres visitantes. Uno de ellos abrió la puerta y llamó al secretario, que se encontraba afuera.

—Dile a la contadora que me mande la chequera, Mario. Rápido —dijo el presidente.

Hasta entonces nadie había reparado en Itzel, quien estaba en medio de la oficina, muerta de miedo. Había escuchado en las noticias muchas cosas sobre el crimen organizado, de cómo algunos presidentes municipales y otros servidores públicos, incluida la policía, trabajaban para ellos. Pero jamás lo había imaginado, mucho menos presenciado. Ahora, en medio de aquel tumulto, sintió la boca amarga y los pies parecían de hilo; no se había movido un centímetro desde que entraron los tres sujetos que ella desconocía. Al parecer, el presidente y sus empleados sí los conocían, al menos al que parecía el jefe, quien en ese momento se percató de su presencia.

—¿Así que esta es la putita que se están comiendo ustedes? —se dirigió hacia ella y, sin más, la levantó de la silla tomándola por el cabello—. Pues no está mal. Pero no luce como las que ustedes cargan.

Itzel tenía ganas de decirle que la soltara, que había trabajado para el Poder Judicial, que esto no se quedaría así, que ella era licenciada en derecho y que no descansaría hasta verlo tras las rejas. Pero no pudo articular palabra alguna. Era tanto el miedo, tantas las ganas de llorar, que no logró emitir más que un grito de dolor cuando la tomó del cabello. Además, había visto que incluso el presidente, que sangraba al igual que el regidor, no había hecho nada para defenderse; mucho menos ella. *¿Qué peligro representaba ella?*, se preguntó. En eso estaban cuando entró Mario, el secretario personal, con unas hojas en las manos, y de inmediato fue recibido con un culatazo en la espalda.

—Ya párele, licenciado, solo viene a dejarnos la chequera —dijo el presidente.

—¡YO LE PARO CUANDO YO QUIERA! —gritó una vez más el licenciado—. Ahora me vas a pagar el mes que le debes a mi colega Villegas, pero estos caballeros que ves aquí son compañía cara. Así que lo que le vas a dar a Villegas lo vas a multiplicar por cinco, porque, como sabes, mi tiempo vale oro. ¿ENTENDISTE? —dijo más tranquilo.

El presidente se limpió la sangre con el saco de su traje y se limitó a escribir en la chequera sin decir palabra. Cuando hubo terminado, le pasó la chequera al tesorero para que este, a su vez, firmara. Una vez concluido el proceso, cortó el cheque y se lo entregó al licenciado, que sonreía triunfante.

—Le puse un incentivo para usted, licenciado, por los malos ratos que le hicimos pasar —dijo el presidente al tiempo que guardaba la chequera.

—Así me gusta, presidente. ¿Qué te cuesta? —respondió al tiempo que le palmoteaba la cabeza de manera despectiva, y prosiguió en tono burlón—: Gracias por sus atenciones. Espero verlos pronto para echarnos un tequilita, jajaja.

Después de esto, salió siempre al frente de sus pistoleros, dejando al presidente municipal, al tesorero y al regidor llorando, un tanto de impotencia, un tanto por los golpes recibidos, pero sobre todo por la vergüenza de verse humillados frente a la nueva licenciada que estaban por contratar.

—Puedes retirarte —dijo el presidente—. Si te interesa el trabajo, baja a la sindicatura y diles que vas de mi parte.

Itzel salió de la oficina del presidente y, afuera, vio que los dos empleados de la presidencia temblaban de miedo. No había más gente. Sin saludarlos, se dirigió a las escaleras de la segunda planta y bajó a la oficina de sindicatura. A pesar del miedo, había aceptado el trabajo; alguien debía cambiar las cosas en México para que no volviera a suceder lo que acababa de presenciar.

# XIII

Ese día, doña Marta llegó temprano a tomar el microbús que la llevaría de vuelta a su pueblo. Había ido a comprar a la ciudad las cosas que vendía por la tarde. Ese día hacía mucho calor, más para ella, una señora de 48 años, rechoncha, con nietos que alimentar y sin otra fuente de ingresos que la venta de sus dulces. Sacaba todas las tardes una mesita en la que ponía sus dulces de a un peso cincuenta centavos, ya que la gente —los niños que le compraban— no tenía para pagarle más.

Su mesa era de madera; ya había tenido que ponerle algunos clavos extra y cientos de lazos para que no se cayera, sobre todo frente a su casa, ya que no había banqueta y tenía algunas piedras que hacían las veces de postes para que los carros que pasaban por ahí no se le subieran a su casa. Varios gobiernos le habían prometido que le ayudarían con la banqueta, y sin embargo no habían cumplido. Había tenido discusiones con su marido, un fundador del partido de los amarillos —como se le conocía al PRD—, campesino de nacimiento, miembro fundador del partido en el año 1988, cuando Cárdenas ganó las elecciones presidenciales. Muchos decían que se las habían robado; el gobierno dijo que se había caído el sistema y en el recuento de votos ganó Salinas de Gortari.

Su marido, Chema, había salido machete en mano y pistola escondida entre los pantalones remendados a defender el voto, ya que en su municipio también habían robado la presidencia.

¿Cómo olvidar ese día? Todos tenían la esperanza de que con Cárdenas las cosas cambiarían de verdad; a los campesinos como él les iría mejor, su producto valdría. Sin embargo, les habían robado, y no solo a nivel nacional; también a nivel municipal le habían dado el triunfo a un tal Roberto Villarreal, del partido de los rojos.

Al enterarse de los resultados, don Chema llegó corriendo a su casa.

—Vas a soltar los caballos, mujer; los dejé uncidos —dijo mientras tomaba la pistola, un revólver calibre .38, su caja de 50 tiros y su bolo favorito—. Estos hijueputas creen que nos pueden tratar como a sus patas. Vamos a ver de qué cuero salen más correas —besó a su hijo y se dirigió a su mujer con semblante triste—. Si no regreso, cultivas la tierra, le das a mi hermano los caballos pa' que te ayude y no vayas a vender la tierra.

—Tú no vas a ningún lado sin mí; si a ti te matan, a mí también me van a matar —agarró el machete mocho de la cocina, ese con el que rajaba el ocote para hacer la lumbre, y salió con su marido.

Dicho esto, se fueron con todos los ejidatarios del pueblo. Iban a matar al nombrado presidente municipal, pero sabían que este no estaría solo; tenía el apoyo de los federales y los rurales, así que irían a lo que tocara. Bajaron ese día a la cabecera municipal ejidatarios de todas las comunidades, todos miembros del Partido de la Revolución Democrática. Llegaron a la presidencia municipal y atravesaron sus camionetas; no les importó que los camiones que circulaban por la única vía no pudieran pasar. Cerraron la presidencia, lugar donde tomaría protesta el candidato ganador según el recuento de votos; ahí no le podrían hacer nada, se lo impedirían.

El grupo estaba compuesto por unos 300 campesinos y unas 50 camionetas —de esas que sirven para acarrear la mercancía de los cultivos—. La gran mayoría de los que participaban eran ejidatarios de Los Manantiales, aunque había otros grupos de Los Barros y San Francisco del Monte, las tres tenencias principales del municipio. Todos llevaban visibles sus machetes, bolos o palos; más escondidas estaban las armas de fuego. La gran mayoría tenía; era una costumbre que habían heredado de sus padres y abuelos, estos últimos que habían peleado en la Revolución. Incluso los más grandes habían presenciado de niños tal evento del pasado mexicano; los que aún eran jóvenes se habían alimentado con las historias de sus abuelos. Ahora estaban dispuestos a morir con tal de defender la democracia, con tal de defender sus derechos.

Cuando llevaban más de media hora ahí, en espera de que llegara el representante del IFE, llegó el comisario ejidal de Los Barros y les dijo con voz fuerte:

—Ya se movieron para Los Barros; en el jardín están los priistas, se están organizando para que ahí se le entregue la constancia de mayoría a Ruperto. Vámonos para allá; nos están esperando en la entrada 50 a caballo que nos van a ayudar a darle en su madre a este cabrón —dicho esto, se subió a su camioneta adelante; varios de los presentes se subieron a la camioneta, dejando que los demás se acomodaran como pudieran en los demás vehículos.

Lo que estaba por suceder tendría que cambiar el destino de la vida del municipio; la gente estaba dispuesta a todo por un cambio. Sin embargo, los priistas no dejarían que les arrebataran el poder tan fácilmente; también defenderían su causa, aunque les costara la vida. Ya habían avisado a los federales, y los cinco policías que pagaba la presidencia estaban con ellos protegiéndolos. Jamás pensaron que sus acciones despertarían la ira de los ejidatarios.

El convoy de campesinos huarachudos recorrió en poco tiempo la carretera mal pavimentada que conducía al municipio vecino y que también los dejaba en la entrada de la terracería del camino a Los Barros. Cuando estaban por llegar —recorrida la mitad de esta, a la altura de la desviación del municipio dueño de la Sierra del Rosario, muy famosa por las mariposas monarcas— se apareció lo que bien podría ser un desfile militar: una brigada de caballeros como de las guerras de Ken Follett o la defensa del castillo de Chapultepec narrada por Taibo. Medio centenar de caballos cabalgaba a toda marcha en dirección a la cabecera municipal y, al encontrarse con las camionetas de los ejidatarios de todo el municipio, redujeron la marcha. Quien iba al frente se apeó del caballo y se dirigió a don Gabino, el comisario de Los Manantiales:

—Se movieron para San Francisco del Monte; allá le van a entregar la constancia. Nomás nos traen vuelta y vuelta, quieren despistarnos —dicho esto, se subió a la camioneta y les dijo de nuevo—: Vamos, yo sé dónde están.

Tomaron la carretera de regreso y se desviaron antes de llegar a la entrada a la cabecera municipal, rumbo al municipio vecino; después tomaron la carretera de terracería rodeada de magueyes y pinos y se enfilaron a la tenencia de San Francisco del Monte. El convoy que formaban era impresionante: varias camionetas cargadas de hombres sombrerudos, curtidos por el sol, verdaderos campesinos, militantes de corazón del PRD, cansados de tantos años de abandono y ultrajes del PRI, enardecidos por el robo nacional y municipal, dispuestos a todo.

La gran mayoría llevaba oculta su pistola; a la mano llevaban su machete de diario, un bolo o un palo. No había fuerza que se comparara a dicho movimiento en la historia del municipio y, dicho sea de paso, San Mateo siempre había estado presente en las grandes luchas de la historia del país, todo para recibir nada a cambio.

Aunque el contingente de caballería que se había formado trató de seguirlos, se quedaron rezagados. Los jinetes no querían reventar sus caballos, no porque pensaran en el regreso, sino porque, como campesinos de corazón, habían aprendido a respetar la vida de los animales. Atrás se fueron quedando y, cuando las camionetas se apostaron en las calles de San Francisco del Monte, no estaba con ellos un solo caballo. Llegarían, eso era seguro, solo se tomarían su tiempo necesario y muy probablemente tomarían una vereda más directa.

La tenencia donde se pretendía que tomara protesta el candidato del PRI estaba vacía; sin embargo, era seguro que estaban ahí, ya que no más de cinco carros de los militantes del partido estaban en la calle próxima a la iglesia. Era seguro que se habían escondido; ahora solo tenían que descubrir en qué casa estaban. Mientras esto sucedía, fueron acercándose todos los acompañantes de los ejidatarios y campesinos hasta poblar la humilde placita de la tenencia. A la mano llevaban sus herramientas de corte y se empezaba a formar un círculo en torno al presidente del comisariado ejidal de Los Manantiales para saber cómo iban a proceder, cuando alguien gritó que se habían escondido en la casa de doña Efigenia, la señora más priista del pueblo. Sin decir una palabra, se acercaron con prisa a la casa que estaba en la esquina noreste de la placita y comenzaron a tocar con fuerza. Como nadie les abría, decidieron tirar a patadas la puerta, que estaba hecha de madera y no opondría mucha resistencia.

Cuando estaban por iniciar el allanamiento, se escucharon balazos y todos voltearon a ver quién era el responsable. No pensaron en correr; lo que hicieron fue echar mano a sus revólveres, armas y hasta carabinas que algunos traían en sus camionetas, esto con el fin de responder el fuego de la misma manera.

Los autores de los disparos eran un grupo de soldados enviados a cuidar los paquetes electorales, que debían dar protección a los encargados de contar los votos. Se habían trasladado para evitar un accidente. El que usaba las insignias diferentes a los demás dijo con voz fuerte:

—DISPÉRSENSE, AQUÍ NO HAY NADA QUE HACER, ESTÁN COMETIENDO UN DELITO FEDERAL.

Sus órdenes no tuvieron el eco que esperaba, a pesar de sostener en sus brazos un arma larga —el fusil de asalto perteneciente al ejército—, de estar rodeado por sus hombres, todos entrenados, pagados y mandados por el gobierno federal, dispuestos a morir por ver cumplida la ley. Lo que sucedería a continuación dependería del impacto de sus palabras. Solo era necesario que uno de ellos actuara, o la conciencia colectiva haría su trabajo. Bien podría ser que el rango de soldados, servidores del país, fuera suficiente para que aquella turba de analfabetos desistiera de sus intenciones, diera media vuelta y dejara en paz a los moradores de esa vivienda donde se escondían los priistas; o que uno de ellos se abalanzara con sus machetes y se produjera una catástrofe. En su interior prefería lo primero.

Frente a él se alzaba un formidable ejército de herederos de la Revolución, hijos de guerreros, buenos gatilleros, hombres necios a quienes no les importaba morir con tal de ver cumplidas sus demandas, dispuestos a matar por una injuria; hombres, mujeres y niños que, por las malas condiciones en que vivían, no les importaba morir. No se movieron un solo centímetro, plantaron la vista en los pocos elementos del ejército y, antes de que alguien actuara, don Gabino, el hombre de más experiencia, tomó la palabra.

—Nos han robado, señor oficial, y si usted es mexicano deberá informar a sus compañeros que deben aprender que esa bola de rateros que se hacen llamar PRI le robó la presidencia a Cárdenas y aquí nos quieren robar a nosotros también. Eso no lo vamos a permitir y, si para defender nuestros derechos tenemos que matarnos como lo hicieron nuestros padres en la Revolución, tenga por seguro que lo vamos a hacer.

Sus palabras fueron seguidas de murmullos de la gente detrás de él. El soldado que los había tomado por analfabetos se sorprendió al escuchar a don Gabino; incluso pensó en dejar las cosas como estaban. Sin embargo, era su trabajo guardar el orden, así que continuó:

—Nosotros somos soldados, estamos preparados y estamos armados. Su número contra nuestras armas no es nada —volvió a subir la voz—. ¡ASÍ QUE RETÍRENSE O LOS VOY A RETIRAR!

Dicho esto, amartilló su arma y los demás soldados que lo acompañaban hicieron lo mismo, apostándose en los muros de las casas de adobe y apuntando al centro de la población. La cosa se estaba tornando tensa y los líderes del movimiento se encontraban en primera fila; solo era necesario que ellos cayeran para que los demás se dispersaran como ovejas. En un rápido movimiento, don Gabino primero, y después los demás, sacaron sus pistolas, que hasta el momento habían permanecido escondidas a la vista.

—Sea lo que Dios quiera, mi general —dicho esto, apuntó su revólver .38 a la cabeza del general, que era el único de los soldados que no había buscado refugio entre las bardas de las casas.

—¡QUE NADIE DISPARE! —dijo el general con voz entrecortada. Nunca esperó una reacción así de esa gente con sombrero. Más que sus machetes no habían visto otra arma; cuando le apuntaron con las armas, lo primero que pensó fue que, si alguien de sus compañeros disparaba, el primer muerto sería él—. No es necesario llegar a tanto, señor. No queremos que ocurra una catástrofe aquí.

Sus palabras fueron interrumpidas por un sonido ensordecedor que llegaba a sus espaldas. No pudo identificar qué lo producía; su instinto lo hizo voltear, guardando la esperanza de que fueran más compañeros suyos y le ayudaran a controlar la situación. Cuando identificó el origen del sonido, se encomendó a Dios con una oración: era un grupo de jinetes que llegaban por su espalda, tantos que llenaban toda la calle y seguían dando vuelta. No imaginó cuántos eran, pero una cosa sí sabía: si eran campesinos compañeros de los que estaban en la plaza, ahora los tenían rodeados; si eran contrarios a los que primero arribaron, ellos quedarían en medio del fuego, y los perdedores serían ellos. Sin pensarlo dos veces, dejó su arma en el suelo, levantó sus manos y gritó:

—¡BAJEN SUS ARMAS, TODOS BAJEN SUS ARMAS! —ordenó.

Sus compañeros obedecieron, no así los habitantes del municipio, que al reconocer a sus compañeros de la tenencia de Los Barros vieron ganada la batalla —una batalla que aún no comenzaba—. Don Gabino volvió a tomar la palabra una vez que guardó y aseguró su arma.

—Aquí no pasa nada, oficiales. Hagan el favor de tomar sus armas y salir por donde vinieron.

Dicho esto, los soldados se apresuraron a tomar sus armas y subirse a su camión para salir con rumbo a donde encontraran los refuerzos necesarios para regresar a darle un escarmiento a quienes habían humillado a un pelotón del ejército.

Cuando los soldados se hubieron alejado, retornaron a lo que los ocupaba: organizarse para derribar la puerta de madera de la casa donde presumiblemente estaba quien sería el presidente municipal por imposición y por robo. Cuando estaban por tomar unos morillos para golpear la puerta, esta se abrió milagrosamente y salió doña Efigenia que, presa del pánico, se atrevió a decir:

—Aquí no está el candidato. Déjennos salir y pueden entrar a revisar si quieren —su voz no sonaba muy segura.

Sin embargo, los militantes del PRD dejaron que saliera ella y algunos de los miembros del PRI —compadres de algunos, conocidos, amigos o socios—. Muchos se conocían; no había rencores. Incluso podrían trabajar juntos para sacar a su municipio adelante, solo que el partidismo y la manera de hacer política en el país no los dejaba unirse y trabajar en conjunto. Tal vez pronto llegaría el día en que, antes de ser militante de algún partido, se consideraran ciudadanos y pudieran dejar de lado sus banderas de diferentes colores para trabajar de la mejor manera por un mundo mejor.

Salieron uno a uno, hombres y mujeres; estas últimas llamaban la atención porque lloraban, tal vez por el susto, tal vez por el temor de que ese grupo de campesinos les hiciera algo. Una de ellas destacaba porque iba al centro del grupo y cubría su cabeza con un rebozo, como queriendo que no la descubrieran o no supieran quién era; tal vez pensaba que era algo malo. Con el tiempo se enterarían de que era quien ocuparía el cargo de presidente municipal y se había disfrazado de mujer con el fin de evitar que le hicieran algo.

Una vez que todos salieron, los dirigentes del partido se metieron a la casa, revisaron todos los rincones y no encontraron nada. Desalentados y confusos, se reunieron en la plaza para tomar las medidas necesarias: tomarían la presidencia, acudirían con el mismo Cárdenas y pedirían que se hicieran otras elecciones.

Hicieron todo lo que dijeron, pero no lograron nada. Roberto Villarreal tomaría protesta custodiado por un numeroso grupo de soldados que resguardaban al presidente día y noche, y que se dedicaron a perseguir a los líderes de aquel movimiento; algunos fueron encarcelados, otros recibieron multas millonarias. Así lograron apagar un movimiento que hubiera dado luz a ese pequeño municipio.

Ahora pensaba que tanta revuelta no había servido de nada. Su esposo, desaparecido junto con su hijo solo dos años atrás, había estado en el partido hasta su desaparición. Cuando lo levantaron policías municipales, la diputada había dicho algunas palabras y prometió que lo encontrarían. Cuando pasó tiempo y no llegó, la diputada prometió que le iban a poner su nombre a una calle, y su nombre estaba escrito en la casa del partido. Sin embargo, eso no servía de nada; su vida seguía siendo igual de miserable que siempre. Era verdad que recibían su despensa que les daba el partido, algunas láminas para techar y otros beneficios de programas sociales —nunca gratis—. Ahora estaba en una coyuntura: la diputada quería comprarle sus tierras, esas que estaban próximas al manantial y que ya tenían varias generaciones perteneciendo a la familia. Por supuesto que necesitaba dinero, solo que no pensaba en vender el patrimonio que había sido de la familia de su esposo y que era el que les daba de comer a sus hijos y nietos. Pero la situación estaba tan mal que, en ocasiones, solo había Cheetos para darles a sus nietos de comer. Esa situación sí que la hacía pensar en vender sus tierras; quizás un buen precio le serviría para dejarles un porvenir a sus hijos y vivir tranquila los días que le quedaban de vida. Pronto la visitaría la diputada con sus fajos de billetes para hacerle la oferta nuevamente; quizás esta vez fuera la última, quizás esta vez aceptaría y vendería sus veinte hectáreas de riego a la diputada federal y amiga de la familia. Sin embargo, no dejaba de pensar que quien había disfrutado de tantas luchas, tantas reuniones, tanto trabajo había sido la diputada, ya que ella ahora era rica y la gente del municipio seguía igual de pobre que siempre.

# XIV

El maestro Leonardo daba clases en CECYTEM CEMSAD, impartiendo clases sobre ética. Mientras les hablaba a los alumnos de Platón, Aristóteles y los conceptos que rigen la moral, no pudo dejar de pensar en la reunión que había tenido con el licenciado sobre la manera de transformar el municipio de San Mateo. Estaba pensando en que, por lo menos, aún tenía su pago del INEA cuando se vio interrumpido por una llamada de don Pablo, el técnico docente encargado del municipio de San Mateo.

El técnico docente era quien lo había invitado a trabajar con él después de que lo viera trabajar y participar activamente en las reuniones de la escuela. Este era un señor bajito de no más de 1.40 metros, tenía cerca de 90 años y hacía mucho que se tenía que jubilar, cosa que evitaba a toda costa. Había sido presidente municipal y, derivado de sus relaciones más que de su buen trabajo, logró acomodarse dentro del sindicato de trabajadores de la educación para adultos. Se aferraba a ese puesto de tal manera que varios coordinadores académicos habían solicitado su cambio o habían dejado la institución. Tenía diabetes y el azúcar alto, y le gustaba tomar tequila Puro presidente, decía cuando era presidente. Ahora presentaba un problema de ciática que no se le curaba con nada, producto de sus vicios de joven, que aún tenía, pero en menor medida.

Sus viejas relaciones lo habían mantenido en el poder. Era consejero del PRI a nivel estatal y tenía poder dentro del partido en el municipio, solo que dejaba que sus compadres lo manejaran. Era compadre del licenciado Emanuel y de la cúpula del partido; tenía una muy buena relación. De hecho, era padrino del presidente municipal de San Mateo en el periodo 2012-2015, compadre del candidato por el PRI en esas mismas elecciones, padrino del actual presidente —que dicho sea de paso le había regañado por quererse reelegir— y, además, padrino del candidato por el mismo partido. Ahora estaba seguro de que ganarían la elección, ya que el más joven de los Yépez había trabajado muy bien la candidatura y era el candidato mejor posicionado. De Tacho se encargaría él personalmente; tenía buenas relaciones en el estado para que no lo dejaran reelegirse.

Leonardo pensaba en lo mucho que le ayudaba el INEA a pagar sus cuentas ahora que el gobierno le había retenido su pago, y pensaba también en los viajes a la playa que se había ganado su técnico debido a los buenos resultados que daba. Cada año era el mejor asesor y colocaba a la microrregión como la mejor, no solo a nivel de la coordinación, sino en todo el estado. Pensaba que hacían un buen equipo de trabajo a pesar de no tener la misma edad, y en lo mucho que se necesitaban uno al otro. Su cara se iluminó cuando vio en la pantalla estrellada de su celular el nombre de su técnico; pensó que tal vez le daría la noticia de que el pago de los meses que le debían había llegado y con ello podría aguantar hasta que le resolvieran en la dirección del CECYTEM estatal. Así que contestó con júbilo.

—Buen día, don Pablo, a sus órdenes. ¿En qué puedo servirle? —dijo emocionado.

—Pues parece que ya en nada —respondió secamente el técnico.

La sonrisa del maestro Leonardo se desvaneció; por el momento no supo qué decir. El que continuó hablando fue el técnico Pablo.

—Te atreviste a gritarle a mi compadre y me pidió que te despida, así que eso es lo que voy a hacer. Desde este momento ya no trabajas para mí ni para el INEA. Muchas gracias por tus servicios y que te vaya bien.

Dicho esto, colgó. La reacción de Leonardo no fue inmediata. No creyó que eso le estuviera pasando a él: despedido del INEA, con tantos proyectos, con tantas ganas de hacer algo por la gente y, lo que era peor, sin trabajo, sin ingresos. Ahora sí que no sabía qué hacer; el mundo se le vino abajo. Se limitó a sentarse en las jardineras de la salida del CECYTEM sin sentir nada. No estaba enojado, tampoco podía sentirse triste. Pensó que tal vez pudiera preocuparse por lo que sería de sus alumnos, pero no logró sentir nada. Se limitó a sentarse y esperar; su mente estaba en blanco, no lograba pensar en nada. Dejó que el tiempo pasara y, cuando estaba a punto de oscurecer, lloró. No se explicó cómo o por qué, pero las lágrimas salieron. Sintió sus mejillas bañadas por sus propias lágrimas; era una linda sensación, una sensación que no lograba explicarse. Trató de reflexionar sobre ella, pero no lo consiguió; simplemente dejó que las lágrimas siguieran saliendo. Y así, con el sentimiento de no sentir nada, se encaminó hacia su morada.

# XV

La mañana del día lunes, Alina se miraba coqueta en el espejo. Estaba terminando de ponerse su labial rojo cuando sonó la puerta de enfrente de su casa. Alguien había llegado. Se desabrochó dos botones de su blusa, dejando al descubierto parte de sus grandes senos. Se miró una vez más en el espejo. Lucía atractiva; estaba segura de que no iba a ser rechazada. Caminó rumbo a la puerta y, mientras llegaba, se le vino a la mente una fantasía. Le hubiera gustado ser sometida, con violencia, con dureza y con malas palabras. Sin embargo, a Chucho jamás se le ocurriría algo así. Era muy recatado y respetuoso. En eso estaba cuando abrió la puerta.

—Hola, cuñada —dijo el visitante. No era otro que su cuñado Ángel, quien se le quedó viendo sus prominentes senos sin ocultar su deseo, lo que hizo que ella se excitara con la mirada—. Te mandó las tortillas tu hermana. ¿Dónde te las pongo? Están pesaditas. ¿No está tu marido?

—Déjalas en la cocina. ¿Vas a querer que te regrese tu servilleta? —preguntó mientras cerraba la puerta.

—Ya luego se la das a tu hermana. Mejor déjame pasar a tu baño, ¿sí? —preguntó Ángel.

—Claro, pásale. Pero pasa al de mi cuarto; el otro está descompuesto. Te acompaño —dijo con la voz entrecortada.

Cuando pasó al baño, Alina se apresuró a cerrar la cortina de la ventana de su cuarto. Si ven aquí a mi cuñado, empezarán los chismes, se dijo a sí misma. Al tiempo que cerraba la ventana, pasó una mano por sus mamas. Estaba orgullosa de ellas; era copa 36B. No eran pequeñas, más bien eran grandes. Al poco, sintió calor en su entrepierna y los pezones se le endurecieron. Seguía siendo una mujer sexy. Tenía veintidós años y dos hijos. Se había casado con Chucho hacía más de cinco años; era un buen esposo: trabajador, vigoroso, responsable. En la cama era muy buen amante, y sin embargo, esos momentos a solas en su casa con el esposo de su hermana la hacían sentir una excitación incontrolable. Se desabrochó otro botón, que dejaba ver parte de su elegante brasier negro de encaje, el cual dejaba al descubierto sus duros pezones. Sintió el roce de la tela y apretó la entrepierna al tiempo que soltaba un gemido de placer.

Cuando se abrió la puerta del baño, su cuñado llevaba los pantalones a media pierna y acariciaba el miembro flácido entre sus manos con desesperación para que se endureciera más de prisa. Sus miradas se cruzaron y el poco pudor que había entre ellos desapareció. Ángel agitó su pequeño pene entre sus manos, haciendo una invitación para que se acercara. Alina, por su parte, desabrochó toda su blusa, dejando ver medio cuerpo semidesnudo. Llevaba el brasier que él le había regalado, lo cual hizo que su miembro creciera aún más rápido. Alina se arrodilló frente a él. No era la primera vez que lo hacían; de hecho, parecía un accidente, sin embargo, todo había sido cuidadosamente planeado: el motivo para visitarla, su vestimenta, la hora en la que los niños no estaban, tampoco Chuy.

Alina se concentró en el momento; pensar en su marido le daba remordimientos. Tomó el miembro de Ángel entre sus manos y le dio un beso en la punta; estaba empapado de líquido preseminal, pero aún era flácido. Se apresuró a meterlo en su boca para que este terminara de crecer. Era un pene más chico que el de su esposo; sin embargo, era el de su propio cuñado, en su casa, a la luz del día. Aquello era muy excitante. Mamaba con maestría; era una experta en el sexo oral: retiraba los dientes para no lastimarlo y usaba solo la lengua y los labios. Ángel solo suspiraba mientras la tomaba del cabello y seguía el ritmo de su cabeza. Empujaba y la retiraba, la tomaba del cabello con ambas manos y se movía rítmicamente, empujando cada vez más, lo que provocó que Alina se arqueara como si fuera a vomitar. Él entendió que el momento era de ella, así que retiró las manos y dejó que las manos de ella se posaran en sus muslos para tomar el control.

Cuando sintió que terminaba, trató de alejarla con su mano; era muy pronto para terminar, pero estar en la habitación de su cuñado con la esposa de este le excitaba al máximo. Trató de alejarla, pero ella no lo permitió y, sin pensarlo más, soltó un gemido de placer, inundando sus labios, su garganta y su boca de semen caliente. A ella no le importó; siguió aferrada a su miembro como si de ello dependiera su vida, aunque sí aminoró el ritmo, concentrándose en extraer todo el semen posible de su amante.

Estaban tan concentrados en su aventura que no se dieron cuenta de que una camioneta Ford vieja se estacionaba frente a su casa. Se suponía que Chucho llegaría hasta el atardecer, cuando terminara de abonar sus cebollas, cortara los cilantros y tendiera el agua a las fresas; esa no era hora en la que se apareciera por su casa. Sin embargo, el chofer bajó de ella y se introdujo en su casa. Abrió la puerta mientras preguntaba con voz fuerte:

—Flaca, ¿estás por aquí? —gritó desde la entrada.

Ambos se sobresaltaron. Ángel se apresuró a subirse los pantalones y ella se limpió las comisuras de los labios y se puso de pie. Se acomodó el cabello y buscó desesperada un lugar donde ocultar a su cuñado. Si lo descubrían todo por una aventura, terminaría su matrimonio. Sus hijas, posiblemente, se las llevaría con él. No podía darse el lujo de que la descubrieran. Hacía tanto tiempo que no tenía relaciones con su marido que este empezaba a sospechar que tuviera un amante. Él, por su parte, se las arreglaba solo. Le había descubierto videos porno en su celular y le armó un drama con el único fin de que este dejara de molestarla un rato más, mientras disfrutaba con su cuñado. Jamás pensó que la descubrirían; casi tres años y aún lo mantenían en secreto, al menos para el pobre de Chucho.

Tomó a Ángel de la mano y lo escondió en la cortina de la ventana, de manera que no lo vieran de afuera. Colocó una silla para que sus pies no se vieran y se subió a esta al tiempo en que su marido entraba en el cuarto. Bajó de la silla nerviosa; estuvo tan cerca de descubrirlos que aún le palpitaba el corazón del miedo. Y entonces se percató: no llevaba su blusa; se la quitó para recibir a su cuñado cuando este le ofrecía, generoso, su pene, y por lo rápido que pasó todo no se la puso; ni cuenta se dio hasta que ya era demasiado tarde. Alguna excusa se le vendría a la mente.

—¿Qué estás haciendo? ¿Por qué andas en brassier? Por cierto, ¿y ese brassier de dónde lo sacaste? ¿Dónde están las niñas? —preguntó entre sorprendido y molesto su esposo, al tiempo que vigilaba con atención en todas direcciones del cuarto, buscando una respuesta a todas sus preguntas. Hacía bastante tiempo que no mantenía relaciones con su esposa. La buscaba siempre, le llevaba rosas, le regalaba tarjetas. Trataba de ser un buen esposo y ella se resistía a sus encantos de hombre. Algo no estaba bien ahí.

—Me lo compré para ti, mi amor —dijo al tiempo que se le ofrecía con un beso, del que se arrepintió poco a poco, dándoselo solo en los labios.

La situación era confusa para Chuy. La esposa a la que tantos esfuerzos hacía por seducir y que se resistía tanto, ahora se le lanzaba con un beso y un bellísimo brassier de encaje transparente que dejaba ver sus pezones negros y duros. Pensó en rechazarla, pero la lujuria de tanto tiempo sin tocarla pudo más que sus dudas, y aprovechó aquel beso que ella solo le ofreció de labios para besarla apasionadamente, mientras introducía su lengua en su boca, lo que hizo que las dudas resurgieran de nuevo. Tenía un sabor extraño en los labios, un sabor que le recordaba a su mismo sexo. La apartó bruscamente.

—Aquí hay gato encerrado, y ahorita lo voy a descubrir —dijo, al tiempo que la arrojaba en la cama.

Se agachó para analizarla por debajo, buscando rastro de un amante. Ahora estaba seguro de que había un amante, y tenía que ser hombre. Conocía el perfume propio de sus partes íntimas, algo parecido al pescado y al camarón. De haber probado el semen mucho antes, la habría obligado a decirle quién era y dónde estaba escondido. No era así, esa y de una manera tan infame lo había probado y ni cuenta se daba de que era semen. Debía encontrarlo, y entonces... todas las noches que pasó rogando a su esposa por sexo, todos los regalos, todas las cenas, las películas porno que le había comprado y las revistas... ahora todo eso se acabaría. Solo debía encontrar a quien se burlaba de él, y no volvería a ser el mismo.

Buscó en el baño de la habitación, en la cocina, en la sala y el baño familiar. Buscó desesperado porque estaba seguro de que había alguien más en su casa. Alguien ajeno, que era el amante de su esposa y que seguro se burlaba de él desde hacía mucho tiempo, desde el nacimiento de su hija. Su hija, ¿era realmente su hija? Contaba ahorita con tres años y la gente mencionaba que se parecía a su papá. Ahora no estaba seguro. Entonces descubrió las tortillas.

—¿Quién te trajo las tortillas? —preguntó con un grito que resonó en toda la casa. Estaba desesperado y necesitaba respuestas.

—Las trajo mi mamá, y se llevó a las niñas para que la acompañaran. No sé por qué me juzgas así, pensé que me querías y solo recibo reproches tuyos por cosas que no hago —llegado a este punto, rompió a llorar, más por los nervios que por el reclamo de su esposo.

Eso hizo que la infructuosa búsqueda llegara a su fin. Se sentó a su lado y la rodeó con sus brazos.

—Perdóname, no sé por qué dije eso. Tú sabes que te amo, pero hace tanto que no hacemos el amor, que me sorprendí al verte tan sexi que no supe qué hacer. ¿Me perdonas? —dijo, al tiempo que besaba sus labios y una gota de las lágrimas de ella que caían por sus mejillas, mientras con una mano acariciaba uno de sus senos por debajo de su brassier. Sin duda, había pasado del enojo a la excitación en un segundo, pero eso no iba a durar.

Alina le apartó bruscamente la mano, al tiempo que se alejaba de su alcance y quedaba de frente a Chuy, y este, de espaldas a la ventana.

—Por eso no tengo relaciones contigo, porque no confías en mí. ¿Crees que soy una puta? Pues entonces voy a ser una puta, pero yo elijo a quién llevarme a la cama —y, al decir esto, se arrancó el brassier, dejando sus senos al descubierto, y los estrujaba con fuerza hasta hacerse daño—. Pero óyeme bien, esto que ves aquí, yo decido a quién dárselo, y a ti esta puta no te va a dar nada.

Esas últimas palabras hicieron que Chuy se sintiera culpable. Por supuesto que no pensaba que su esposa fuera una cualquiera. Pero había tantos indicios que le señalaban que estaba teniendo una aventura, y sin embargo seguía sin probarle nada. Ahora estaba peor que antes. Por un lado, estaba excitado, disfrutando de esa escena en la que los pechos de su mujer apuntaban ferozmente hacia él en actitud desafiante, como invitándolo a besarlos. Por otro, su mujer estaba enfadada al punto de que la prenda de vestir que se compró con el objetivo de excitar a su marido la había dejado inservible, y estaba más enfadada que antes. *Tal vez sea culpa mía*, pensó. *No debí presionarla tanto*. Era verdad que desde el nacimiento de su segunda hija ella no había querido tener relaciones con él, ni siquiera en el cumpleaños de ninguno de los dos. Por otro lado, estaba el miedo que ella había tenido de morir en el trabajo de parto. *Tal vez fui muy duro con ella*, se dijo. Dio media vuelta y se alejó.

—Vine por dinero para el abono —lo dijo sin voltear—. No quería que esto pasara, lo siento de verdad —y se alejó sin voltear a verla. *Ahora que las cosas están mejor, lo estropeo. Tal vez sí soy un mal esposo. Tal vez ella merece algo mejor. Tal vez deba pedirle el divorcio*, pensaba mientras se subía a su camioneta y se alejaba.

Al poco tiempo de que se dejó de escuchar el ruido de la vieja camioneta de Chuy, la cortina se volvió a mover.

—Estuvo cerca —dijo Ángel, que, con los nervios de punta, había presenciado aquella escena pensando que la fuerza de su concuño y la furia que sentía al verse engañado serían suficientes para matarlo. Si lo hubiera descubierto ahí, lo más seguro era que no viviera para contarlo. Estaba a punto de salir a decir que la dejara en paz, pero Alina fue lo bastante lista para manejarlo todo. El último espectáculo de ella rompiendo el sostén que él le había regalado y diciendo que ella se acostaría con quien quisiera, además del miedo, le había excitado al grado de poner su pene más duro que al principio, y eso que ya había terminado en boca de ella.

Ella lo vio y sonrió al tiempo que se enjugaba una lágrima falsa. Se arrodilló de nuevo para seguir con el trabajo que fue momentáneamente interrumpido, pero esta vez Ángel fue más rápido que ella. La levantó y la besó con pasión, al tiempo que le pegaba su miembro caliente a su vientre con estrías, y con una mano le acariciaba su pecho izquierdo. La acostó en la cama y le arrancó con fuerza lo que quedaba de su ropa, lo que hizo que ella se mojara con tal muestra de fuerza. Le quitó el pantalón con todo y calzones; no se percató de que hacían juego con el brassier. Ya no había tiempo para eso. Desabrochó su pantalón y lo dejó caer hasta el tobillo y, sin más, la penetró. Entró fácil y sin dolor; estaba muy excitada, lo cual hacía que se mojara aún más. A su cuñado le gustó eso y empujó con más fuerza. Se movían como animales. No parecía que solo unos instantes antes, en esa misma habitación, estuviera el cuñado de uno y marido de ella; sin embargo, su visita solo hizo que el deseo se elevara al máximo. Cuando estaba por terminar, aceleró los vaivenes de cadera y explotó dentro de ella, lo que hizo que ella también terminara, agradeciendo el líquido caliente de él con contracciones que los llevaban más allá del cielo.

Después de que terminaron, se acostaron en la cama, jadeantes, sin decir nada, sin abrazarse. Estaban seguros de que era un pecado lo que hacían; traicionar a su marido no era bueno. En realidad, era un buen hombre. Alina no lograba entender por qué lo hacía; siempre se sentía culpable al terminar, y eso hacía que Ángel sintiera lo mismo. Se cambiaron sin decir nada, sin mirarse. Y entonces fue ella quien rompió el silencio.

—Esta es la última vez que lo hacemos. No podemos seguir arriesgándonos a perderlo todo por una aventura. Además, él te habla bien y no quiero que se vayan a enojar por tener relaciones contigo. Además, terminaste dentro; voy a necesitar la pastilla del día siguiente y la quiero para hoy. Apresúrate. Cuando salgas, cierra la puerta con seguro. Voy por mis niñas —y se alejó sintiéndose culpable, como siempre que lo hacían. Siempre se prometían que no volvería a pasar, y siempre terminaban sucumbiendo ante el deseo.

# XVI

María se levantó temprano aquel día de enero para recoger algunas varas del prado próximo a su casa y calentar el caldo de frijoles que tenía en su enmohecida olla. Eran parte de la despensa que le daban en la casa de campaña del PRI, y ella estaba agradecida por aquella noche en que se había lastimado el pie. Desde que conoció al doctor, su vida cambió totalmente. Además de recibir la despensa y participar en las actividades del partido —repartiendo volantes y pegando lonas con las imágenes de Meade, candidato a presidente de la república por el PRI—, ahora tenía más ropa: muchas camisas con el logo del partido que los había acogido, le habían regalado algunas cobijas y su vida era mucho mejor.

Sin embargo, lo que había cambiado su vida y su manera de percibirla era la sensación de que el doctor estaba enamorado de ella. Podía sentirlo en la manera en que se dirigía a ella: era muy dulce y cariñoso, siempre con una sonrisa. Desde que ella comenzó a bañarse y arreglarse el cabello cada vez que iba, él la saludaba con un abrazo, un abrazo que ella esperaba que nunca terminara. Su marido intuía algo; incluso le había preguntado por qué se bañaba cuando iba a los mítines del partido. Ella no le dio importancia y siguió alimentando esa ilusión que se siente cuando se está enamorada. Con solo verlo era suficiente para suspirar por varios días y seguir imaginando que era él, el candidato, quien la buscaba.

Ese día, como casi todas las semanas, acudirían a la casa del partido para llevarse publicidad del candidato a presidente de la república. No podían hacer nada de publicidad para el presidente municipal, su gran amor secreto, pero apoyaban en gran medida todo lo que él les pidiera. Ella estaba dispuesta a dar un paso más en su deseo de estar cerca del hombre que, según creía, tanto la amaba; y ella, a pesar de entender que estaba mal porque ambos tenían pareja, no podía resistirse al poder de seducción del doctor.

Cuando llegaron a la casa del partido ya había gente reunida. La mayoría los miraba de reojo y hacía comentarios sobre su aspecto. Eran los más pobres que se acercaban al partido, y eso hacía lucir mal al priismo irimbenses —aunque el doctor les había comentado que era necesario abrir las puertas a todos, pues las elecciones del 2024 serían las más difíciles en la historia de su partido.

# XVII

El domingo había llegado y, después de las actividades habituales, se arreglaban para acudir a la capilla del lugar a la misa dominical. Chucho estaba terminando de lavar los trastes, tarea habitual de cada domingo creada con el fin de ganarse los favores de su mujer —que hasta el momento no había dado resultado—, cuando vio salir a Alina del baño, completamente vestida. Ya hacía algún tiempo que no la veía desnuda, y recordaba en cada oportunidad las tardes de recién casados, cuando solían bañarse juntos. Ella lo sugería y a él le encantaba; después de enjabonarse, terminaban haciendo el amor.

A él le causaba rabia y excitación. Desde que su segunda hija había nacido, el sexo como pareja había terminado, al menos para él, aunque no lo sabía. Muchas discusiones se habían convertido en peleas, reclamos y amenazas de divorcio, que él terminaba asumiendo por ser tan insistente, por querer un poco de amor de ella, sentir su piel, besarle los labios. Sin embargo, no sucedía. Y esa tarde ahí estaba ella, tan sugerente, vestida con un hermoso vestido negro de escote pronunciado y sin tirantes, que realzaba sus grandes senos. A Chucho se le calentó la sangre; esa noche lo intentaría y se imaginó que tendría éxito al observar que el vestido de ella terminaba muy por encima de la rodilla.

El vestido negro de encaje, ajustado y resaltante de sus curvas, hacía que Chucho se sintiera orgulloso de la hermosa mujer que tenía por esposa. Aún recordaba el día de su boda en la misma iglesia de su pueblo, donde ahora irían a misa. A ella le había encantado la idea de la ceremonia y la comida sencilla, muy austera, pero con mucho amor. Sobraban los besos, las caricias y los "te amo" que siempre se acompañaban de una mirada sincera a los ojos. Ahora ni eso podía hacer él.

No podía imaginar cómo había cambiado tanto, cómo había perdido el deseo por él, que antes la esperaba sugestiva cuando llegaba de trabajar, con solo su camisa de boda color rosa pastel que a ambos tanto les gustaba y que incluso disfrutaba cuando se la ponía. Cuando Chucho llegaba y la encontraba sin nada más que la camisa rosa con la que se casó, lo volvía a enamorar y hacían el amor alocadamente, terminando a medianoche para compartir la comida que previamente ella había elaborado con tanta dedicación.

Ahora solo quedaba el recuerdo, que lo consolaba cuando el deseo, combinado con los desaires de ella, lo llevaba a tocarse en el baño. Y ahí estaba ella, con un vestido que a Chucho le recordaba a su camisa color rosa —que seguía guardada en algún lugar de su clóset—, acompañado de unos tacones del mismo color, con un tacón muy alto que la hacía parecer modelo, salvo por su abultado vientre, secuela del nacimiento de Yuridia, su hija menor. Estaba pensando la manera de acercarse a ella sin que se molestara o lo rechazara, cuando fue interrumpido.

—¿Ya terminaste de cambiar a las niñas? —dijo con tono agresivo. Sabía que ya lo había hecho, pero le molestaba la manera en que la miraba. Cuando él respondió asintiendo con la cabeza, ella le lanzó otra pregunta en el mismo tono—: ¿Y ya calentaste la camioneta? Ya ves que luego se te anda descomponiendo —dijo más como una orden que como una pregunta. Y sin más, el que había sido algún día el amor de su vida se fue a encender la camioneta.

Llegaron a misa temprano aún. Chucho era una persona muy devota, pero que no rayaba en el fanatismo. Sin embargo, todo lo que hacía, lo hacía bien, y su esposa lo sabía. No importaba qué tan difícil fuera la tarea que se proponía, siempre la terminaba, y además de buena manera.

—Voy a confesarme —dijo ella.

Él acomodó a sus niñas y la dejó que se encaminara al confesionario. Del otro lado vio que alguien lo saludaba: era su concuño y su cuñada, la hermana mayor de Alina y su esposo. Antes habían sido grandes amigos; ahora Chucho trataba de evitarlo. Era muy pesado con su esposa y le hacía bromas sobre el sexo que a él le parecían de mal gusto. Sin embargo, en misa se acercó a saludarlo y volvió al altar, que se encontraba en trabajos de reconstrucción y que, a pesar de que toda la comunidad había cooperado, seguía sin terminarse por falta de presupuesto. Esto entristeció a Chucho, quien aprovechó para llamar la atención a Michelle, su hija mayor, sobre las flores que estaba arrancando del ramo de rosas, y terminó de persignar a sus hijas.

La misa transcurrió sin novedad. El señor cura de la parroquia, un párroco de unos 48 años, hacía énfasis en lo material; encomiaba a la gente a que se despojara de sus riquezas para dárselas a Dios: para terminar la iglesia, para pagar la luz, para las deudas de la parroquia, para invitarle una comida al diputado que había gestionado un recurso de doscientos mil pesos, que de poco había servido en la reconstrucción de la capilla. Todo era dinero. Y, sin embargo, él manejaba una camioneta del año con un valor superior al medio millón de pesos, que, entre todos los feligreses, y sin saberlo, habían pagado. La gente ya no le creía. Tal era la crisis de su iglesia, que poca gente asistía a misa; las generaciones jóvenes se alejaban cada vez más, y él seguía sin ser el pastor que hiciera algo más que solo pedir dinero, lo que hacía que más gente se alejara de la religión católica.

Salieron de la misa y se alejaron rumbo a casa. *Sería otra noche difícil*, pensó Chuy.

# XVIII

La diputada salió del palacio legislativo entrada la noche. Tenía que estar con el gobernador de su estado al mediodía siguiente para acordar las obras que se etiquetarían para el próximo año; al ser un año de elecciones federales, los recursos asignados estarían vigilados por todos los demás partidos. Por la Auditoría Superior de la Federación no se preocupaban: un *moche* y los auditores que acudirían a inspeccionar no darían cuenta de los desfalcos millonarios que sucedían en el estado de Michoacán.

El estado michoacano estaba siendo gobernado por el ingeniero Silvio Aureoles, de extracción perredista. Toda la vida laboral del gobernador se había desarrollado en el servicio público: de director a regidor en un municipio del oriente del estado, diputado local, también diputado federal y hasta senador en las elecciones del 2012, que perdió debido al arrastre que Peña Nieto tuvo con la campaña televisiva creada. Ahora era gobernador del estado michoacano y estaba en su segundo año de gestión, lo que ya se vislumbraba como la peor administración para el estado en su larga historia.

Silvio había conocido a la diputada cuando esta era alcaldesa del municipio; juntos habían logrado lo que en administraciones anteriores no se imaginaba siquiera: desfalcar hasta el endeudamiento las arcas municipales, pensando siempre en las futuras elecciones. Ambos perdieron en el 2012, pero lograron hacerse con el triunfo en el 2015, y la espera bien valía la pena. Eran socios de varias empresas constructoras que facturaban cuentas infladas o ficticias a la federación; ahora, con miras a la presidencia de la república, querían más dinero, siempre más.

Ahora estaba acordando a qué partes del distrito encausarían los recursos, y para eso era necesario reunirse en la ciudad de Morelia, cuna de hombres valientes, hoy con un congreso lleno de diputados que esperaban el *moche* y poco se preocupaban por la legislación; un cuento de nunca acabar.

La diputada se daba el lujo de trasladarse en helicóptero a sus reuniones, gestiones o simplemente como una manera de que sus conciudadanos la vieran. Esta ocasión eligió trasladarse en su camioneta, una BMW con valor superior al medio millón de pesos, todo con cargo al erario público. Sin embargo, se arrepintió cuando, en la entrada al estado a la altura de Tepetongo —el mismo sitio donde habían colgado a tres hombres sobre la autopista México-Morelia—, cuatro camionetas Suburban negras cerradas le hacían cambios de luces a su chofer. Adormilada, pensó que solo querían pasar. Se dio cuenta de su error cuando, al cambiar al carril de baja velocidad, dos camionetas con los vidrios totalmente polarizados se colocaron delante de ellos, una en cada carril, y otras dos se colocaron detrás, reduciendo drásticamente la velocidad.

—No hagas nada estúpido —dijo a su chofer, que no era otro que su primo hermano—. Haz lo que te digan, no los mires a los ojos y deja que hable yo.

Trató de mantener la calma; sin embargo, estaba temblando. No era la primera vez que se encontraba con integrantes del crimen organizado, pero con ellos nunca se podía imaginar qué era lo que esperaban.

Recordaba con orgullo el día que escapó del *Michoacanazo*, el día que llegaron por todos los presidentes municipales por sus nexos con las organizaciones delictivas que atemorizaban a todo el país, en especial al estado de Michoacán. Ella, como de costumbre, se levantó tarde a pesar de la solicitud de que estuviera presente y puntual a las nueve de la mañana para una entrevista con un elemento del ejército mexicano. Había ignorado la orden y, media hora después, le habían confirmado que a la mayoría de los alcaldes se los habían llevado para interrogarlos. No era que pertenecieran a estos grupos delictivos, pero no tenían otra opción: se dejaban mangonear por ellos. Había aprendido que, si no se hacía lo que ellos decían, terminarían como la hija de aquel diputado que llegó a la casa de su padre en una maleta y con el cuerpo mutilado, todo por no hacer lo que ellos decían. Así que, cuando se orillaron y salieron por una entrada de terracería, rezó un padrenuestro y se persignó.

Las luces de las demás camionetas la siguieron cuando llegaron a un prado. Las dos camionetas se dieron vuelta y apuntaban con sus luces altas, haciendo mínima la visibilidad; las otras dos camionetas se colocaron detrás de la suya, dejando las luces altas de la misma manera. Era una técnica de intimidación que conocía muy bien y, sin embargo, estaba a merced de ellos. No logró identificar si se trataba del Cártel de Jalisco Nueva Generación, de los extintos Caballeros Templarios, de la Nueva Familia Michoacana, de Los Zetas o de algún grupo de autodefensas; todos ellos famosos por sus métodos de tortura. Se volvió a encomendar a Dios y bajó de su camioneta con las manos en alto. Hecho esto, las luces se apagaron.

Lo que vio le heló la sangre. De las camionetas que la rodeaban bajaron varios hombres vestidos de negro, todos encapuchados; parecían militares con sus uniformes de operaciones especiales. Llevaban una pistola corta en el cinturón y un arma larga colgada del hombro. Desde una de las camionetas se escuchó el chasquido de un arma, el sonido que hace cuando se quita el seguro. Pero no le iban a disparar; todos los hombres que la rodeaban, acompañados de sus armas, ni siquiera las tenían empuñadas. Lo que escuchó fue el seguro la arma calibre cincuenta que estaban desmontando; seguramente la habían asegurado temiendo que la diputada no hiciera caso, y entonces despedazarían su camioneta, que no estaba blindada. Uno de ellos se adelantó al tiempo que hizo una seña a sus hombres.

—¡Qué milagro, diputada! Tanto tiempo sin verla —dijo con sarcasmo el hombre—. Quiero saber por qué no han mandado el dinero que quedamos. ¿A qué chingados estamos jugando? ¿Qué piensa el pinche gobernador? ¿Que lo vamos a estar esperando?

—No sé de qué me habla. Creí que les habían depositado —dijo con voz temblorosa, que fue interrumpida de inmediato por la potente orden del encapuchado.

—Nada de depósitos. Sabes que, a nosotros, puro efectivo.

Al momento llegaron sus hombres con una caja negra de grandes dimensiones que depositaron cerca de ella.

—Abre la cajuela. Quiero que le lleves un regalo al gobernador.

—Pero no... y si me paran los federales —argumentó la diputada con nerviosismo.

—Eres la diputada chingada. ¡LLÉVALA O BUSCARÉ QUIEN TE LLEVE A TI EN OTRA MALETA! —gritó con fuerza.

Dicho esto, abrieron la cajuela, colocaron la maleta en el interior de su camioneta y se retiraron a sus vehículos, al tiempo que él decía, sin volverse:

—Es un recordatorio para el gobernador. Si no paga, el siguiente será su hermano. Y dicho esto, trepó a la camioneta blindada, cerró la puerta y se alejó acompañado de sus hombres.

La diputada se quedó temblando de miedo. Acto seguido, tomó el teléfono que tenía en línea directa con el secretario particular del gobernador y le contó lo sucedido. Acordaron recogerla en helicóptero en la ciudad de Maravatío para evitar que alguien les molestara.

Cuando llegaron a la ciudad de Morelia, equipos de seguridad identificaron los cuerpos desmembrados de dos políticos de su mismo partido, uno del estado de Guerrero y otro más del estado de Jalisco.

Cuando informaron al gobernador, su cara se tensó. La situación no podía seguir así. Un alto porcentaje del erario público era absorbido por los grandes cárteles del crimen organizado, una situación que no toleraba y, sin embargo, para ser gobernador había tenido que pactar con ellos. No había forma de actuar en su contra. Se sintió invadido por la tristeza y lloró de impotencia al reconocer que nunca quiso ser así. Él pensaba cambiar al país, imaginaba pasar a la historia como el mejor presidente de México; sin embargo, en el camino al poder es necesario mancharse las manos, y él las tenía percudidas, imposibles de limpiar.

Ordenó que se les hiciera el pago a los quejosos. Directamente, el secretario de seguridad pública se encargaría de ello; conocía la situación y entendía la gravedad del asunto. Las cosas se hicieron con rapidez.

# XIX

Era el lunes y Chucho había estado muy contento como no lo estaba desde hacía tiempo. Si bien su vida era plena, el día anterior, después de llegar de misa y haber pecado durante está deseando quitarle el vestido a Alina, su esposa, parecía que Dios había escuchado sus súplicas. Había hecho el amor con ella, después de tanto tiempo sin lograr siquiera un beso; esa noche, sin más, había conseguido hacer el amor, lo cual lo tenía más enamorado que nunca. Había abandonado su trabajo en el campo después de despachar a los peones para que hicieran las tareas habituales: limpiar las fresas, sacar la cebolla y los cilantros, lavarlos y atender los cultivos del nuevo invernadero que estaba estrenando y que sería su primera cosecha.

Una tarea sencilla para la cual no era necesario que estuviera él; sin embargo, en su vida de trabajo nunca se había despegado de su parcela, y ahora que lo hacía por primera vez sentía nostalgia. No obstante, el motivo bien valía la pena: había hecho el amor con su esposa, y en la mañana, cuando fue a dejar a las niñas a la escuela y a despedirse de ella, lo volvió a besar. Fue un beso suave, apenas le rozó los labios, pero fue suficiente para encender sus ganas, así que esta vez la sorprendería a ella.

Fue a la florería, compró una docena de hermosas rosas rojas, una tarjeta que al abrirla reproducía el sonido de la canción de su boda, "Te amo" de Alexander Acha, y unos chocolates. Le mostraría de nuevo que seguía estando tan enamorado que, incluso después de años, le seguía llevando rosas. Aunque procuraba siempre que las flores en casa no faltaran —sus hijas debían aprender a valorar las cosas hermosas de la vida—, había escuchado que la pareja se elige de acuerdo a la imagen que se tiene de los padres, así que quería que sus hijas eligieran a alguien que fuera mucho mejor que él. Esto lo hacía rayar en la perfección: contar cuentos, lavar trastes, la ropa, peinarlas, hacer la comida y en ocasiones hasta barrer y trapear. Lo hacía con mucho gusto, y esto le provocaba una enorme satisfacción. Después de estos detalles, estaba seguro de que su esposa volvería a hacer el amor; los regalos que le llevaba no eran baratos, y las miradas de la gente que se quedaba viéndolo lo hacían sentir orgulloso.

Así condujo hasta su casa y, para darle una sorpresa aún mayor, estacionó su destartalada camioneta media cuadra antes. Sabía que su esposa dormía hasta tarde cuando él llevaba a las niñas a sus respectivos centros educativos, así que no la despertaría. Saludó de muy buen humor a Armando, su vecino, quien le dirigió una mirada curiosa al ver la docena de flores que llevaba. Llegó a su casa y abrió despacio la puerta; sabía que Alina estaría en la habitación principal durmiendo. Sin embargo, le extrañó oír voces, así que se acercó sigilosamente a la habitación, procurando no ser escuchado. "Seguramente está viendo la televisión", se dijo a sí mismo. No obstante, al agudizar el oído, no creyó lo que escuchó:

—¿Y cómo le vamos a hacer con el embarazo? Si el joto de tu marido ni te toca —dijo una voz masculina que Chuy conocía muy bien: era la de su cuñado.

—Me viste ayer en la iglesia. Me vestí así para provocarlo, y el muy tonto cayó redondito en la trampa. No me gusta hacer el amor más que contigo; él me da asco. Pero ayer lo dejé que terminara dentro; con eso será suficiente para convencerlo de que el bebé es suyo —dijo la voz de Alina, que sonaba muy convencida.

Chuy sintió hervir la sangre; no creía lo que escuchaba. Se habían estado burlando de él a sus espaldas durante tanto tiempo. La mujer que amaba, a la que había entregado su vida, su dinero, su tiempo, a la que jamás le había sido infiel y había tratado como una reina, estaba en su habitación con el esposo de su propia hermana, hablando de un embarazo que seguramente estaba avanzado y que ahora, para tapar las apariencias, había accedido a hacer el amor con él. Ahora todo encajaba: tantas veces había estado a punto de descubrirla, y aunque las evidencias estaban a la vista, siempre su amor por ella había logrado que pensara que solo era su imaginación. Incluso se había culpado por sospechar que su esposa lo engañaba; sin embargo, todo era verdad. Además, decía que le daba asco y que era tonto. No pudo soportarlo más. Tiró las flores, los chocolates y la tarjeta que con tanto amor había comprado y que, por estar escuchando la conversación, no había reparado en que aún tenía en la mano. Los arrojó con furia al piso; antes se había preocupado por no ser escuchado, ahora ya no le importaba. Sacó de un cajón de la encimera de la cocina una escuadra calibre .38 que le habían regalado en sus tiempos de docente y, con furia y rabia, se dirigió a su cuarto, donde sin duda los amantes se preguntarían quién estaba en la casa además de ellos.

Chuy, para liberar el servicio social, había asistido a dar clases en el CONAFE y le tocó ir a una de las comunidades más alejadas de la región, donde para sobrevivir la gente se dedicaba a cultivar marihuana, amapola y otras plantas usadas para producir drogas. No las consumían, solo las cultivaban y las vendían ahí mismo a pie de parcela, lo que les evitaba correr riesgos al trasladarlas. Había logrado trabar amistad con los señores más grandes de la comunidad y, durante el mes que duraron los cursos de verano, les había enseñado varias técnicas que aprendió en su escuela preparatoria con vocación forestal y hortícola. Les ayudó a ordeñar el ganado en sus ratos libres y organizó unas pláticas para los padres de familia en conjunto con la doctora de la clínica, que iba una vez a la semana y con quien, en ese tiempo, habían logrado robarse algunos besos. Sin embargo, ese amor no prosperó y cada uno siguió caminos diferentes.

Cuando los cursos terminaron, los señores de la comunidad les hicieron una comida a los maestros que habían regalado sus vacaciones de verano para que sus niños aprendieran. Como regalo, don Polo, el casi patriarca de la comunidad, le había obsequiado una hermosa escuadra, una de las muchas que tenía, en agradecimiento al mejor maestro de verano que habían tenido. Chuy sintió algo de miedo; nunca había tenido un arma —su papá sí, pero él no—. Sin embargo, ahora estaba ahí con una pistola propia que brillaba bajo los rayos del sol y que, además, venía con una caja de cincuenta tiros. Agradeció el regalo nervioso y se dijo que nunca la usaría. No obstante, las cosas cambiaron cuando en 2011 el presidente del ejido lo había amenazado a punta de pistola. Desde ese día, en que habían amenazado a él y a su papá —a quien incluso le habían cortado el cuello—, se dedicó a practicar tiro cada tarde, volviéndose un experto con una puntería que cualquier vaquero del oeste le envidiaría. Se propuso no matar a nadie a menos que fuera en defensa propia, pero para eso ahora estaba hiperpreparado.

Con el coraje de un hombre engañado, se dirigió a su habitación donde se encontraba su esposa y alguien más. Al salir de la cocina, tropezó con un peluche de Peppa Pig, propiedad de su hija menor. Eso le hizo reflexionar sobre lo que haría; sin embargo, no se detuvo y siguió su camino. De una patada forzó la cerradura, y lo que vio le llenó el corazón de odio y rencor. Cambiaría su vida totalmente.

En la cama estaba su esposa Alina, abrazada a un hombre chaparro, rellenito y lampiño que Chuy conocía muy bien: era su cuñado. Ambos estaban desnudos; él tenía únicamente puestos unos calcetines blancos, y ella llevaba unas medias negras que le llegaban hasta media rodilla, rematadas con un sexy encaje. La ropa de ambos estaba esparcida por el suelo, y se observaba que estaban descansando tras haber hecho el amor. Sobre la cabecera de su cama, en forma de corazón y con los nombres de ambos, estaba la foto de bodas de la pareja en tamaño natural. Chuy se preguntó: ¿cómo podía engañarlo en su propia habitación? Sin duda, mientras su cuñado Martín la penetraba, volteaba a ver la foto de su boda. Ese pensamiento lo enfureció aún más.

Cuando miraron hacia la puerta, el miedo se reflejó en el rostro de ambos. Él se levantó de un salto e intentó buscar con qué defender su vida del coraje de su cuñado. Ella se limitó a cubrirse con la sábana y, por más que intentó decir algo, su boca no pudo pronunciar palabra. Entonces, Chuy alzó su reluciente escuadra y apuntó a su cuñado, quien, mudo de miedo y desesperación, se limitó a gritar:

—¡NOOOOOOOOO!

Chuy quitó el seguro, apuntó perfectamente a su blanco y jaló el gatillo. La bala tronó los cristales de la ventana. Volvió a jalar el gatillo, y la pared de su cuarto tembló con el impacto doble de sus balas. Su cuñado se fue de espaldas hasta topar con la pared y se dejó caer, sintiendo que las fuerzas lo abandonaban. Entonces, Chuy dirigió su mirada hacia la que, apenas hacía unos minutos, era el amor de su vida y que ahora era la persona más odiada del mundo para él.

Alina, muda de miedo, solo dejó escapar algunas lágrimas. Pensó en arrojarse a sus pies e implorarle perdón, decirle que la perdonara y que perdonara a su cuñado, que le diera otra oportunidad y que ahora valoraría todo aquello que sabía que, al verse descubierta, perdería. Le diría que lo amaba, que no sabía lo que hacía, que fue un error, que era el hombre más increíble que existía en la tierra. Pero el miedo le impidió moverse; se limitó a mirarlo fijamente a los ojos y ver reflejado el rencor que sentía su esposo en ese momento.

Más lágrimas se derramaron por sus mejillas cuando se dio cuenta de que lo había perdido, tal vez para siempre, y de que, en realidad, Chuy era un hombre bueno, buen padre, trabajador y muy cariñoso. Hasta antes de ese momento no lo había pensado así; nunca lo había visto más que como un tonto, un campesino que se dedicaba a sus siembras, mientras que el esposo de su hermana, su amante, era un comerciante. Se lamentó y cerró los ojos. Chuy apuntó su arma e hizo uso de su excelente puntería.

El primer impacto fue directo a la palma de la mano de ella. El segundo dio entre el hombro y el pecho. Dos más fueron directos al corazón, y otros dos directos a la cabeza.

Con el último disparo, cayó la foto de su boda, lugar donde había dirigido sus disparos. Los vidrios, el marco y la foto cayeron en su cama, golpeando a Alina y haciéndole daño. Entonces, su cuñado Martín gritó y se puso de rodillas, suplicando por su vida. La intención de Chuy no había sido matarlos; de otra manera ya estarían muertos. Lo pensó nuevamente y se arrepintió de no haberlo hecho. Con un rápido movimiento, se acercó a Martín, que seguía de rodillas y babeaba al tiempo que decía palabras ininteligibles. Chuy sintió satisfacción al ver que el control de esfínteres había traicionado a su concuño: se había orinado del susto e, incluso, despedía un aroma asqueroso que, sin duda, era prueba de que el ano había cedido al miedo. Le puso la pistola en la frente —lo que hizo que le quemara— y, con rabia, le dijo:

—Di una última oración. En este momento te despides de este mundo —y lo observó fijamente a los ojos, dejando que el odio y el rencor penetraran hasta el alma de Martín, quien, presa del pánico, se limitó a contestar:

—Tengo hijos, por favor, perdóname. Perdóname, te lo ruego por tu madrecita santa. Perdóname, papito, perdóname —y se inclinó para besarle los pies. En ese momento, veía a su cuñado como superior a él, y en realidad lo era, solo que nunca lo había pensado. Chuy le daba la mayor parte de la mercancía que él comercializaba; la mayoría de las veces no le pagaba, alegando pérdidas. Aun así, Chuy seguía dándole mercancía. Alina era muy insistente en que su hermana no tenía para comer, así el buen Chuy seguía ayudándoles.

—Lárgate de aquí. Tienes hasta las tres de la tarde para abandonar el pueblo. Si a esa hora no te has marchado para siempre, mataré a tu esposa, a tus hijos, a tu madre y a ti te cortaré en pedazos para dárselos a mi perro. ¡AHORA LÁRGATE! —gritó con violencia.

Cuando su concuño regresó para recoger su ropa, apuntó de nuevo su arma. El chasquido del seguro se escuchó por todo el cuarto e hizo que Martín se volviera hacia Chuy.

—Déjame cambiarme, no voy a salir así —dijo entre sollozos.

—Sabes que ya me arrepentí de no matarte. Lárgate así y sal por la ventana, o seré la última persona a la que veas —.

Martín, con pasos torpes por la fuerza que le faltaba en las piernas —más del miedo que del cansancio—, salió con brusquedad por la ventana. Por más cuidado que tuvo, terminó cortándose las plantas de los pies. *Valía la pena*, se dijo; al menos no moriría. Cuando salió al jardín, mucha gente lo estaba mirando; sin duda habían escuchado los disparos, y aunque era una práctica habitual en la región, el morbo de saber a quién había matado superaba al miedo de morir.

Ahí estaban los vecinos de su concuño, que lo miraban desnudo, meado y cagado, con baba en la cara y lágrimas en las mejillas. Sentirse así —débil, expuesto, señalado— le hizo sentir vergüenza por lo que, hacía algunos años, hacía dentro de esa casa y que ninguno de los vecinos sospechaba siquiera. Sintió vergüenza y un dolor en el vientre que lo hizo caer entre los rosales rojos que Chuy plantó para Alina en su jardín. Al caer, se espinó la mano izquierda y le empezó a sangrar. Volvió a sentir el dolor de estómago y vomitó, una y otra vez; lo único que devolvía era saliva. Además, le dolía la cabeza con cada contracción. Pensó que había comido algo que le hizo daño; no imaginó que era por el pánico que sentía. Cuando hubo pasado el efecto, se levantó sin hacer caso a las miradas acusadoras de los vecinos y se fue calle abajo, dejando un rastro de sangre de los cristales que le habían cortado la planta de los pies.

No le importó Alina, ni lo que le pasara. Y hasta ese momento, ella se dio cuenta de que, en realidad, los "te amo" que le decía eran mentira. Si la hubiera querido, sin duda la habría defendido, se la habría llevado con él y no la habría dejado a merced de su esposo enfurecido y con una pistola en la mano.

Mientras, dentro de la casa, Chuy bufaba de coraje al ver a Alina desnuda, solo con unas medias negras que le llegaban hasta media pierna y que la hacían lucir su figura sexy, a pesar de las estrías de su delgado vientre. A él ya no le importaba; después de amarla y adorarla, ahora la odiaba con todas las fuerzas de su corazón. No la perdonaría y jamás la volvería a tocar.

—Te vas a largar en este mismo momento, porque te juro que si te quedas en esta casa vas a sufrir cada momento lo que me has hecho. No te serviré de tapadera para que tengas un hijo de ese pendejo —dijo Chuy entre sollozos de furia.

Alina se levantó de la cama y, como pudo, se arrodilló frente a él, llorando y arrepentida de lo que había hecho. Nunca se había sentido tan poca cosa; nunca creyó que la descubrirían, que el hombre maravilloso que tanto la amaba y tanto le daba llegaría a odiarla como se odia a un enemigo, a alguien a quien se desea la muerte. Tenía que agotar sus últimas súplicas para que la perdonara y le dejara demostrar que estaba arrepentida, que ahora ella estaba dispuesta a ser la mujer perfecta para un hombre perfecto. Hincada, le abrazó los pies y, buscando sus ojos, dijo como pudo:

—Perdóname, por favor, perdóname. No volverá a suceder, te lo juro. Perdóname; sin ti no puedo vivir. Perdóname, mi amor. ¿Me perdonarás? —Al tiempo que decía esto, le apretaba los pies contra sus senos desnudos y le besaba las piernas, tratando de despertar el deseo en el hombre al que tantas veces se le había negado cumplir como esposa.

—¿Crees que soy el mismo estúpido de siempre? —gritó Chuy—. ¡LÁRGATE DE MI VIDA, NO QUIERO VOLVERTE A VER! —Dicho esto, alzó la pistola para pegarle.

—Si no me quieres perdonar, entonces mátame —sentenció Alina—. Sin ti, la vida no me sirve.

Al tiempo que decía esto, Chuy apuntó su pistola hacia la frente de ella, mientras la miraba fijamente a los ojos. Alina tembló al sentir el acero caliente en su frente y cerró los ojos. No pensó que fuera capaz de matarla —ya se lo había demostrado hacía algunos minutos—, sin embargo, la estaba apuntando y en sus ojos negros se reflejaba una mirada de odio que no le había conocido jamás. Pudo ver cómo sus nudillos se enrojecían al llenarse de sangre mientras apretaba el gatillo; la escuchó martillar y pensó que sería el fin. Su corazón se aceleró cuando pensó que tal vez era tanto el daño que le había hecho al buen Chuy, y escuchó cómo amartillaba el arma. Nada sucedió; las balas hacía un buen rato que se le habían terminado.

—PARA MÍ ESTÁS MUERTA —gritó Chuy, al tiempo que con un movimiento la alejaba de sí—. No quiero volverte a ver en mi vida. Olvídate de las niñas; no te volverán a ver jamás.

Se alejó rumbo a la puerta y recogió el peluche de *Peppa Pig* que había visto al entrar. De no haber sido por ese pedazo de trapo con forma de caricatura animada, tal vez la historia que se contara fuera otra. Sin embargo, cuando lo vio, pensó en sus hijas; pensó que, de matar a su esposa y al amante con quien estaba, las dejaría desprotegidas en el mundo, y sus hijas eran el tesoro que amaba y que quería por y para siempre. Lo recogió con un rápido movimiento y se alejó de prisa de la casa, presa de las miradas de todos los vecinos que lo observaban con lástima.

# XX

Cuando abrió la puerta del refri, sintió ganas de llorar. En otros tiempos, era él quien les surtía la despensa a sus papás; incluso, el refrigerador se lo había regalado un diez de mayo a su madre. Después de que no le pagaron en sus clases del CECYTEM y lo despidieron del INEA, se regresó a la casa de sus padres y no aportaba nada. Se sentía cada vez peor. Ese día, por no querer molestar a su madre con la comida, decidió comer solo. Sin embargo, al abrir el refrigerador y ver que dentro no quedaba más que la botella de cátsup y una lata de mayonesa vacía, tres huevos y una bolsa con tortillas —lo que hacía su madre para vivir—, se sintió abrumado.

Su papá era alfarero y hacía tejas y tabiques para otros patrones. Nunca le alcanzaba el dinero, y eso que solo tomaba los domingos. Desde que el protagonista empezó a ganar dinero, la vida de su familia mejoró: les compraba ropa, zapatos y la comida nunca faltaba. Tuvo la intención de ayudarle a su papá con la compra de tierra para hacer ladrillos; sin embargo, eso no había sido posible por falta de disciplina financiera. Ahora, al ver que faltaba la comida, se arrepintió de no haber sido más disciplinado en sus gastos. El sentimiento de tristeza, desesperación e impotencia juntos son pésimos compañeros. Comenzó a llorar: él era la esperanza de la familia, el pasaporte a una vida mejor y, sin embargo, ahora estaba ahí sin poder ayudar, todo por culpa de unos cuantos líderes sindicales que de líderes no tenían nada. Ningún maestro estaba de acuerdo con sus acciones y, sin embargo, acudían a las marchas porque era la única manera de presionar al gobierno.

Cuando terminó sus estudios, le ofrecieron una plaza en educación primaria: ciento ochenta y cinco mil pesos le pedían. Pocos tenían acceso a esa cantidad de dinero, y los que la pagaban no tenían vocación de servicio. Por eso la educación del país estaba tan mal: por la falta de maestros comprometidos con su trabajo y no con un sindicato. Sin embargo, el sindicato era una manera de hacerse con el poder: repartir plazas, vender horas, hacerse de un dinerito. En fin, era el país donde todo era posible. En esos momentos, se lamentó de ser mexicano.

# XXI

Era un lunes de corte de fresa en la comunidad de Los Manantiales. Chuy trabajaba afanosamente durante todo el día procurando olvidar la situación en la que vivía. Le gustaba llevar a sus hijas a la primaria y al preescolar; prepararles la comida, peinarlas, bañarlas y dormirlas no era nada nuevo para él, que desde que estaba con Alina —ahora su exesposa— lo hacía. Seguía trabajando en sus cultivos y, mientras recogía a sus hijas, dejaba a sus peones que terminaran la tarea. Siempre lo hacían, aunque tardaban más de lo debido, ya que no estaba el patrón cuidándolos y querían que les pagara horas extras: si trabajaban después de las tres de la tarde, tenía que darles lo de medio día más, además de la comida. Lo hacía con mucho gusto, ya que el tiempo que pasaba con sus hijas era invaluable y prefería pagar a llevárselas al terreno a trabajar. En una ocasión las había llevado un domingo, cuando Alina tenía mucho sueño; se las llevó a regar y regresaron todas enlodadas. Su exesposa les pegó mientras las bañaba; a Michelle, la mayor, le había sacado sangre de la boca porque no dejaba de llorar. Eso le recordaba que no debía llevarlas al trabajo, y no lo hacía.

Llegó de trabajar y, después de dar de comer a sus hijas y dejarlas jugando en su habitación, se dedicó a estudiar su curso en línea de Técnico en Cultivo de Vegetales Orgánicos. Un curso que un maestro les había comentado en un taller que dio a la comunidad de Los Manantiales, con el objetivo de que los campesinos aprendieran la mejor manera de mejorar sus técnicas de cultivo. Sin embargo, muchos de ellos, analfabetos, no sabían leer ni escribir; otros, los más jóvenes, no entendían cómo utilizar una computadora —eran lo que se dice analfabetas funcionales—, y la plática que dio el tal maestro Leonardo se habría ido al olvido de no ser porque Chuy, que se consideraba un campesino moderno y estudiaba, entendía el inglés y sus métodos de cultivo eran de lo más innovador.

Mientras estudiaba viendo los anuncios de internet, recordó la manera en que se dio cuenta de que era engañado. Sintió rabia y coraje al recordar que durante casi tres años fue engañado por quien consideraba su amigo y la mujer a quien le había entregado más que su corazón. Su respiración se aceleraba mientras recordaba las palabras de ella, diciendo que era un inútil y que no servía para hacer el amor. Se arrepintió de no haberlos matado; pensó que, de tener la oportunidad ahora, no pensaría más que en el momento.

Su esposa no había sido una mala mujer; lo amaba mucho y era muy atenta con él. Recordó que todo empezó cuando se fue dos años a Estados Unidos; haberla dejado sola fue el peor error que había cometido. A partir de ahí, su esposa cambió. Imaginó tantas historias de hombres que, por falta de empleo, abandonan el país, se van a Estados Unidos y no regresan con sus esposas, o estas, viendo la oportunidad, hacen de las suyas y se embarazan de quien se les pone enfrente. No, la culpa no era suya, pues a raíz de su viaje al norte había comprado la tierra de riego de la que sacaba tan buenas cosechas, arregló la casa y juntó un dinerito. Ella fue la que no supo esperar, la que vio la oportunidad y la aprovechó; y él, que tuvo tantas oportunidades de engañarla y no lo hizo. ¡Qué tonto fue! Nunca más confiaría en las mujeres, pues solo le habían lastimado.

En eso estaba pensando cuando tocaron el timbre de su casa. Por precaución, sacó su pistola del cajón, se la ajustó en la espalda y escudriñó la puerta. Era la policía municipal; todo mundo sabía que tenían nexos con el crimen organizado, que les servían más a ellos que a la ciudadanía. Sintió temor y le dieron ganas de tocar su escuadra.

—Señor Jesús, buenas noches. Traemos un citatorio de sindicatura; salga, por favor —la voz del policía sonaba amigable. Aun así, dudó; pensó que bien podría ser una emboscada. Se dijo que no sería tan confiado; se prometió que pondría protecciones en sus grandes ventanas, pues de llegar por él sería fácil entrar.

—¿Citatorio? ¿Para qué? —dijo cuando abrió la puerta.

—Pues a nosotros solo nos dicen que se presente mañana a las nueve de la mañana —dijo el policía mientras le entregaba el citatorio—. Que pase buenas tardes —se despidió el oficial.

Después de eso, no se pudo concentrar en sus estudios. Guardó sus avances y se limitó a ver cómo sus niñas jugaban a la casita del té, mientras eran observadas por él. Entonces recordó cómo había sido su vida hasta entonces; cómo la mujer que había amado tanto se había convertido en su peor enemiga. Sintió odio y rencor al recordar cada una de las veces que, presa del deseo, se acercaba a ella y esta lo despreciaba, haciendo un despliegue de pretextos para evitarlo y posponiendo por casi dos años el contacto físico entre ellos.

Se bañaban juntos mucho antes, y cuando ella le rechazaba, se metía a la ducha sin preguntarle; terminaban peleados. Ella decía que la estaba acosando y que la dejara en paz. En otras ocasiones, se paseaba desnudo por la casa tratando de despertar el deseo en ella y terminaba humillado, como cuando le dijo que estaba muy panzón, muy peludo, o que tenía sueño, que estaba cansada, que despertarían a las niñas, que él no se había bañado o que olía a venenos.

Las lágrimas rodaron por sus mejillas cuando recordó que, presa del cansancio, se inscribió al gimnasio. No estaba gordo, pero quería ser el marido perfecto, y le sirvió para quemar la poca grasa que le dejaba el sol al arar los campos. Después, cuando le presumió su cuerpo apenas marcado, ella se quejó de que posiblemente tenía una amante y que por eso se estaba poniendo en forma.

Las noches al lado de Alina eran muy largas: él intentando seducirla y ella rechazándolo. Se metía desnudo a dormir y ella, alegando cansancio, volteaba hacia otro lado y lo ignoraba.

Ahora no podía explicarse cómo, después de tanto tiempo, no se había dado cuenta. Era un tonto; las pruebas estaban ahí: en su WhatsApp, las imágenes que publicaba en su estado, en su cuenta de Facebook. Siempre le dejó pistas y nunca quiso verlas. Lo peor de todo era que todos las habían visto: todo mundo, sus peones, su familia, incluso sus vecinos, estaban enterados de lo que sucedía cuando él no estaba en casa.

Sintió rabia y lloró de coraje. ¿De verdad era tan tonto? ¿O solo el amor le había cegado hasta no ver más que lo que él quería ver? Se prometió que nunca volvería a creer en las mujeres, pasara lo que pasara.

Prendió la televisión y los noticiarios hablaban de la estrategia que debían usar los diferentes candidatos para evitar la migración. Chuy lo sabía en carne propia: las despedidas, el largo viaje en autobús, la caminata por el desierto. No se fió de las palabras de ninguno; entendía que la política era un circo. Su hermana se lo había dicho cuando fue presidenta municipal: «Las cosas no van a cambiar de la presidencia para abajo; será al revés».

# XXII

Las oficinas de la sindicatura estaban en la planta baja de la presidencia municipal. En la entrada había unas bancas de madera que servían para que las personas que iban a hacer algún trámite se sentaran mientras eran atendidas. No era la primera vez que Chuy estaba en la presidencia, pero tenía conocimiento de que esta era solo una bola de holgazanes que no hacían más que cobrar sueldos estratosféricos y empeorar al municipio cada vez más. Las personas que estaban ahí lo miraron fijamente; muchos también iban a hacer algún trámite o a ver al síndico para que les ayudara con algún problema.

El citatorio que llevaba decía que lo citaban a las nueve de la mañana, pero cuando llegó faltaban diez minutos y la mayoría de las oficinas seguían cerradas. Así era él: puntual y formal a más no poder.

Cuando dieron las nueve y media, Chuy estaba desesperado y a punto de irse. Llegó una joven muy bien arreglada, con el pelo suelto. Los que estaban sentados se apresuraron a ponerse de pie y se dirigieron a ella como *licenciada*. Le preguntaron por el síndico y, al obtener la respuesta de que no llegaría porque estaba en una comisión, algunos dieron las gracias y se alejaron; otros platicaron con ella sobre sus problemas. Una vez que la dejaron sola, se acercó Chuy y mostró el documento que le habían entregado anteriormente. Cuando ella lo leyó, echó otra mirada a la ropa perfectamente planchada del campesino que estaba frente a ella. Identificó la piel curtida por el sol y las manos callosas. «Típico campesino golpeador de mujeres», se dijo para sí, e inmediatamente elaboró un perfil del sujeto que tenía delante.

Lo imaginó rudo, tosco, borracho e incumplido, mujeriego y flojo, como la gran mayoría de los hombres; iletrado, de seguro, con la terquedad típica de los campesinos a pesar de saber que estaban equivocados. Pensó que sería un caso difícil y se juró que defendería a la víctima —una mujer maltratada, sin duda— y sacaría el mejor de los tratos para ella, así tuviera que enfrentarse a ese hombre que, por suerte, no olía a estiércol de vaca. De hecho, tenía un perfume agradable. Calculó que tendría unos cuarenta años; hasta en eso se equivocó.

—Pase, por favor —dijo, dirigiéndose a la oficina y abriendo una puerta que daba acceso al despacho personal del síndico, un servidor público que, por ausente, tenía limpio su escritorio—. Lo que sucede es que su esposa vino a nosotros con la queja de que usted la corrió de la casa y está pidiendo una indemnización, quiere lo que por ley le corresponde: una pensión para sus niñas y la mitad de todo lo que usted tiene.

Al terminar de hablar, esbozó una sonrisa. La cara de Chuy tenía una expresión entre sorpresa, desconcierto y enojo. Después de un momento que pareció eterno, dijo:

—Pero las niñas las tengo yo —tragó saliva y continuó—. Es injusto, señorita; ella se fue de la casa.

—Pero porque usted le pegaba —inventó ella—. Además, se quejaba de que la trataba muy mal.

—Mire, señorita, yo no sé de estas cosas, pero tengo pruebas y testigos para decirle quién es ella y la vida que llevaba —llegado a esto, se le quebró la voz; la impotencia volvió a su ser. Intentó calmarse, pero no lo logró, así que, sin importarle lo que pensara la licenciada, continuó—: La trataba como a una reina, señorita; nunca le levanté la voz, nunca la golpeé. Tenía todo lo material que pudiera tener. Yo dejé mis gustos por darle todo mi tiempo a ella, y la encuentro en mi cama con otro hombre, diciendo que estaba embarazada de él.

Las lágrimas rodaron por sus mejillas. Itzel, que no había visto llorar a ningún hombre desde que era niña, sintió pena por él, así que intervino con otra pregunta que había inventado:

—Dice que era porque usted era muy mujeriego y que no trabajaba.

Había perdido parte de la seguridad con la que inició; todo su diagnóstico de la situación estaba errado. Tenía que improvisar.

—Solo tenía ojos para ella; nunca la hubiera engañado. Ahora me arrepiento de no haberlo hecho; ella merecía lo peor. Y ahora usted me pide que le dé la mitad de lo poco que tengo. Creo que es ahí donde las leyes se equivocan y no protegen a quien deben —en sus palabras resonaba el coraje que sentía por su exesposa.

—Las leyes existen para proteger a los necesitados. Si usted tiene la razón, debe saber que la ley estará de su lado —dijo, suavizando el tono de su voz—. Ahora lo que necesitamos es que lleguen a un arreglo con ella; de hecho, debe estar por llegar. Si está de acuerdo, platican y llegan a un acuerdo que firmarán en presencia nuestra para que se respete. ¿Qué le parece? —finalizó la joven y sexy licenciada, que ese día llevaba una blusa negra con cuello de tortuga que tenía una abertura pronunciada que dejaba a la vista parte de sus senos.

Lo había hecho con el firme propósito de medir al acusado, ya que en la primera entrevista con la joven señora que se presentó como Alina —y que asistió en compañía de otra señorita y un hombre, quienes dijeron ser su hermana y el esposo de esta—, esta acusó a su exmarido de ser muy egoísta y de solo pensar en sexo, de ejercer violencia sexual contra ella y de presionarla en contra de su voluntad. Al estar frente a aquel campesino de manos callosas y tez morena requemada por el sol, se dio cuenta de que, dentro de la profesión, era necesario escuchar a las dos partes, ya que, como decía una famosa serie de televisión, «todos mienten». A primera vista parecía un buen hombre; sin embargo, esta vez no se dejaría engañar y profundizaría más en su investigación para determinar quién tenía la razón.

Estaba pensando en la manera de llamar a algunos testigos para poder esclarecer mejor el caso y hacer verdadera justicia, cuando la vieja puerta de madera de la sindicatura chirrió al abrirse y raspar con el suelo. Se sorprendió al ver entrar al síndico municipal, ya que generalmente no se aparecía por la presidencia más que los días de reunión de cabildo y en los eventos para sacarse la foto. Sin embargo, ese día estaba en la presidencia, y a muy buena hora, pues no eran aún las diez de la mañana.

Al entrar, el síndico saludó a Chuy, que estaba sentado en una silla de plástico como las que otorgan a los negocios las cervezas o los refrescos, y se levantó efusivo para saludarlo.

—Siga sentado, por favor, señor Jesús —dijo después de extenderle la mano. Saludó con un beso a Itzel, que no pudo evitarlo, mientras el titular de la oficina le dirigía una mirada lasciva al escote que llevaba su asistente ese día.

—Mire, ingeniero —dijo don Ascensión—, voy a ser bien claro con usted. Conozco a su mujer y su familia, son cabronas. Su madre nos ha traído muchos problemas por meterse con hombres casados, demandas y demandas; no espero que sus hijas sean diferentes. Perdón por decírselo, pero las cosas como son. ¿O acaso le molesta que le hable con la verdad? —preguntó el síndico.

—Para nada, usted continúe, don Chón, perdón, síndico, es la costumbre —se disculpó Chuy por llamarle como todos le conocían.

—No te fijes, déjate de formalismos, llámame como siempre —hizo una pausa y continuó—. Voy a ir directo al grano: esa vieja te quiere quitar la mitad de lo que tienes y a tus hijas, y ahorita las leyes están apoyando mucho a la mujer. ¿Verdad, muchacha? —lanzó la pregunta a Itzel.

—Así es, señor síndico —respondió. Le molestaba que le llamaran así; era una licenciada y su trabajo le había costado. Hubiera querido decir que era una posibilidad, pero con un análisis de caso adecuado la justicia se impondría sobre lo demás. Sin embargo, el síndico la interrumpió en cuanto terminó la primera frase.

—Le voy a ser bien claro: se acerca el periodo electoral. No nos interesa la federación porque usted, como priista, no está de acuerdo con la botarga de Xochitl, y yo no estoy de acuerdo con la forma en que hicieron las cosas. Sin embargo, aquí en el municipio la cosa cambia. Puedo ayudarlo, señor Jesús, si promete no apoyar al doctor y apoyar a mi presidente con la reelección —mientras decía esto, analizaba la postura del campesino, que, pese a la oferta, se mantuvo impávido.

—Usted sabe que apoyamos a Tacho en el 2021, después de lo que le hicieron a mi padre y a mí en las elecciones del 2012; dejamos el partido. Ahora votamos por quien creemos es el mejor candidato. Pero, ¿a poco se puede reelegir? —se calmó justo a tiempo antes de decir que el trabajo del presidente y de todo el ayuntamiento era pésimo: en el campo nunca lo visitaron para apoyarle, su comunidad estaba de lo peor, las vías de comunicación llenas de baches, pero eso sí, la diputada y el presidente municipal ahora eran dueños de medio municipio. Sin embargo, logró controlarse; total, llegara quien llegara sería lo mismo, y no podía dejar a sus niñas en manos de su exmujer, eso sí no se lo perdonaría. De la tierra y la casa no había problema en darle la mitad, pero tampoco se le hacía justo, así que continuó—: Muy bien, don Chón, dígame: ¿cómo puedo apoyar y cómo me van a ayudar a mí?

Itzel, por su parte, no podía creer lo que escuchaba. Durante su etapa de estudiante, leía sobre casos de abusos por parte de la autoridad: jueces vendidos, arreglos para los grandes capos de la mafia, los líderes empresariales; y la gente, la pobre gente, jamás obtenía la justicia que merecía, todo porque las decisiones estaban muy por debajo de los acuerdos partidistas, de las conveniencias de los candidatos y las influencias de algunos. Estaba a punto de explotar cuando el síndico siguió la plática.

—Mira, pues nosotros podemos ayudarte dejándote la patria potestad de las niñas y ayudándote para que no te quiten nada de los bienes que tienes, alegando que tú vas a mantener a las niñas. Además, podemos hacer que ella te pase una pensión si es que quiere ver a sus hijas. ¿Qué te parece esto?

Después de pensarlo un momento, Chuy respondió:

—Muy bien, estoy de acuerdo en casi todo, menos en lo de la pensión. Ahí sí no quiero verme muy aprovechado. Eso puede ser cada que ella quiera, aunque creo que ella no aceptará tan fácilmente —miró fijamente a don Chón y le dijo—: Y ustedes, ¿qué necesitan de mí en la elección?

—Pues las campañas son caras, y esta que viene será más costosa. Ese canijo del doctor tiene muchos simpatizantes. ¿Crees que puedas ayudarnos con tu voto y unos cien mil? —preguntó el síndico.

Se hizo un silencio incómodo en la oficina, silencio que rompió de nuevo el síndico: —O para ti, ¿cuánto valen tus hijas? —sentenció don Ascensión.

Desde ese punto de vista, era muy poco lo que le pedían. Sin embargo, se quedó mirando fijamente al piso deslavado de la oficina y dijo, sin siquiera mirar a ninguno de los dos presentes:

—¿Cuánto tiempo me darán para juntarlo?

—El que tú creas necesario, muchacho, solo que sea antes de que empiecen las campañas. Además, ahora que se vaya el presidente a la reelección, yo me quedaré como presidente interino. Te voy a mandar algunos bultos de abono y semilla, foliares, todo lo que necesites para tus cultivos. Sabes que aquí en la presidencia hemos ayudado al campo—

—Estoy de acuerdo —dijo Chuy al tiempo que volteaba a ver de nuevo a Itzel, de la que se había olvidado durante la plática con su jefe.

La manera en que Itzel percibió su mirada fue fría y cargada de coraje, como si pensara que ella estaba confabulada con el síndico y el presidente para hacer esos malos tratos. Y, sin embargo, ella estaba igual de sorprendida que él. En el poco tiempo que llevaba dentro de la administración, jamás nadie le había mencionado que el presidente municipal, a quien había visto solo una vez, se fuera a reelegir; tampoco le habían mencionado nada del dinero, algo que de hecho la hacía sentir incómoda. Las leyes deberían ayudar a la gente, no perjudicarla. Lo que sí tenía claro era que Jesús era un hombre de buen corazón, que cuando le habían ofrecido la oportunidad para perjudicar a su esposa desechó en automático la oportunidad. De haber sido el monstruo que le había descrito su esposa, hubiera tomado otra actitud; y, sin embargo, descartó la posibilidad.

—Pues no se hable más, ingeniero. Vamos a hacerlas pasar para que se llegue a un acuerdo con ella. Déjeme hablar a mí, que yo conduciré la reunión de tal manera que usted sea el beneficiado —se dirigió después a Itzel—. Pase por favor a la señora Alina.

Cuando entraron a la oficina de sindicatura, Chuy ni siquiera se dirigió para ver la comitiva que entraba, que estaba compuesta por Alina, su hermana, su mamá y su cuñado, el mismo que había encontrado con ella en la cama. Cuando los vio, respiró hondo y, contrario a lo que se pensaría, que se molestaría y perdería los estribos, conservó una calma digna de admiración.

Por su parte, su cuñado se intimidó e inició a temblarle las piernas de nervios. Estaba consciente de que, de haber querido matarlo, lo hubiera hecho; ahora el solo verle le despertaba un miedo incontenible. Sin embargo, la estrategia que la familia planeó consistía en que, al verlos juntos, Chuy se molestaría tanto que se lanzaría a los golpes. Jamás contaron con que su inteligencia emocional fuera tal que, incluso, el sentimiento que le inspiraban era pena. Él tenía todas las de ganar y ellos todo lo contrario.

—Bien, reunidas las dos partes, vamos a comentarles que lo que vamos a generar aquí es un acuerdo para no pasar a las demandas. Queremos evitarles todo el papeleo y que resuelvan de la mejor manera. ¿Están de acuerdo? —dijo con cara de pocos amigos el síndico.

Las cuatro personas que llegaron se sorprendieron con las palabras del síndico. La mamá de Alina tomó la palabra y dijo: —No se me hace justo, Chón. Este güey casi mata a mi hija, debería estar tras las rejas —. Las palabras de la señora estaban cargadas de odio y resentimiento. La escena no le era indiferente; sus seis hijos se habían divorciado y entendía qué hacer.

—Vamos viendo —dijo don Chón—. Para iniciar, la demandante es Alina Santos Nieves y el demandado es Jesús Escobedo Ramírez. No quiero a nadie más en esta sala a menos que sea el abogado de uno de los dos.

Decía esto por varias razones, no tanto que quisiera defender a Chuy, lo hacía porque doña Epifania apoyaba al PRI y eso la dejaba en desventaja frente a una administración amarilla. Esperaron a que salieran, no sin caras largas y molestas, diciendo que las autoridades no servían para nada; incluso su yerno agregó:

—Pero hora que ganemos la presidencia con el Doctor, nos vamos a desquitar —.

Fue entonces cuando Chuy lo volteó a mirar y, sin decir más, agachó la cabeza y salió de la oficina.

—A ver, Alina —continuó el síndico—, tenemos testigos de la manera en que tratabas a las niñas: no les dabas de comer, ni las arreglabas, las maltratabas y ellas estaban bien solo cuando llegaba su padre. Además, mucha gente vio salir a tu cuñado desnudo de tu casa el día que este señor los encontró. ¿Y todavía te atreves a venir a demandarlo? ¿En qué cabeza cabe? Lo que podemos hacer aquí es generar un acuerdo para que veas a las niñas los fines de semana. Este señor no te va a dar nada, y si quieres ir a los tribunales, déjame te digo que vas a gastar mucho tiempo y dinero, y cuando te hagan que pagues los daños y perjuicios que le causes a este hombre, no te va a alcanzar lo poco que tiene tu familia. Así que, ¿arreglamos? —

—Ni madres —dijo Alina poniéndose de pie—. Ustedes como autoridades no sirven para nada. Voy a poner una queja en derechos humanos para que tomen cartas en el asunto, porque ustedes no sirven para nada —. Después se dirigió a Chuy diciéndole—: Y tú, VE Y CHINGAS A TU MADRE, PINCHE CAMPESINO PENDEJO. NO SIRVES PARA NADA, POCO HOMBRE. A ver, respóndeme, cobarde. A ver si tienes los pantalones puestos, pinche marica —.

Itzel se levantó de su silla detrás del escritorio para intervenir, y el síndico quería calmarla para que dejara de insultar al pobre de Chuy. Entonces fue cuando él tomó la palabra y, contrario a lo que esperaban los dos empleados del ayuntamiento, que hubieran querido calmarla a cachetadas, Chuy, sin levantarse de su silla de plástico, dijo con actitud calmada:

—No sé qué hice para que me odiaras tanto. Yo quiero que las cosas queden lo mejor posible; al fin de cuentas eres la mamá de mis niñas. No sé si fui yo quien tuvo la culpa al abandonarte para darte un mejor futuro; si fue así, te pido me disculpes. Hice todo lo posible por darte una vida digna y linda, desde los chocolates y las rosas hasta el mariachi y las vacaciones en la playa. Ahora sé que no es culpa tuya; cuando el corazón no se manda, no se puede hacer nada. Tú estabas enamorada de otra persona y, aunque soy testigo de que lo intentaste conmigo, el corazón pudo sobre la razón. No te juzgo, de verdad que te entiendo y comprendo que nuestros caminos van separados. Te deseo lo mejor; para mí fuiste el amor de mi vida, traté de demostrártelo a cada momento. Si no fuiste consciente de ello, la culpa fue mía. Ahora lamento haberte empujado a los brazos de quien ni te quiere ni te valora. Mis sueños de una vida mejor me hicieron alejarme de ti cuando fui a los Estados Unidos; cuando regresé, esa linda mujer que había dejado ya no estaba. Mucha suerte en tu vida, deseo que el amor que das te sea bien correspondido. Las niñas, si quieres, puedes ir a llevártelas todos los fines de semana; jamás dejaré de decirles lo grande que eres como mujer. Sé que ellas se darán cuenta —.

Cuando terminó de hablar, volteó a ver a su esposa con la mirada más tierna que un hombre puede tener hacia una mujer. Ella no resistió verlo a los ojos, que la veían con amor y compasión a pesar de lo que le había hecho. Sin decir palabra, abrió la puerta destartalada de la sindicatura y se alejó.

Por su parte, al escuchar las palabras de Chuy, Itzel estaba llorando. En un momento recapituló la relación de ambos: él, un buen hombre y atento; ella, una aprovechada. No desmintió la acusación del síndico cuando le dijo que la encontraron con otro hombre; si eso era verdad, pobre de Chuy. Y además la perdonaba y le deseaba lo mejor, lo decía de corazón. Ella, como mujer, podía sentirlo. Además, le dejaba la puerta abierta para que viera a sus hijas. Itzel sintió ternura por él. Casos similares había visto en los juzgados de Morelia cuando estaba haciendo sus prácticas, pero casi siempre el hombre era quien tenía la culpa. Ahora todo era diferente, y pudo sentir el dolor de Chuy, que seguía sentado en medio de la sala sin mostrar más que pena por la que se fue.

—Bien, y ahora que no pudimos arreglar nada, ¿qué sigue? —preguntó el demandado.

—No te preocupes, tú ayúdanos a la elección y nosotros te ayudamos a ti. Verás que esto te favorece —dijo don Chón.

—Muy bien, si no hay más que tratar, ¿puedo retirarme? Tengo que recoger a mis niñas en la escuela —dijo presuroso Chuy.

—Claro que sí. Cualquier cosa, seguimos en contacto. Cuando empiecen las campañas, pasamos a visitarte para que nos ayudes con tu cooperación —dijo don Chón al abrazarlo.

—Muchas gracias por todo, don Ascensión; gracias, licenciada.

Cuando se despidió de Itzel, ella imitó el abrazo de don Chón, acto que sorprendió a Chuy, que no lo esperaba. Ella hubiera querido decirle que estaba bien, que no se preocupara, que las cosas estarían mejor, pero con la presencia del síndico no pudo hacer más.

Chuy, por su parte, sintió asco de ella; pensó que hacía eso por el tiempo de las campañas. Además, al sentir sus pechos en su pectoral, despertó el deseo que tenía guardado en lo más recóndito de su mente. Se alejó lo más pronto posible de ella y, sin mirarla a los ojos, se despidió con un apretón de mano. Fue entonces cuando se percató de su escote y, de inmediato, se dio la vuelta y se fue.

# XXIII

Las campañas federales empezaban a tomar forma. López Obrador había realizado un excelente trabajo al frente del gobierno federal y ahora su candidata la doctora Claudia se despegaba de su más cercano perseguidor, Xochitl, por 15 puntos en las encuestas. Después del primer debate presidencial, la popularidad de Claudia Sheinbaum se disparó aún más. El día lunes, las encuestas la ponían muy por encima del Frente por México. Ese día, las máquinas de la diputada iniciaron con la remodelación de lo que sería la zona residencial en la que pensaban incluir a todos los socios del PRD. El gobernador, por supuesto, estaba enterado y participaría en el proyecto, al igual que el próximo fiscal general del estado de Michoacán, emanado de MORENA, ya estaba pactado que Alberto Ramírez quitaría al fiscal actual y quien era su candidato a la alcaldía de Morelia no le daban los números para ganar la capital michoacana, sería fiscal entonces. También invitarían al proyecto al jefe del ejecutivo y otras figuras de las altas esferas políticas del país. Todas participarían en el desarrollo de una zona residencial en la comunidad de Los Manantiales, rica por sus nacimientos de aguas frías, termales y de agua de Tehuacán. Habían elegido esa comunidad por su belleza natural. Pensaban quitar una gran parte de los árboles que rodeaban al manantial y construir su zona residencial: una cancha de tenis, albercas, pistas de carreras; todo un lugar donde los ricos pudieran ir a gastarse sus millones.

La diputada había conseguido etiquetar gran parte del recurso estatal y convenció a algunos pobladores de que era un gran proyecto, incluso que les beneficiaría con trabajo bien pagado y seguro durante muchos años, ya que ocuparían jardineros, camareros, cocineros, empleados de limpieza y personas de confianza. Así se había ganado la aprobación de la gente cercana a ella, que la veían como a una diosa por todo lo que había logrado en la política. Nunca cuestionarían sus proyectos, jamás le criticarían sus obras, tampoco le dirían que estaba mal; ellos solo eran buenos para tomar en sus fiestas y gritar en sus campañas. Más raciocinio no les alcanzaba. La gente que estaba en contra ya encontraría la manera de neutralizarla, de la manera que fuera.

Iniciaron tumbando los árboles de la zona poniente del manantial más grande. El ruido de las motosierras despertó a los vecinos más cercanos, que, espantados, escuchaban el crujir de las ramas cuando caían los árboles que en algún tiempo fueron sagrados para los habitantes de la antigua comunidad. Fresnos anchos de ramas, sauces que eran míticos por su heno y que atraían a los visitantes en Semana Santa a sacarse fotos en su sombra, zirandas de más de veinte metros que, según los habitantes más viejos, atraían el agua. Todos, uno a uno, fueron cayendo sin importar el daño ecológico que le hacían al ecosistema de la región, a pesar de que era uno de los lugares más importantes de la cuenca Cutzamala, que surtía de agua limpia y dulce a todos los habitantes de Los Manantiales y que servía para regar los campos de cultivo de los agricultores, principal actividad de la región.

Por parte de la regidora de ecología no hubo pronunciamiento; su patrón era el presidente Tarsicio, y la jefa política de este era la diputada. Así que no hubo nada que decir, nada que condenar.

Sin embargo, no todos los habitantes eran favorables a la diputada y, cuando llevaban más de dos horas de trabajo, llegaron algunos señores a parar el trabajo de las máquinas y los hombres que seguían talando los árboles. David sintió tristeza al ver los árboles caídos y de inmediato se dirigió a los hombres que estaban reunidos ahí:

—No vamos a dejar que talen esos árboles. Díganle a su presidente y a su jefa que no vamos a dejar que talen un solo árbol más. Ahora, largo de aquí. ¡Vámonos! —.

Al ver a los lugareños armados, los trabajadores de la constructora dejaron de trabajar en sus máquinas; sin embargo, no se irían sin alegar su causa:

—Pero nosotros no tenemos la culpa, nosotros solo somos trabajadores. Tenemos que darles de comer a nuestros hijos —.

—Pero nos están afectando a nosotros. Por favor, entiendan, junto con nuestros empleos, la forma de vida de la comunidad. Sin agua, la agricultura no podría prosperar —.

Intervino entonces David, un joven que tendría una edad alrededor de los 35 años, era conocido en la comunidad por ser un luchador social. Hacía años, cuando la diputada era presidenta municipal, sus máquinas, con el fin de ampliar la calle de la unidad deportiva, limpiaron la zona de árboles, ya que era un buen proyecto, decían los encargados. Él intervino organizando a la comunidad deportiva y quitando a los encargados que tenían a su cargo la unidad deportiva desde hacía más de veinte años, logrando muy buenos resultados: dos gradas, unos baños, y organizando el mejor torneo de fútbol que la región había visto. Después se dedicó a hacer el bien por la comunidad: organizó a los habitantes para cuidar los muchos manantiales que había en la zona, de ahí el nombre. Metieron la propuesta para que fuera zona natural protegida ante el Congreso de la Unión y la Comisión de Áreas Naturales Protegidas, algo que aún no se había consolidado pero que seguía en trámite.

Después de las acciones de este ciudadano notable, muchos lo proponían para regidor, para jefe de tenencia o para algún cargo de elección popular, pero nunca aceptó, argumentando falta de tiempo. Lo que sucedía en realidad era que no creía en el sistema político por el cual se llegaba a los cargos públicos, mucho menos en el desempeño de estos, ya que los regidores, jefes de tenencia y demás servidores públicos no trabajaban; he ahí el problema de no aceptar. Sin embargo, cada vez que la comunidad tenía algún problema, como el que se presentaba en ese momento.

—Lo que ustedes están cometiendo es un delito. Esta zona está a días de ser declarada protegida. Vamos a proceder contra ustedes y contra los dueños de la constructora para evitar que hagan más daño a la ecología y a la vida de las personas —continuó el joven empresario y activista social.

Cuando estaba terminando de hablar, llegó un grupo de personas de la comunidad, todos reconocidos por ser afines al PRD. En un primer momento se pensó que apoyarían la causa de los habitantes; sin embargo, sus intenciones eran las de apoyar el proyecto de la zona residencial.

—La comunidad es de todos y ustedes no mandan. ¿A ver quiénes son ustedes para decir qué se puede hacer y qué no? —La que habló fue una señora llamada Úrsula, que siempre apoyaba las causas del partido, y estaba visto que había sido aleccionada por alguien más.

—Este es un proyecto de la diputada. Aquí se va a construir una zona residencial, va a tener cancha de golf y nuestros hijos van a tener trabajo. Ya no van a tener que andar enlodándose en el campo —quien habló fue don Alberto, que tenía a sus dos hijas trabajando para el presidente municipal y era uno de los albañiles que trabajaban en las obras de la presidencia. Era seguro que le habían prometido trabajo—. Tú, como no has trabajado en el campo —agregó.

Todo el ataque estaba dirigido contra el joven que tanto había defendido la comunidad de los manantiales. Él se defendió con el siguiente argumento:

—Piensen tantito, señores. Van a hacer que se vaya el agua; después no vamos a tener ni para tomar. Ya no va a haber con qué regar los cultivos; de eso se mantiene la gente. De ser dueños de sus propias tierras, van a pasar a ser empleados de esta gente que lo único que hace es engañarlos —. En sus palabras se notaba que la gente le importaba, que no eran solo palabras. Muchos de los presentes entendían que, por sus acciones pasadas, lo único que buscaba era que las condiciones de la gente mejoraran. Sin embargo, era una realidad que la mayoría de los presentes se sentían en deuda con la diputada y con el presidente, fuera porque les había dado trabajo, arreglado una calle o porque había sido padrino de la generación de sus hijos; ahora se decían compadres, y eso los obligaba a obedecer las cosas que mandaran ambos funcionarios públicos. Lo que la gente ignoraba era que todo lo que hacían era parte de su trabajo, que los regalos y las dádivas que recibían por parte de ellos no eran de su bolsa, que no tenían que estar agradecidos por nada, puesto que, muy al contrario, ellos, como servidores públicos, les debían procurar una mejor calidad de vida, cosa que, en la mayoría de las ocasiones, por no decir todas, quedaban a deber.

—¿Qué les parece que hacemos una votación para saber quién está de acuerdo en que se construya la zona residencial? —propuso don Alberto.

La opinión de la gente se dividió en opiniones, y de nuevo el joven empresario tomó la palabra.

—¿Qué les parece si, antes de tomar cualquier decisión, les pedimos que nos muestren sus estudios de cambio de uso de suelo y los estudios de impacto ambiental? —. En sus palabras se notaba que estaba informado sobre el tema y entendía cómo llegarle a la gente.

—Sí, de acuerdo. Si después de eso podemos votar —intervino un joven químico más afín a la preservación de la zona natural que a la construcción de la zona residencial. Su papá había sido miembro del partido, pero él era joven y con otros pensamientos, además de que sus estudios en Morelia le habían abierto los ojos en muchas cosas.

Acordaron, no sin controversias y algunos dimes y diretes, que los pocos miembros que estaban en la zona destruida por las máquinas firmaran una solicitud para hacerla llegar a la presidencia y a la casa de gestión de la diputada. Cuando hubiera la respuesta adecuada, se citaría a una reunión con la gente para que todos los habitantes tuvieran un panorama más amplio sobre las cosas que se pretendían hacer con el tesoro que tenían. David, el joven empresario, tenía claro que tanto la diputada como el presidente municipal carecían de dicho documento. También estaba seguro de que no les costaría trabajo conseguirlo; sin embargo, a él y a las personas interesadas les daría tiempo de moverse y buscar la manera de oponerse por todos los medios a dicho desarrollo residencial que amenazaba su estilo de vida.

# XXIV

Itzel regresaba ese día con el síndico de un viaje a la capital. Habían acudido a petición del presidente municipal con el objetivo de que la nueva empleada del ayuntamiento tomara su capacitación sobre el servicio público. Después de estar toda la tarde en Morelia, regresaban a las 4:00 pm y, en el camino, decidieron parar a comer en uno de los restaurantes acogedores que había en la orilla de la carretera. El síndico, con el afán de sonar pretencioso, pidió una botella de vino y ordenó camarones a la diabla. Ella, para cuidar las apariencias, ordenó una ensalada. Hubiera preferido comer tacos dorados o una milanesa, pero quería quedar bien con el que sería su patrón, al menos por los últimos meses que le quedaban al ayuntamiento. Después de comer, la plática se tornó más privada.

—Cuéntame pues, licenciada, ¿tiene novio? —Sorprendió el síndico con su pregunta.

—No, fíjese que me centré mucho en mis estudios y dejé de lado la parte amorosa —respondió lo más cortante que pudo, tratando de no sonar grosera.

—¿Cómo una mujer tan linda como usted puede estar sin novio? —Se acercó más el síndico. —Pues fíjese que sí se puede, míreme a mí —había tratado de sonar aún más desinteresada en seguir la plática.

—¿Y cómo le hace alguien para poder invitarla a salir? —La pregunta del síndico fue directo al grano; solo faltaba que dijera que era él quien pretendía invitarla.

—Pues por el momento no estoy interesada más que en hacer bien mi trabajo —vio la oportunidad de cambiar la conversación y la aprovechó—. Y usted, cuénteme, ¿cómo le va con su familia?, ¿tiene hijos ya grandes?

—Pues mis hijos son muy canijos, no quieren trabajar ni quieren estudiar. Me gustaría que me diera algunos consejos para que mis hijos estudien como usted. La verdad es que usted es una gran mujer y quiero pasar más tiempo con usted —su semblante cambió y adoptó una postura triste—. Con mi mujer son puros problemas, se enoja porque me la paso en el trabajo, no dentro de la presidencia sino atendiendo casos en todo el municipio. Creo que, si no fuera porque soy el síndico, ya me hubiera dejado.

—Pues yo qué le puedo decir; en esos temas solo le puedo ayudar en lo legal —.

Hubiera querido decirle que si su mujer quería dejarlo era porque tenía fama de mujeriego; con varias mujeres del ayuntamiento lo habían visto, era tomador y además se presumía que le pegaba a su mujer. Itzel entendió que ella era su siguiente conquista, así que trató de pasar el menor tiempo con él.

—¿Qué le parece que nos retiramos ya? —Sonó más a una orden que a una pregunta.

El síndico pidió la cuenta y se retiraron del lugar. Entendió que su nueva licenciada era una mujer como pocas, de esas que valen la pena, y que si quería llevársela a la cama tendría que hacer méritos. *"Esas son las que me gustan"*, dijo para sí mismo. No descansaría en su lucha por seducirla, como lo había hecho con algunas que formaban parte de la plantilla del personal; ninguna le fue tan difícil, ya que el cargo de síndico le ayudaba a conseguirlo.

Itzel, por su parte, entendió los muchos consejos que le daban los profesores y profesoras de su carrera de leyes. Entendió que ese era el mercado laboral y que ahora no sería tan fácil seguir permaneciendo virgen a su edad.

# XXV

A Pancho la vida le había mejorado desde que se acercó a las filas del PRI. Ahora tenían una despensa cada semana, su esposa limpiaba las oficinas del partido y a él le habían regalado un triciclo para que le fuera más fácil recoger las botellas y transportarlas a la planta recicladora del municipio. La verdad, la vida había cambiado para bien desde aquel día en que a su hijo le picó el alacrán y su esposa se cortó la planta del pie por ir a pedir algo para que se le fuera lo fuerte del veneno. Ese día conocieron al doctor encargado de la clínica; habían visto al gobernador, al presidente municipal, a la diputada federal; pura gente importante. Además, el doctor los había invitado a su campaña y trabajaban ahora con él.

Pancho recorría gran parte del día en su triciclo y le habían regalado una lona de la candidata a la Presidencia de la República por el PRI, a quien consideraba que era la mejor candidata y quien sería la mejor presidenta, pues en las oficinas del partido así le decían. También traía una bocina y anunciaba los *spots* del partido y de la candidata.

Ya tenía la promesa del candidato a presidente municipal de que, cuando pudiera, le haría publicidad utilizando el mismo método: pegarle una lona a su triciclo y poner los *spots* en su bocina. A él le encantaba andar todo el día pedaleando su nuevo instrumento de trabajo. Además, tenía un pago por un trabajito extra que le encargaron: por cada lona que quitara de los otros partidos le pagaban diez pesos. Solo tenía que presentarlas en la casa del partido y de inmediato le pagaban. Así que ahora ganaba por las botellas que recogía y por las lonas que quitaba; era un trabajo doble. Además, con su nueva herramienta de trabajo lograba recorrer grandes distancias y recoger hasta cinco costales de botellas. La vida le estaba mejorando mucho.

En las oficinas del PRI municipal vieron que era un trabajador muy eficiente, ya que siempre llegaba al menos con tres lonas de los otros candidatos. Sin embargo, le habían advertido que tuviera mucho cuidado, ya que lo habían subido a Facebook con una publicación de cuando estaba quitando una lona, y la publicación decía que si lo agarraban quitando otra lona lamentaría las consecuencias.

Despreocupado y un tanto desatento como era, no prestó atención a los comentarios de los miembros del partido. Él, por cierto, no sabía leer ni escribir, y eso de Facebook no le entendía. Así que, con toda la calma del mundo, siguió quitando lonas.

Ese día había sido productivo: ya había quitado dos de la candidata de MORENA, y de quien hablaban muy mal en casa de los rojos; otras de uno muy risueño a quien en las oficinas le decían sonrix, pero que nadie conocía; y más dos de color amarillo que tenían el logo de la presidencia. Cuando estaba por quitar otra lona del un senador con la doctora Claudia, se paró cerca un carro nuevecito de agencia, color guinda, y de este se bajó un muchacho sombrerudo con otro que estaba pelón y usaba barba. Se bajaron y le apuntaron con su teléfono como si le estuvieran sacando foto; en realidad lo estaban grabando y transmitiendo en vivo por la aplicación del joven millonario estadounidense.

—¿Por qué estás quitando las lonas? —preguntó el joven del sombrero, que no era otro que el hijo del director de bienestar y primer candidato a presidente municipal por MORENA en las elecciones del 2015 y que había sacado menos de trescientos votos en el municipio. Pancho tenía un diálogo ensayado para esas ocasiones; los muchachos del PRI le habían dicho qué decir.

—La quiero para mi casa. Se le mete el agua y esta lona me va a servir más allá de lo que sirve aquí —dijo seguro de sí mismo.

—Has de tener una casa tan grande que ya son muchas las lonas que has quitado —dijo su compañero.

Todo hubiera quedado ahí si el joven del sombrero —que no era otro que el siempre candidato de Morena a la presidencia municipal, queriendo adjudicarse el título de defensor de la patria por reclamar una lona— no hubiera transmitido por Facebook, ya que en ese momento llegó el que sería candidato a síndico por el PAN, Julián Romero, y el secretario particular del ayuntamiento en turno, Mario.

El candidato a síndico por el PAN no se esperó y empezó a buscar entre las botellas del triciclo a ver qué más lonas había quitado. Encontró las del ayuntamiento, además de las que ya llevaba de Morena. Fue entonces cuando el que llegó primero, se abalanzó sobre el pobre de Pancho, propinándole un golpe en la nariz que terminó por derrumbarlo. Cuando estaba en el suelo, el secretario particular del Ayuntamiento le propinó una patada en las costillas y se le unió Manuel, el acompañante del candidato de Morena, a patearlo en el piso. Entonces intervino Julián, candidato del PAN a la sindicatura, y aventó a Mateo y a su acompañante, defendiendo en el acto a Pancho. Se armó una trifulca entre las pocas personas que se encontraban ahí: se golpearon, se aventaron y se dijeron cosas. La ropa de Julián terminó rasgada, algunos terminaron con moretones, Pancho con la nariz rota que no dejaba de sangrar, y Mateo con la camisa sin botones, un cristal del coche estrellado y su compañero con la cabeza sangrando. Todos habían participado en el golpeteo, y en ese entonces llegó la policía a separarlos. Se llevó a todos a la sindicatura para arreglar los problemas y ser atendidos por los doctores, sobre todo Pancho, que no dejaba de sangrarle la nariz.

Así era cada tres años en el municipio de San Mateo: los simpatizantes más fervientes se lanzaban a los golpes con los militantes de los otros partidos. Peleas, muertos y balazos, familias desunidas por defender una postura de algún candidato que ni los conocía ni trabajaría a favor de ellos.

A los participantes les pusieron una multa por andar alterando el orden público, y como Pancho no tenía para pagar, lo metieron a la cárcel con todo y triciclo. Ahí tendría que esperar un buen tiempo, pues era el único que no tenía la manera de liquidar la multa.

# XXVI

El maestro Leonardo estaba sentado en la sala de su casa viendo el partido de la Champions League. Era el 11 de abril del 2024 y veía el encuentro que anunciaban como un gran partido: jugaba la Roma de Italia contra el Barcelona de España. El maestro, como le conocían sus alumnos, no era gran seguidor del fútbol; sin embargo, desde que lo despidieron de la prepa donde trabajaba y del INEA, su vida se vino abajo. Tenía desde febrero que no recibía pago alguno y lo que le habían pagado era por parte del INEA del año pasado. No tenía dinero y el carro que había sacado a crédito como maestro del CECyTEM lo había tenido que regresar porque no tenía para pagar.

La derrota del Barcelona hizo que su ánimo decayera aún más. No era su equipo favorito; de hecho, no tenía equipo favorito. Pero no teniendo más que hacer, se dedicó a perder el tiempo de la manera más banal que pudiera existir, pegado frente a un televisor viendo cosas que nada beneficiaban a su vida personal. Pero ahí estaba, deprimido, sin sueños, sin trabajo y sin dinero.

Cuando estaba como docente en la prepa de su municipio, se sentía seguro, se vestía bien, se bañaba y se arreglaba adecuadamente. Ahora, desempleado y pobre, no tenía ni los recursos ni las ganas para emprender algo diferente. Incluso trató de registrarse para aplicar de nuevo el examen de oposición docente, pero a última hora no tuvo para ir al Fraccionamiento Lomas del Sur a entregar su documentación para registrarse para el examen. Total, sabía que era una pérdida de tiempo, puesto que el Centro de Estudios Científicos y Tecnológicos estaba secuestrado en gran medida por el gobierno del estado, que imponía profesores amigos de diputados y senadores que ni tenían el perfil, ni las ganas para estudiarlo y prepararse. El sindicato también hacía lo suyo.

Ahora era perseguido por el sindicato solo porque le gritó a uno de los miembros más activos, que además tenía un peso grandísimo dentro del partido político más viejo del país. Así que mejor lo dejó de lado y se quedó sin hacer nada en la casa.

La tarde de ese día intentó de nuevo algo diferente: hacer una conferencia, diseñar un curso, programar un taller, pero parecía que nada podía funcionar, que sería otro día perdido, como los casi dos meses que tenía perdidos como brújula que no tiene norte. Cuando se convenció de que pasaría el día perdido sin hacer nada de provecho, sonó el timbre de la casa. Con pocas ganas se levantó y fue a revisar quién lo visitaría ese día; tal vez ni siquiera era para él, posiblemente visitarían a su papá, su mamá o alguna de sus tres hermanas. Cuando abrió la puerta, la sorpresa fue grata.

—Buenas tardes —saludó el recién llegado—. ¿Aquí vive el maestro Leonardo Escobedo Sánchez?

—Sí, aquí vive, soy yo. ¿Quién lo busca? —Trataba de ordenar las ideas en su mente. Se lamentó de no haberse bañado, de no haberse rasurado esa barba que tenía descuidada y que le daba un aspecto de hombre desaseado. Quizás quien lo buscaba fuera un hombre importante.

—Soy Rodrigo Villoro. Busco la candidatura por parte de MORENA. Me han hablado de tu trabajo y quisiera platicar contigo —.

Quien hablaba era un hombre de unos 50 años. Manejaba una camioneta gris de doble cabina, sencilla pero nueva; en su costado estaban inscritos los logos de una empresa que simulaba un triángulo o una pirámide con una carretera. El mismo logo estaba bordado en su camisa de mezclilla color azul, que llevaba perfectamente planchada. Lo acompañaban dos personas: una mujer de unos cuarenta años con el pelo teñido de un color claro, recortado, pero no exageradamente, que le hacía lucir muy juvenil. También estaba un joven de aproximadamente la misma edad que el maestro, vestido de la misma manera que quien hablaba.

—Él es mi esposa, Silvia, y mi hijo, Jorge —le extendieron la mano y respondió, no sin algo de temor. Su aspecto no era de esperar menos cuando quien lo visitaba era un político rico.

—Perdón por mi descortesía. Pasen, por favor. ¿Quieren un vaso de refresco, cerveza? —ofreció el maestro, deseando que no aceptaran, pues no tenía más que agua que ofrecerles.

—No te molestes, venimos de rapidito —respondió el señor. Se sentaron en la sala vieja de la casa y prosiguió—: Mira, hay muy buenos comentarios de ti en la preparatoria. Los jóvenes estaban muy emocionados; los proyectos que realizaron les hacen ver que el mundo tiene esperanza. ¿Por qué dejaste de ir?

—Pues ya no me contrataron por parte de la escuela, además el sindicato me corrió y ya no me dieron ganas de regresar —respondió Leonardo.

—¿Y los cursos de filosofía que dabas en las tenencias? —preguntó de nuevo el ingeniero.

—Los jefes de tenencia me dijeron que no tenían permiso de la presidencia para prestarme las instalaciones, y que si seguía dando los cursos le llamarían a la policía —. En sus palabras se notaba un sentimiento de tristeza, propio de la impotencia: tanto que hacer por el municipio y tantas ganas que tenía él de ayudar, pero no lo dejaron.

—Fuimos a tu conferencia en la biblioteca pública municipal, ¿cómo se llamaba, "Estadista o político"? —intervino el joven que los acompañaba, y que ya le habían presentado como su hijo.

—Sí, así era, "Estadista o político: ¿qué necesitan los municipios del oriente de Michoacán?". Asistió mucha gente ese día —. La sonrisa volvió a aparecer en el rostro del maestro, que después de quedarse sin trabajo inició una serie de conferencias para servidores públicos, docentes, madres de familia, adolescentes; en fin, para todos. Esa conferencia, la única que impartió, le volvió a dar alas, pues los asistentes al evento superaban el centenar, lo escucharon atentos y fue muy aplaudido cuando citó la frase de Charles de Gaulle. Al final, la gente se acercaba a preguntarle sobre la conferencia y si daría más charlas, pero como le dio pena pedirles cooperación, se quedó sin recursos para seguir. Eso, y además que sus ánimos eran tales que no pudo reponerse del despido del INEA.

—También nos hicimos con la información sobre su trabajo en la preparatoria —intervino esta vez la esposa del candidato—. Fue un trabajo excelente. A muchos nos preocupó que no regresara; pensamos que le había pasado algo.

—Pues me despidieron de todos mis trabajos porque me atreví a decirle sus cosas al secretario del sindicato del CECyTEM.

—Ese cabrón del licenciado —dijo en tono de enojo el ingeniero—. Hace más mal que bien en la escuela, ya debería largarse, pero a la gente le hacen falta pantalones —. Hizo una pausa y continuó—: Bueno, pasemos al tema que nos hace visitarte. Quiero invitarte a formar parte de este equipo de trabajo. Tenemos buenas referencias y creemos que puedes trabajar bien en el proyecto. ¿Qué te parece?

—Además, vamos con MORENA; con el arrastre de la doctora Claudia es seguro que vamos a ganar, somos gente del senador, estamos trabajando para que Raúl Morón Orozco sea gobernador del estado. —intervino Luis Eduardo Baños.

—Díganme qué tengo que hacer, y yo encantado de ayudarlos —dijo emocionado el profe, que desde hacía algún tiempo no se sentía útil.

—Mira, vamos a tener una reunión en la cabecera municipal de Irimbo para presentar a los demás miembros del equipo, que se conozcan. Es para el sábado de esta semana a las 6:00 p. m. ¿Puedes acompañarnos? —sentenció el ingeniero.

—Sí, claro, yo encantado.

—Pues muchas gracias, maestro. Nos vemos el sábado. Vamos de prisa porque estamos reuniendo a los mejores perfiles del municipio y aún debemos hacer más visitas —dijo, levantándose, el ingeniero Rodrigo junto con sus acompañantes.

—Gracias a ustedes por pensar en mí. Solo que no sé dónde viven, ¿me pueden dar su dirección?

—Dale una tarjeta, hijo —ordenó al joven que los acompañaba, y dijo dirigiéndose al maestro—: Estamos frente al nuevo hospital, el que está a la salida de San Mateo. ¿Sí sabes cuál es?

—Sí, claro. Si no, yo pregunto. Muchas gracias de nuevo y que les vaya muy bien —.

Después de que se despidieron, la vida regresó al cuerpo del maestro. Quería gritar, quería saltar, quería llorar de felicidad. Al fin, sus esfuerzos no habían sido en vano; la gente lo reconocía. De inmediato se apresuró a bañarse y arreglarse. Una nueva etapa iniciaba en su vida; tal vez fuera posible hacer todos los cambios que había soñado, quizás fuera posible cambiar el mundo. Con todas las ganas del mundo, avanzó hacia su cuarto para preparar todo para un nuevo comienzo. *"Y un nuevo inicio debe comenzar con un cambio de imagen"*, se dijo para sí.

# XXVII

Chuy trabajaba afanosamente en las labores del campo, preparando la tierra para germinar la planta de tomate que sembraría en la temporada. Al ingeniero, como le conocían, le habían traído nuevos métodos de cultivo cuando visitó los Estados Unidos. Además, tomaba cursos del FIRA y muchos otros en línea, por parte de algunas plataformas educativas. Estaba convencido de que la educación era una herramienta poderosa para cambiar el mundo, y no solo se refería a estudiar en una escuela; estaba convencido de que la educación debería durar toda la vida, y las plataformas educativas eran una muy buena opción.

En la granja donde trabajó en el vecino país del norte, el dueño de la tierra tenía una biblioteca que contenía un sinfín de manuales y libros sobre consejos, pesticidas, abonos orgánicos y los métodos de cultivo más innovadores. Se dijo para sí mismo que por eso nuestro México no avanzaba: no tenemos la capacidad de aprender por nuestra cuenta, queremos hacer todo de la manera en que lo hacían nuestros padres. Sin embargo, el cultivo de la tierra debía cambiar, tal vez mediante prueba y error, tal vez mediante la capacitación constante, que era el camino más fácil.

Su nave del primer invernadero, que consistía en tres túneles donde tenía sembrado chile morrón, pepino y calabaza, funcionaba mediante el sistema de hidroponía, por el que todos los nutrientes se transmitían mediante el riego. Cuando puso su invernadero, los vecinos campesinos le advirtieron que esa no era la manera de sembrar, que no cosecharía nada y que solo perdía su tiempo en balde. No les hizo caso, y sus cosechas eran de lo mejor. Además, había dejado atrás la agricultura con base en químicos para ser un pionero en la agricultura orgánica. Cuando le decían "ingeniero" por sus métodos innovadores de cultivo, le explicaba a la gente que en realidad no estaba inventando nada, que en otras ciudades y otros países incluso él hubiera estado rezagado.

Sin embargo, sus cultivos, dentro y fuera del invernadero, eran dignos de exhibirse en la Expo Agroalimentaria más grande de Latinoamérica, que se celebraba en Irapuato, Guanajuato. Alumnos y profesores de las escuelas del CBTA y CBTF del municipio lo visitaban frecuentemente; incluso, asesoraba los proyectos en ambas escuelas.

Su última idea causó revuelo en toda la comunidad cuando instaló un sistema de sonido dentro del invernadero para ponerles a sus cultivos música clásica. Había leído un amplio estudio que argumentaba que las plantas eran sensibles y que, si estas eran estimuladas con música, se desarrollarían de una mejor manera, produciendo un mejor follaje y frutos de mayor calidad. Ahora lo tachaban de loco, cosa que no le importaba, puesto que había recibido las certificaciones de sus cultivos para poder exportar.

Ese día, como era sábado, sus hijas estaban ayudándole a acarrear las charolas de papel reciclado para germinar la planta de tomate. Michel, de 7 años, y Yuridia, de 3, acarreaban afanosas una charola entre las dos. Les encantaba pasar tiempo con su papá, que las cuidaba, jugaba con ellas, les hacía de comer lo que ellas querían y les leía cuentos por las noches. Si era difícil ser padre soltero, él no lo sabía, pues desde que estaba con su exesposa parecía como si ella no existiese, puesto que toda la carga y la responsabilidad la llevaba él.

Estaba absorto en el trabajo, explicándoles que en cada uno de los agujeritos debía ir una semilla, invitándolas a ponerla dentro con mucho cuidado y cubriendo con fino sustrato las semillas, cuando una camioneta se estacionó afuera de su invernadero e indicaron llamarlo por su nombre. A través del hule del invernadero, divisó la silueta de una mujer y de inmediato sintió una contracción en el estómago, pensando que sería su exesposa a buscarlo. Aún la quería, tenía que reconocerlo; sin embargo, no estaría dispuesto a perdonarla por más que le rogara. Para que las niñas no escucharan la conversación, las dejó jugando con las charolas y las semillas y se dirigió a la puerta corrediza para pasar a la entrada del invernadero.

Cuando vio de quién se trataba, se sorprendió aún más: era la licenciada de la presidencia municipal. Le extrañó que estuviera ahí, en su trabajo. Como siempre, su vestimenta era impecable: llevaba un pantalón ajustado que resaltaba su figura femenina, una blusa floreada con los brazos descubiertos y el pelo con mechones que hacían lucir su rostro juvenil, el cual tenía perfectamente maquillado, y los labios de un tono rosa pálido que se antojaban besar. El deseo se hizo presente en Chuy, quien de inmediato desechó la idea al recordar la última escena de sexo que tenía guardada en su memoria y de la que eran partícipes su exesposa y su concuño. Apartó de inmediato los pensamientos de su cabeza y se apresuró a imaginar el motivo de la visita: tal vez había llegado una notificación de Derechos Humanos, tal vez solo venía por el dinero; otro motivo no tendría para visitarlo en sábado en su trabajo. Se apresuró a preguntar:

—Licenciada, buenas tardes. ¿A qué debo el honor de su visita? —se apresuró sin saludarla, ya que sus manos estaban sucias del sustrato para las charolas.

—Buen día, ingeniero —dijo, extendiendo la mano para un saludo que, a pesar de todo, aceptó la muñeca sucia de Chuy—. Muy buen día, ¿cómo está usted? Vengo a darle seguimiento al tema de la demanda.

—Dígame, ¿qué es lo que debemos hacer? —preguntó Chuy.

—Pero qué lindo invernadero, ¿es de usted? —cambió la conversación la licenciada.

—Sí, aquí trabajo —respondió Chuy.

—Y ¿qué siembra? ¿Puedo pasar? —La licenciada parecía muy admirada con el único invernadero que conocía en su vida; por fuera era majestuoso, por dentro ni lo imaginaba.

Cuando entraron y pudo ver la manera en que se acomodaban los diferentes cultivos, que no estaban a ras de suelo, se sorprendió aún más. Los frutos rojos del chile morrón se veían espectaculares; el suelo estaba cubierto por un camino de lo que parecían ser costales. Caminó hasta observar completamente los tres cultivos que había dentro de los tres túneles: eran majestuosos, elevados sobre una estructura que evitaba que quien los atendía se ensuciara al trabajar y que las cosechas fueran algo tedioso y cansado. Para Itzel, que era la primera vez que lo veía, era algo muy novedoso e interesante; y sin embargo, lo que más le llamó la atención fueron dos hermosas niñas que usaban overol, pequeños guantes y una trenza francesa que recogía su cabello por detrás de sus hombros. *"Ni siquiera yo me peino tan bien"*, pensó para sí misma.

—¡Qué lindas niñas! ¿Son tus hijas? ¡Están hermosas! —dijo presa de la emoción.

Y no era tanto que fueran hermosas —aunque todas las niñas son lindas a esa tierna edad—, lo que llamaba la atención era que su indumentaria simulaba ser la de unas pequeñas campesinas, y pequeñas como eran, se veían preciosas.

—Sí, son mis dos niñas —dijo Chuy mientras las abrazaba, ya que se refugiaron de la extraña en los brazos de su papá—. Saluden a la licenciada. Mmm... ¿Cómo me dijo que se llamaba?

—Soy Itzel. Solo llámeme así —sentenció la licenciada.

—Pero supongo que viene a asuntos de trabajo, ¿no es así? —preguntó inquieto Chuy, que pretendía entender el motivo de la visita de la licenciada.

—Sí, por supuesto, y a otras cosas. Uff, pero qué calor hace aquí adentro, ¿podemos platicar afuera? —Mientras decía esto, se echaba aire con la mano y movía su blusa para refrescarse; el calor empezaba a ser incómodo.

Salieron y, para esto, Chuy llevó alzadas a sus dos hijas, que en sus abrazos y caricias demostraban lo mucho que lo querían. Itzel, por su parte, seguía sorprendida con la personalidad del ingeniero, que era todo lo contrario al primer perfil que definió en la entrevista con su exesposa.

Salieron del invernadero y caminaron rumbo a la entrada; se sentaron en la cabañita que estaba a la entrada de la parcela y que parecía además una oficina, pues tenía un escritorio de cristal en forma de L, un librero con varios libros referentes a la agricultura. Destacaban, entre otros, *Las plagas más comunes del jardín* de O'Farrill y Medina, y *El arte de empezar* de Guy Kawasaki, entre muchos otros que tenía.

La pared oriente estaba adornada con algunos reconocimientos que le habían dado las secundarias técnicas del municipio por las ponencias y la asesoría que había impartido. También estaban los reconocimientos de FIRA por los cursos que había tomado; hasta el momento eran tres: "Manejo agroecológico de plagas en invernadero", "Bases de la agricultura agroecológica" y "Taller de elaboración de abonos orgánicos". Al lado oriente del despacho había un sillón donde se acomodaron sus niñas. Mientras tanto, la licenciada aprovechó estar de pie para leer los reconocimientos que tenía, revisó el librero y se percató de lo limpio que estaba el espacio.

Por su parte, Chuy descolgó una bolsa que contenía el lonche para el almuerzo. Le ofreció la silla del escritorio a ella, mientras él se sentó en una de las sillas de enfrente, un tanto más incómodas, acto que a ella le pareció lindo. Sirvió cuatro vasos de agua y le dio uno a la licenciada; había preparado un agua de pepino con limón, endulzada con miel, y fría como estaba en el termo, a Itzel le pareció muy rica.

— ¡Qué rica agua! —dijo mientras bebía otro sorbo—. ¿La prepara usted? —preguntó atenta mientras bebía de nuevo.

—Sí, la preparamos antes de venir a trabajar. Además, está preparada con pepinos cosechados aquí mismo, y como son orgánicos tienen otro sabor. Espero le guste — Mientras hablaba con ella, sacó unos contenedores con fruta fresca que dio a sus niñas y ofreció el que era para él—. ¿Gusta un poco de fruta? —preguntó, ofreciendo la fruta a la licenciada.

—Muchas gracias, es usted muy atento —. Al recibir el *tupper*, no pudo evitar tocar la mano de Chuy y de inmediato sintió una sensación de incomodidad y deseo por él. Imaginó el cuerpo de él, fuerte, delgado y curtido por el sol. Lo miró fijamente a los ojos y para ella el tiempo se detuvo al contemplar sus ojos negros, su nariz afilada y sus labios carnosos, mojados por el agua que acababa de tomar. Imaginó que la besaba y ella accedía sin poner resistencia; sin embargo, fue sacada de sus pensamientos por la pregunta de Chuy.

—Y dígame, ¿a qué debo el honor de su visita? —Imaginó que la mandaba el síndico por el dinero. Ahora, para él, todas las mujeres eran producto de la misma sensación de malestar; las empleadas del ayuntamiento aún más, ya que las cosas que se comentaban de ellas y los divorcios que habían provocado eran motivo de la reputación que se habían ganado.

—Mire, ingeniero, no quiero que piense mal de mí. Yo no estaba enterada de que le pedirían dinero a cambio de ayudarle con su caso, no es mi manera de trabajar. Pero el síndico y el presidente están necios en la reelección; eso tampoco lo sabía yo. Tengo poco tiempo de haber entrado a trabajar en el ayuntamiento y me doy cuenta de que las cosas pueden hacerse mejor, sin perjudicar a la gente. Espero me entienda —. Trató de ser lo más sincera posible.

Por su parte, Chuy no entendía. ¿Para qué necesitaba ella que él no pensara mal? ¿Qué ganaba con eso? Tal vez se traía otra cosa entre manos.

—Mire, licenciada, para empezar, no soy ingeniero. Así me dicen porque sé cosas del tema, pero no lo soy. Llámeme Chuy. Y, ¿a usted en qué le afecta lo que yo piense de usted?

—¿No es usted ingeniero? —replicó Itzel.

—No, nunca lo he dicho. Me gusta lo que hago y me capacito en mi ramo, pero no terminé más que la preparatoria. No quiero parecer presuntuoso, y sin embargo es una realidad que pocos ingenieros saben la mitad de lo que yo sé —.

Para tratar de dirigir la plática y terminar con ella, preguntó—: ¿Supongo que viene por el dinero?

—No. Mire, yo entré a trabajar a la presidencia porque pensé que podría marcar la diferencia, pensé que lograría hacer justicia. Nunca imaginé el grado de corrupción y nepotismo que existe dentro de ahí. Me da vergüenza ver los tratos que tienen con la gente que lo necesita, y no quiero que piense que soy igual que ellos —. Mientras hablaba, miraba fijamente a los ojos a Chuy para demostrarle que era sincera.
—No se preocupe, licenciada, por lo que yo piense. Es algo que no tiene importancia.

—Pues para mí importa —replicó Itzel, y con sus ojos trató de ver lo interesada que estaba en él.

—Sin embargo, no creo que se vaya a disculpar con todos los ofendidos por parte de la administración. Si fuera así, tiene mucho por hacer —. Mientras hablaba, sacó algunos sándwiches que ofreció a sus hijas primero y después a la licenciada.

—No, solo con usted —dijo, apenada—. La ley me pide que haga una inspección ocular para cerrar el expediente y firmar los papeles de la patria potestad, y ese es el motivo por el que me encuentro aquí —mintió ella—. Pasé a su casa a buscarlo y su vecino me dijo que había salido temprano y que lo encontraría aquí. Por cierto, qué lindas rosas tiene usted —sentenció.

—Entonces supongo que el caso está cerrado. ¿Cuándo puede entregarme los documentos? —preguntó, ignorando el comentario sobre las rosas, las cuales sembró para su exesposa y ahora pensaba en arrancarlas.

Se hizo una pausa incómoda que Itzel interrumpió con una pregunta fuera de contexto.

—¿Su esposa lo acompañaba cuando venía a trabajar? Supongo que ha de ser difícil para usted…

—Nunca me acompañaba. No sabe que tengo un invernadero, no mostraba interés en nada de lo que yo hiciera, pero esos son otros temas que no quisiera tocar —su tono de voz parecía molesto.

—Siento incomodarlo, ingeniero —sin poder controlar su deseo por él, lo tomó de la mano y lo miró fijamente a los ojos al momento que le decía—: Lo que pueda hacer por usted, sea lo que sea, solo dígamelo.

Chuy, incómodo, alejó la mano de entre las suaves manos de Itzel; parecía molesto.

—Yo le agradezco su ayuda y tomaré en cuenta su ofrecimiento.

La situación era molesta para él. Aún estaba luchando internamente por controlar los sentimientos ambivalentes de amor y odio hacia Alina. No lograba explicarse en qué había fallado, qué la había hecho cambiar. Mientras, al sentirse traicionado, el rencor y los celos le crispaban los puños de rabia al imaginar que tuvo entre sus manos la vida de ella y de su amante, y les perdonó. Los miedos internos, las noches sin dormir y ese deseo sexual que hacía tiempo no lograba expresar con una mujer lo tenían molesto.

La licenciada era una jovencita muy linda, rondaría los veintisiete años, vestía elegantemente, era la encargada de llevar su caso y, aunque en un primer momento había sido acusado por ella, ahora entendía que ella lo defendería de este y cualquier otro problema que tuviera. Lo que no se explicaba era por qué lo hacía. Se atrevió a preguntárselo, y después la convencería de que le siguiera ayudando. Tenía dinero, y todos en la vida tienen un precio.

—¿Por qué me ayuda, licenciada? —preguntó Chuy—. Entiendo que esto es una visita no oficial; lo que no entiendo es por qué.

El ambiente se hizo incómodo en ese momento. Ella tampoco se explicaba qué demonios hacía en la elegante y a la vez rústica cabaña de un cliente que había sido engañado por su esposa, había balaceado a su amante y luchaba por quedarse con las niñas a cualquier costo, incluso dando sobornos a las autoridades. ¿Cómo decirle a ese hombre que la cautivó desde que lo vio por primera vez en las oficinas de la sindicatura municipal? ¿Cómo explicar su comportamiento con un hombre que la trataba de maravilla, que era todo un caballero y un muy buen padre con sus hermosas hijas? Tenía que hablar con el corazón, y eso fue lo que hizo.

—Usted es un buen hombre, tan bueno como pocos que quedan en el mundo. Creo que se está cometiendo una injusticia con usted y creo, no solo que le puedo ayudar, sino que es mi deber —al final decidió cambiar su discurso—. Espero no me malinterprete.

—No se preocupe, yo le agradezco su ayuda de antemano.

—Bueno, por mí me voy, tengo que atender otros asuntos —ofreció de nuevo su mano a Chuy y, al sentir de nuevo su tacto, volvió a estremecerse—. Muchas gracias por el agua y por el sándwich, estuvo muy rico. Espero algún día me deje pagarle el desayuno.

—No agradezca; antes bien, gracias a usted por tomarse el tiempo de venir hasta acá. Y no se preocupe, no me debe nada.

Caminaron hasta el arco de la entrada de los terrenos de Chuy. Ahí se despidieron nuevamente, y ella sintió que, de no haber estado presentes las niñas, se hubiera abalanzado sobre él a robarle un beso. De inmediato sacudió su cabeza para expulsar esos malos pensamientos de su interior. ¿Qué le estaba pasando? ¿Por qué ese comportamiento? Era algo inexplicable. "Quizás así es el amor", se dijo para sí, para de inmediato reconocer que era algo fuera de lugar; sin embargo, el amor era así de inexplicable. Subió a la camioneta y se alejó llena de dudas.

# XXVIII

Sentados alrededor de la lujosa chimenea de la diputada se encontraban todos los representantes de los partidos políticos del municipio. Los había invitado con el fin de comentarles la problemática que veía de cara a las futuras elecciones.

—Ustedes sí que son impuntuales —dijo la diputada—. No puedo creer que, con los problemas que se nos vienen como municipio, no puedan llegar temprano.

Hasta ese momento se encontraban únicamente el candidato y presidente del PAN, el presidente municipal Tarsicio —que buscaba la reelección por el PRD—, el licenciado Manolo y su brazo derecho Michel, que representaban a los rojos. Faltaba por llegar el candidato de Morena. A los representantes de Convergencia, del Partido Verde, PT y PES no los habían invitado; ellos no tenían ninguna posibilidad de ganar, así que no era necesario que estuvieran presentes.

—Alabado sea el Señor —dijo Manolo a tono de burla cuando vio llegar al señor cura—. Bienvenido, padre, qué bueno que viene a bendecir esta reunión.

Todos soltaron la risa, incluso el señor cura, que de manera muy efusiva saludó de mano y abrazó a todos los presentes. A todos los conocía; todos en alguna ocasión habían acudido en su ayuda para que les diera la bendición para poder competir, ya fuera por la presidencia municipal o por la dirigencia de su partido. Además, le gustaba el ambiente, y el vino de consagrar no era suficiente, ya que andaba seguido alegre, como decían en la comunidad.

—Gracias, hijos míos, por invitarme —dijo el señor cura una vez que terminó de saludarlos—. Disculpen la demora, estaba atendiendo un difuntito, solo que la familia no tenía para pagarme y, con la pena, tuve que esperar hasta que fueron a conseguirlo. Las cosas de Dios no pueden dejarse fiadas —dijo para soltar una sonora carcajada que todos acompañaron con gusto.

La cabaña de la diputada estaba adornada al estilo antiguo. Las paredes eran de piedra, con sendos adornos en cada una de ellas: fotografías que relataban la historia política de la diputada. Sillas de montar colgaban a manera de adorno en todas las paredes de la cabaña, recordando la época en que había pertenecido a la escaramuza. Los sillones eran de piel genuina, con una mesa de mármol al centro que, aunque era redonda, tenía una parte recta donde se sentaba la diputada, quien solía recordar a carcajadas que ella siempre ocuparía la parte más importante de la mesa, así fuera en una mesa redonda.

La casa estaba alejada de la tenencia y de las viviendas de la gente; vivía cerca del bosque que proveía de agua a todo el municipio y, aunque la gente se había opuesto a la construcción de esa cabaña, la diputada la había construido cuando estaba por finalizar su periodo como presidenta municipal. Para que no desentonara con el paisaje, había derribado numerosos árboles para recubrirla por fuera con madera, misma que fue obtenida de los mismos árboles que había talado. Algunos se habían opuesto a esa construcción, pero fueron señalados por los mismos seguidores de la diputada y vecinos suyos, que los hicieron quedar como revoltosos; así que después nadie dijo nada.

El terreno ocupaba casi veinte hectáreas, y la diputada había mandado hacer unas albercas dentro de su propiedad, mismas que se llenaban con agua del manantial que había desviado para uso exclusivo.

Cuando terminaron de llegar todos los invitados a la reunión, se sentaron a la mesa y quien habló fue la diputada:

—Hace algunos años iniciamos un acuerdo entre el PRD y el PRI aquí en el municipio para vernos beneficiados todos. De alguna manera, esto es un negocio; tenemos que verlo como tal. Se trata de que todos ganemos y que nadie pierda. En esta ocasión hacemos la invitación a los dirigentes del PAN y de Morena, que de alguna manera tienen capital político para negociar en esta mesa—.

Algunos de los invitados no podían creer lo que estaban escuchando. Durante años, las elecciones habían estado arregladas; todo había sido una mentira. Gente como el candidato Mateo, que hasta se había peleado por defender las lonas que le quitaron, ahora entendía que todo era una farsa. Quien tampoco cabía en su asombro era el presidente del PAN; entendía que, a niveles más altos del poder, había negociaciones, pero no entendía que, a nivel municipal, también se dieran este tipo de acuerdos, una, porque no lo creía necesario, y otra, porque no entendía cómo los militantes podrían estar de acuerdo. Ya había pasado con la Alianza por México, en el cual las cúpulas de su partido, el PRI y del PRD habían logrado un acuerdo para ir juntos en la elección del 2024; el resultado, una desbandada de los dos partidos hacia Morena, con resultados hasta el momento catastróficos, pues Obrador era muy querido y su candidata iba a la cabeza en las encuestas con un amplio margen que, con el tiempo, solo se ampliaba más y más.

Quien intervino, preso del asombro, fue Mateo:

—¿De qué se trata, pues? ¿Por qué vamos a comprometer los votos de Claudia Sheinbaum por una presidencia municipal? —Quería sonar patriótico, pero no lo consiguió. —Mira, muchachito, aquí vamos a ver la manera de que nadie pierda, pero si no te interesa, la puerta está muy ancha —la voz del licenciado Manolo sonó autoritaria y contundente.

—A ver, Emanuel, déjate de pendejadas —intervino la licenciada—. Hasta el momento, Mateo había visto que era la única persona que le hablaba por su nombre al famoso licenciado; todos los presentes se referían a él como compadre o licenciado; nadie, hasta entonces, lo había llamado por su nombre de pila—. Si he convocado esta reunión es porque hay un problema grave en el municipio. Deja que Obrador deje a Claudia arriba; muchos de los presentes vamos a votar por ella, pero aquí se está por terminar el negocito para todos.

Lo que sucedía era que una parte de la población, cansada de que el municipio fuera más viejo que la misma capital y de que hasta el momento no tuviera un desarrollo ni una calidad de vida digna, había propuesto a un candidato que era muy bien visto por la gente, despertaba el interés de muchos e, incluso, en las encuestas, antes de registrarse ya estaba muy por encima de todos con una amplia ventaja.

Era un ingeniero civil, muy honesto, con un estilo de vida muy recto, de buena familia y con un grupo de trabajo que rayaba en la perfección. Había pertenecido al PRD junto con muchos otros en la época de los años 90, pero se retiraron del partido a nivel municipal cuando la diputada ganó la presidencia municipal. En esas elecciones la habían apoyado, la impulsaron a pesar de no ser del municipio, y ahora esa decisión los hacía arrepentirse.

Al ingeniero, como se le conocía, lo dejaron como director de obras públicas, y su visión de trabajo chocó con la presidenta desde el primer momento, pues esta estaba dispuesta a inflar los costos de las obras para obtener un beneficio mucho mayor. El ingeniero no estuvo de acuerdo; como habitante del municipio, le dolía que no se aprovecharan los recursos para beneficio de la gente que más necesitaba. No solo renunció él y todo su equipo de trabajo, que eran la mayoría de los perredistas, sino que también la denunciaron ante las autoridades competentes. Pero, como suele suceder, nada ocurrió, y a los líderes del movimiento les fueron haciendo visitas por parte del crimen organizado con el afán de que dejaran trabajar a la diputada. En las dependencias gubernamentales intervino el que ahora era gobernador del estado, Silvano Aureoles, y, por arte de magia, desaparecieron, se traspapelaron o simplemente no procedieron las demandas, por más bien documentadas que estuvieran.

Ahora lo proponían como candidato de Morena a la presidencia municipal, y era un hecho que les ganaría. Eso tenían que evitarlo, y para eso habían convocado esa reunión.

—Si ese cabrón de Rodrigo Villoro llega a la presidencia, no solo va a dejar de comprarnos materiales a nuestros negocios, sino que tampoco tendrá tratos con nuestras constructoras ni pagará las pensiones a los miembros activos de los partidos políticos —hizo una pausa solo para reflexionar—. Pero lo más grave de todo es que él, como está acostumbrado a hacer las cosas y con el equipo de trabajo que tiene, va a transformar el municipio. ¿Se imaginan que les dé talleres de política a las personas, que les enseñe cuánto llega de recurso a la presidencia, que los ilustre, que haga obras de buena calidad? ¿Qué pasaría con nosotros, con nuestro estilo de vida? ¿Creen que alguien volvería a votar por nosotros? Además, como es de disciplinado el ingeniero ese, es seguro que buscará la manera de revisar las cuentas, y todos los que hemos estado ahí tenemos colas que nos pisen; directito al bote vamos a dar. Ahora, ¿se dan cuenta de lo grande del problema?

Las caras de todos los asistentes eran de preocupación. Eran empresarios, tenían negocios, eran dueños de maquinaria, habían participado en la política y le habían agarrado el juego. Habían hecho acuerdos y se beneficiaban todos de tal manera que nunca les faltaba nada, aunque para los habitantes del municipio la calidad de vida no cambiara más que por sus propios métodos.

Otra vez, Mateo, uno de los líderes de Morena pero que quería ser el candidato a presidente municipal, los interrumpió:

—El candidato voy a ser yo, y a cómo vamos en las encuestas con Claudia, les vamos a ganar. Así que, si quieren hacer tratos conmigo, adelante —.

Era el más joven de los reunidos ahí, así que también era el más imprudente. Antes de que alguien más interviniera, la diputada tomó unas hojas de su bolso y se las tendió a cada uno de los presentes.

—Como pueden ver, hemos imaginado todos los escenarios. En sus manos están las gráficas de todos los candidatos. Cuando aparece Rodrigo, no pueden ganarle, nadie puede. Así que, si crees que tienes los pantalones para dividirnos y darle el triunfo a ese canijo, puedes retirarte, pero una cosa sí te digo, Mateo: enemigos aquí, enemigos para siempre —decía esto mientras señalaba con el dedo de manera amenazante—. Si te vas, olvídate de ganar algún día las elecciones en el municipio, de eso me encargo yo.

La cara de todos seguía sumida en la preocupación. El sacerdote fue quien intervino al ver las caras largas de los asistentes:

—¿Qué es lo que propones, hija? A mí me gusta el dinero, pero no voy a consentir lo que estás pensando.

—No se trata de lo que piense yo. ¿Qué soluciones proponen para este problema que nos planteamos? —Quería demostrar que era la que más estaba informada del asunto, pero también quería dejarlos que se equivocaran.

—¿Qué tan extremo sería llamarle a unos amigos para que lo arreglen? —propuso Tarsicio, que hasta el momento había permanecido calmado ante tal evento.

—Queridos compatriotas, ¿alguien de ustedes ha leído a Gene Sharp? —al ver que nadie respondió, continuó con su monólogo—. Tiene un libro excelente de nombre *La lucha política no violenta: criterios y métodos*. Basa su libro en una investigación que realizó con el patrocinio del Centro para Asuntos Internacionales de la Universidad de Harvard. Bueno, a lo que voy: no es necesaria la violencia, podemos trabajar de otra manera para evitar que llegue al poder sin la necesidad de siquiera tocarlo. Solo miren a su alrededor: nos acompaña un presidente municipal, los dirigentes del PRI, el presidente del PAN, el candidato de MORENA, el señor cura del municipio, una diputada federal. Podemos hacer algo diferente o, ¿acaso no lo creen?

Las caras de los presentes empezaban a iluminarse. A casi todos les molestaba que la única mujer presente en el grupo manejara conceptos e información con mucha más facilidad que todos juntos; aceptaban que era inteligente, pero eso les molestaba.

—Pues, manos a la obra —intervino el presidente municipal—. ¿Cuál es el plan? —Vamos a desarmar su planilla. Los aquí presentes sabemos que el mejor candidato es él, así que debemos desarmarlo; no podemos dejar que compita por MORENA —entonces se dirigió solo a Mateo, el que pretendía ser el candidato del mismo partido que Rodrigo Villoro—. Sabemos que ya te ganó en las elecciones internas; quien queda de candidato es él. Pero tú has trabajado por el partido y tienes más conexiones dentro de tu MORENA. Lo que necesitamos es que busques la manera de que cambien la decisión para que él no sea el candidato.

—Sí, claro, pero el candidato quiero ser yo —replicó Mateo.

—Ayúdanos esta vez y entrarás en el juego. En esta ocasión, desde que gane alguien del grupo, te verás beneficiado, y más adelante te apoyaremos para que tú puedas no solo ser el candidato... —sus palabras sonaron convincentes.

—Tengo que platicarlo con la familia; no es algo que deba o pueda decidir yo solo —no quería comprometerse con sus palabras y, en el fondo, aún tenía manera de mover sus influencias para que el candidato fuera él.

En el fondo le daba asco todo eso de los acuerdos. Entendía que se tenía que negociar, pero nunca pensó estar sentado en una mesa redonda con las personas que, desde hacía años, tenían secuestrado el municipio, se arreglaban entre ellos y perjudicaban a las personas que lo habitaban. No quería ser parte de esos acuerdos. Joven como era, aún pensaba que la democracia debía estar al servicio del pueblo, aunque en el fondo nunca había hecho nada para ayudar a sus semejantes, ni siquiera a sus vecinos, menos a los demás. Su familia era igual: durante algún tiempo estuvieron inmiscuidos en el crimen organizado, cobrando las cuotas a las tienditas que tenían máquinas tragamonedas.

Su tía había entrado a la política por parte de Convergencia, incluso hicieron acuerdos con el PRD en las elecciones del 2012, y ella había quedado como primera regidora. Entró a trabajar en el ayuntamiento durante la administración y nunca hizo nada por ninguno de sus votantes. Después, su esposo buscó la presidencia municipal por MORENA y ella iba a ser la primera dama, más adelante el mismo buscaría un espacio en el partido a nivel municipal. Ahora, en las elecciones del 2024, estaba registrada como síndica en el partido, en un municipio vecino del cual ni siquiera era habitante. Pero así funcionaba la política: todo era cuestión de arreglos. Así que el sobrino bien podría mover sus influencias para ser el candidato dentro del municipio. Sin embargo, la oferta era tentadora.

—No tienes nada que pensar, muchacho, tampoco puedes consultarlo con alguien más. O ¿qué, cuando seas presidente le vas a preguntar a tu mami qué hacer? —la reina de la manipulación atacó de nuevo.

—Yo tengo la autoridad necesaria para decidir por mí mismo, no necesito preguntarle a nadie.

—Piensa un poco, Mateo. Si tú no eres el candidato y él llega a serlo, no solo te dejará en vergüenza a ti, sino que nos quitará el poder que tenemos desde mucho antes de que yo fuera presidenta —la cara de los presentes reflejó un signo de interrogación; era claro que necesitaban una explicación, así que la diputada continuó—: Desde antes, las familias ricas del municipio eran dueñas del poder: los Villoro, los Yépez. Tan fácil como preguntarte por el parentesco de los últimos tres presidentes municipales: aunque de partido diferente, los tres son Yépez, pero esto ya fue arreglado para el beneficio de todos. Entonces, ten por seguro algo: de haber podido yo sola con este problema, lo arreglo. Pero necesitamos la ayuda de todos para seguir manteniendo nuestro estilo de vida. ¿Te imaginas recibiendo diez mil pesos cada mes por parte de la presidencia, sin hacer nada? Y si pones un negocio de lo que sea, nos comprometemos a que una buena parte del presupuesto se gaste en comprarte a ti. Entonces, ¿qué decides?

Sería un tonto si dijera que no. Le estaba poniendo todo en charola de plata: tendría una compensación mensual de por vida, como la tenían ellos desde hacía algún tiempo, con solo aceptar un trato que beneficiaba a los demás, incluso a él. Por su parte, el famosísimo candidato Rodrigo Villoro ya le había ganado en las elecciones internas, que consistían en una encuesta a habitantes del municipio para saber quién era mejor visto por sus conciudadanos; otro porcentaje significativo lo representaba una entrevista con los miembros del partido a nivel estatal, y una última con los miembros a nivel nacional. Todas las ganó el ingeniero, y además por un amplio margen. Sin embargo, tenía la oportunidad de bloquear a quien lo había dejado en vergüenza con solo cambiar el género del candidato; eso sí lo podría hacer. Entonces tuvo una idea que lo colocaría como el redentor: por un lado, le daría al grupito reunido ahí, y por otro, le haría participar en el juego de las elecciones. Si cambiaba el género, bien podría ser el síndico, poner a una mujer que pudiera manipular, y ser él y su familia quienes tomaran las decisiones. Sí que era un genio, pensó para sí mismo.

—Estoy de acuerdo, acepto —dijo Mateo.

Le dieron la mano por lo que acababa de hacer. Parecía que todos estaban contentos, y, sin embargo, fue entonces cuando intervino el presidente y candidato del PAN.

—Me suena todo muy bien. Y, ¿qué papel juego yo en todo esto? —Miró la cara de todos los presentes, que reflejaba desconcierto. La pregunta la lanzó a la diputada y esperaba que respondiera. Todos voltearon a verla; era ella quien tenía la batuta en ese momento.

—Mire, doctor, usted sabe que ahorita el PAN, PRI y el PRD van en coalición. Aquí en Irimbo, el candidato lo ponen ustedes, y yo, frente a todos los presentes, me comprometo a darle medio millón de pesos para la campaña —dijo muy segura de sí misma la diputada.

Todos miraron con cara de asombro al presidente del PAN. Entendían bien el juego: ese medio millón de pesos ya era ganancia para él; más lo que les pidiera a los miembros de la planilla, bien podría juntar casi un millón de pesos. Además, el partido entregaba recurso para la campaña, más los apoyos que daba el diputado local, el diputado federal, el senador... Las campañas eran fuente de dinero para quien sabía cómo manejarlas; a quien no, le costaban caras. Sin embargo, el doctor tenía en sus manos la posibilidad de ganar desde ese momento y, sin pensarlo dos veces, aceptó.

—Bien, estoy de acuerdo —y ofreció la mano a la diputada como muestra de que habían llegado a un acuerdo.

Después de la plática habitual, los reunidos por la diputada federal se dispusieron a consumir las botellas de vinos y tequilas que cada uno había llevado. El rostro del presidente municipal era frío y distante. Quería buscar la reelección; vivir del erario público era el trabajo más fácil que había tenido en su vida: bien pagado, con excelentes prestaciones, y lo único que tenía que hacer era aguantar las críticas y mentir a las personas.

No siempre había sido así. Durante su periodo de trabajo como secretario particular en la administración de la diputada federal, se molestaba porque los beneficios no llegaban a la gente; incluso creó un movimiento que inició con la proclamación de un comité fiscalizador que atacaría a la presidencia municipal, de la cual era parte él. Después de una plática con la entonces presidenta municipal, acordaron que él sería presidente municipal. Ella lo convenció: él, un joven sin casa ni trabajo al que le gustaba la política; ella, una persona muy hábil para manejar a las personas, supo ganárselo con dinero. Ahora ahí estaban, siendo parte de un grupo que, al calor de las copas, tomaba las decisiones que afectaban a todo el municipio. No había uno solo de los presentes que quisiera el puesto para ayudar a la gente; algunos lo hacían por dinero, otros por el juego del poder. Se dijo que debería ser el candidato del PRD a toda costa, pues dentro de la administración y con los recursos del gobierno bien podría perdurar su mandato otros tres años más, los suficientes para juntar una cantidad de dinero suficiente y ponerse un restaurante en Texas, como lo hacía la diputada, o algún otro negocio que ya no le implicara sentarse en la mesa con esa bola de rateros que no hacían nada bueno por el municipio y solo se dedicaban a robar el dinero. Pensaba en eso cuando lo interrumpió la diputada, que lo sentía desconectado de la plática.

—¿Qué te pasa, Tachito? —dijo mientras le ofrecía otra copa—. Estás muy pensativo, ¿no estarás pensando en irte a MORENA?

Todos los presentes soltaron una carcajada al tiempo que volteaban a ver al presidente municipal.

—Pues, como todos aquí, voy a votar por Claudia, pero dejar mi partido, eso sí que no lo dejo, después de estas elecciones todos vamos a estar en MORENA —dijo convencido de lo que pregonaba—. A propósito, hay un muchacho que trabaja conmigo, es de aquí, de tu comunidad, Los Manantiales, diputada. Está trabajando muy bien, a ver si lo podemos impulsar para que más adelante sea presidente; tiene un muy buen perfil. El único detalle es que es muy honesto; las regidoras no lo quieren porque llegó tumbando caña. Lo acomodé en Educación y Cultura, y como director de la Mujer, y en menos de un mes firmamos convenio con UNIVIM; está diseñando unos cursos de capacitación para que la gente cuide su dinero, y dice que quiere ver mejor a su municipio. A propósito de eso, me pregunta lo siguiente: ¿creen ustedes que con Claudia siga cambiando el país?

—Pues, si a la iglesia no le favorece su administración, es seguro que la vamos a atacar, ya tenemos instrucciones del episcopado de hablar mal de MORENA en todas las celebraciones que hagamos —intervino el señor cura—. Nuestra misión es debilitar el poder de ese partido que sui mueve masas sinceramente.

—Yo no creo que lo dejen hacer muchas cosas; el país está controlado por la clase empresarial, igual que nosotros aquí, pero ellos ya hablan de cientos de miles de millones —dijo Miguel Encinas.

—Pues yo creo que, si a la clase política si le conviene, los empresarios están ganando muy bien con ese viejo, te tocó la pandemia y una gran guerra y tiene bien al país—ahora quien habló fue la diputada—. Debimos irnos con él desde las elecciones del 2018m, ahora no queremos que salga ningún héroe local —finalizó la diputada.

—Pues este muchacho trae mucha visión; yo creo que en un futuro podrá ser presidente municipal, aunque ha dicho que no quiere —retomó la palabra Tarsicio—. Hay una frase que él tiene bien presente, de un tal Marcel Proust, que dice: "Aunque nada cambie, si yo cambio, todo cambia". Y bajo esa premisa está trabajando. Si logra encontrar un buen mentor, creo que podría llegar lejos.

—¿Qué estudios tiene el cabrón ese? —preguntó esta vez el licenciado.

—Tiene la licenciatura en economía, una maestría en políticas públicas y quiere estudiar un doctorado en ciencias políticas. Les digo que sabe de lo que habla —repuso Tarsicio.

—Pues no deberías preocuparte; todos los aquí reunidos éramos honestos y buscábamos el bien para la comunidad —volvió a tomar la palabra la diputada—. Pero para ocupar un cargo en la presidencia debes tener un padrino que te impulse, y la mayoría de los padrinos están hasta el codo de problemas. No es que seamos malos los que estamos aquí; es que para participar en la política debemos ser avaros, dinereros, para juntar para la campaña; eso nos hace robar al pueblo y cometer tantas pendejadas. Al final, si él quiere ser algo en la presidencia, pues nomás no lo dejamos y ya.

—Eso es lo malo con él: es un idealista y cree en una nueva forma de gobierno donde desaparezcan los partidos políticos; cree que aquí en el municipio podemos ponernos de acuerdo para evitarnos el jaloneo entre nosotros mismos —la voz del presidente municipal parecía cansada—. Yo los dejo; mañana tengo reunión de cabildo y estos pinches regidores quieren aprobarse un bono por su trabajo, ya me tienen hasta la madre.

—No puedes ni controlar a tres regidoras y quieres reelegirte —se burló la diputada—. Yo la hubiera mandado a chingar a su madre, pero tú te dejas mangonear.

—Ya veremos qué sucede —se despidió de manera solemne con un abrazo a cada uno de ellos—. Mientras, vamos a activarnos para trabajar contra Villoro. En la semana hago una reunión con el personal del ayuntamiento para decirles cómo van a estar las cosas. Nos vemos pronto.

Dicho esto, se despidió de ellos. Afuera de la residencia de la diputada federal le esperaba su chofer, Gabino, que dormía en el asiento trasero de su Honda Accord, un vehículo que había comprado con fondos de la presidencia y que aún no terminaba de pagar. Subió al coche y se alejaron de la comunidad de Los Manantiales, procurando no caer en los muchos baches que había en la carretera que llevaba a esa linda y bendecida comunidad.

—¿Quedaron en algo, patrón? —preguntó su chofer.

—Sí, van a dejarle la candidatura a los del PAN. Pinche diputada, se me hace que ya negoció en el estado —quería llorar del coraje—. ¿Crees que no son mamadas? Hasta medio millón les va a dar para su campaña. Dice que aquí en San Mateo encabeza el PRI, en Hidalgo también; creo que les ha dejado esas posiciones para pedir la candidatura a la diputación federal. ¿Y todo mi trabajo, Gabino? ¿Y todas las desveladas por andar en Morelia? ¿Los millones que le he dado a las constructoras de Silvio, los moches al gobernador morenista y de esta pinche vieja? —mientras decía eso, la boca le sabía amarga y empuñaba las manos en señal de pelea.

—Te dije que esa pinche diputada era muy cabrona, no juega derecho —argumentó Gabino—. ¿Y qué va a pasar con la lana que te di? ¿Si no voy a la cabeza, me la van a regresar? —preguntó de nuevo.

Cuando se hizo la propuesta para la reelección y la elección de las planillas, Tarsicio propuso a su chofer como primer regidor, de tal manera que, estando al frente de la planilla, si se llegaba a perder, hubiera quien cuidara y velara por los intereses de los demás. Para registrar la planilla y recibir el apoyo de los perredistas en Morelia, les pidieron un donativo para la campaña a nivel federal y estatal; los diputados y senadores, a cambio de registrar la planilla y defenderla. Sin embargo, en la política lo único seguro era que nada era seguro.

—No lo sé, dependerá de lo que nos digan en el partido. Vamos a esperar.

—¿Y a poco voy a perder mi dinero? —preguntó molesto Gabino.

—Mira, Gabi, yo no me hago pendejo —habló fuerte el presidente—. ¿Crees que yo no me doy cuenta de los vales de gasolina? No manches; sé que de los vales te estás quedando fácilmente mil pesos diarios. Los ciento cincuenta mil apenas es lo de medio año —. La mirada de Gabino se ocultó y trató de no ver a la cara al presidente; estaba nervioso, se notaba incluso en las manos cuando trataba afanosamente de buscar la palanca de velocidades de un vehículo automático.

—No me enojo contigo, Gabi, porque tú me echaste la mano cuando nadie me ayudó. Además, todos lo hacen; ¿por qué tú no deberías ayudarte? Así que, lo caído, caído —.

Era verdad. En las elecciones del 2015, cuando Tarsicio fue el candidato a la presidencia municipal y perdió, todos sus amigos se alejaron, lo dejaron endeudado, deprimido y sin trabajo, y con sus dos hijos pequeños que mantener. Hubo momentos en que no tenía en la bolsa más que veinte pesos, y en esos momentos la única persona que lo ayudó fue quien ahora era su chofer. Era justo que se beneficiara robándole a los habitantes del municipio, según los pensamientos del presidente; además, todos lo hacían, sentenció él.

Durante el trayecto no dijeron nada; el silencio era incómodo entre ambos amigos, que también eran cómplices. Uno se sentía traicionado por no hacerlo partícipe de la tranza de la gasolina, y otro se sentía ofendido al sentirse descubierto. Hubieran explotado uno contra el otro si el iPhone del presidente no hubiera recibido aquel mensaje: un audio de WhatsApp que le mandaron desde la tarde y que no había revisado. La remitente: Doña Úrsula, de Los Manantiales. El audio era el siguiente:

—Buenas noches, presidente. Por este medio le informo que la gente de la comunidad está muy molesta porque mandó cortar los árboles del manantial que nos surte de agua para el campo. Van a ir a tomarle la presidencia; dicen que no se vale que haga eso. Lo van a demandar ante Derechos Humanos y ante CONAGUA, le van a tomar la presidencia y hablan de hacerle juicio político. Quienes andan haciendo eso son los revoltosos de aquí de Los Manantiales; empezó todo David, su papa fue regidor. Andan sus amigos con él y están juntando firmas de toda la gente porque, según dice, ustedes quieren hacer una zona residencial, y la diputada ya nos dijo de qué se trata. Nosotros la vamos a apoyar, pero estos revoltosos van a ir mañana a tomarle la presidencia. En la junta que se hizo fueron unos poquitos, pero andan juntando mucha gente. Ya sabe que nosotros estamos para lo que se le ofrezca —.

El audio finalizó y el presidente golpeó de coraje y rabia el tablero del coche en que se trasladaban. Otra vez ese cabrón de David, pensó el presidente; le había dado muchos problemas, desde oponerse a la creación de la unidad deportiva hasta la remodelación del centro del pueblo; siempre aparecía él. Ya se estaba cansando.

—¿Qué pasó? —preguntó Gabino.

—Me van a tomar la presidencia esos bueyes de Los Manantiales —dijo mientras se frotaba la mano, que del golpe que había dado de coraje le seguía doliendo.

—¿No será una jugada para manchar tu persona? Ya ves que se acercan las elecciones y varias personas saben que te vas a reelegir —comentó Gabino.

—No creo, es David y su bola de revoltosos. Esos pendejos no entienden nada de política —respondió Tarsicio.

—¿Otra vez ese pinche David?

—Sí, es ese entrometido, pero la culpa la tiene la diputada, que a fuerzas quiere hacer su zona residencial. Yo ahí no gano nada —sentenció el presidente—. Vamos a hacer una reunión mañana. Hay que invitar a tanta gente como podamos, de la presidencia los que van a ayudar en la campaña, y vamos a ver de qué cuero salen más correas. Dice doña Úrsula que son poquitos los que estaban.

—Llegando a las casas les aviso que vayan mañana —dijo Gabino.

En el transcurso del viaje, Tarsicio imaginó la manera de librarse de la influencia de la diputada. Si ella no lo apoyaría para la reelección, buscaría la manera. Además, la diputada no era bien vista en el equipo del gobernador y tenía varios enemigos dentro del mismo grupo de trabajo. Empezó a maquinar un plan que lo ayudaría a encaminarse rumbo a la reelección, pero tendría que ser muy cauteloso, ya que, de descubrirse, se echaría una enemiga que era de cuidado.

Políticamente, la diputada era muy fuerte y tenía los contactos para terminar con su carrera, así que debía planear cada paso que diera. Imaginó cómo sería que, cuando fuera presidente municipal durante otros tres años, llegaría la diputada a ofrecerle el servicio de sus constructoras y, con una sonrisa en el rostro, impondría sus condiciones. Pensaba en eso cuando llegaron a su casa. Se despidieron y quedaron en que, en unas cuantas horas, lo recogería para ir a la presidencia. Tenía que estar adentro cuando llegara David con sus cinco amigos. En otras ocasiones le habían ido a visitar para proponerle proyectos de reforestación, deportivos, sociales y culturales, pero el ayuntamiento nunca contaba con recursos, así que les daba largas. Ahora pensó que sería igual. Estaba por llevarse una sorpresa.

# XXIX

Y ese día el maestro lloró. El 15 de abril del 2024, a las 5:15 de la tarde, su hermana pequeña cumplía años. En años anteriores había fiesta, piñata y pastel; ahora, sin trabajo, no había comprado más que un paquete de mantecadas para ponerle una vela vieja, de esas que dan en las posadas y que había encontrado en un cajón. Con eso le cantó las mañanitas en el cuarto donde sus tres hermanas dormían. En ocho días, la que seguía de él cumpliría doce años, y le había prometido comprarle una tableta para hacer sus tareas; sin embargo, estaba sin un peso en la bolsa y con los ánimos por los suelos. Su padre trabajaba haciéndole material de barro a un señor que siempre le quedaba a deber, y que tenía a su familia sumida en la crisis que se vivía en ese entonces.

Leonardo prometió que nunca trabajaría para ese hombre aprovechado. Ayudó a su padre a hacer los tabiques, las tejas y los materiales de barro desde que tenía uso de razón, hasta que empezó a trabajar como maestro en CONAFE. Entonces, con tan solo 18 años, ganaba más que su padre, y fue bueno con la familia: construyó su casa de tabique, arregló el baño, compró aparatos electrodomésticos, a su madre la llevaba a comer fuera y atendía bien a sus hermanas. Los había acostumbrado a una vida llena de cosas buenas, y ahora no podía dárselas. Eso lo mataba de tristeza.

Cuando hubo un momento de soledad en su cuarto, se tiró a la cama y ahogó los gritos contra su almohada. Lloró de dolor, de desesperación, de rabia y de tristeza. Las lágrimas calientes corrían por sus mejillas; sentía el nudo en la garganta y esa sensación de ahogo cuando es imposible gritar, cuando la tristeza debes tragártela para evitar contagiar a los demás, pero sabes que es imposible sobrellevarla.

Había sido valiente desde que lo corrieron de la prepa y del INEA. Trató siempre de mostrar la mejor cara que pudo, y en silencio lloraba cuando sus hermanas le pedían que les comprara algo de la tienda. En otros tiempos no les negaba nada; ahora no podía darse ese lujo, y le partía el corazón.

Pensó que tal vez era mejor irse a Estados Unidos, como hacían sus amigos que, al no haber fuentes de empleo aquí, buscaban la manera de progresar en el país del norte. Algunos lograban pasar y nunca regresaban con sus padres; otros se quedaban a medio camino, muertos en el desierto. Se hubiera ido desde hacía algún tiempo, pero entonces recordaba la canción de "María", que tan dulcemente cantaban unos españoles y una mexicana. Le partía el corazón tener que dejar a sus hermanas, pero si era necesario, tendría que irse de mojado. Al pensar en esa posibilidad, las lágrimas que habían cesado comenzaron de nuevo.

Había aceptado participar con el ingeniero Rodrigo Villoro, que encabezaba un grupo de ciudadanos muy preparados para competir por la presidencia. Diseñó un plan de desarrollo local para su municipio, tomando como base los planes de trabajo de las administraciones anteriores, e incluso mejorándolos. Revisó las estadísticas del INEGI, de CONEVAL y de CONAPO; se preparó adecuadamente para trabajar en mejorar su municipio de una manera que nadie había visto. Incluso en el mismo equipo de trabajo se sorprendían con su capacidad. "Está dispuesto a hacer un excelente trabajo", decían todos. El problema comenzó cuando tuvo que sacar sus documentos para registrarse en el partido: no tenía dinero ni para moverse a la ciudad de Zitácuaro o Morelia a sacar la constancia de no antecedentes penales. Y entonces iniciaron las dudas en Leonardo: ¿sería capaz de participar en una campaña?

El ingeniero Rodrigo era una excelente persona: honesto, transparente, humano y con la visión de hacer crecer al municipio y dejar un legado que perdurara durante muchos años. No les exigía para la campaña más que lo poco que pudieran aportar. Leonardo no tenía nada, solo muchas ganas de hacer las cosas diferentes y la visión de poder cambiarlas. Pero el dinero siempre es una limitante y es la clave para poder trabajar en una campaña; así que, con un nudo en la garganta y lágrimas en los ojos, renunció al proyecto de trabajar en ese excelente equipo. Con ello perjudicó a toda la planilla que tenía la esperanza de un mejor municipio para todos, dejando, además, mayor probabilidad de ganar a los otros partidos políticos que ya estaban trabajando para debilitar al candidato legítimo de MORENA. El trabajo sería más fácil... para ellos.

# XXX

Dentro de la plaza principal de Los Manantiales, la gente comenzó a reunirse desde muy temprano. Eran trabajadores acostumbrados a comenzar sus labores mucho antes del amanecer; sin embargo, ese sábado las cosas serían diferentes. El joven empresario David había convocado a la población a tomar la presidencia municipal debido a la tala inmoderada de los árboles que rodeaban el manantial, donde pretendían construir una zona residencial para beneficio de la diputada y algunos socios, entre ellos funcionarios del gobierno estatal, incluido el propio gobernador.

Contrario a lo que se esperaba, acudió mucha gente. Los nobles y dóciles campesinos de la comunidad, que solían permitir que el gobierno de los tres niveles hiciera lo que quisiera y nunca protestaban, no estaban dispuestos a convertirse en peones de un desarrollo que beneficiaría a unos cuantos a costa del agua con la que regaban sus cultivos, de los cuales dependían para comer y para dar empleo no solo a los habitantes de la comunidad, sino también a trabajadores de otras tenencias e incluso de otros municipios.

Los Manantiales era una comunidad rica en agua, con gran diversidad de flora y fauna dentro de su demarcación territorial. Además, era el único valle en la región oriental del estado de Michoacán donde se cultivaban hortalizas con agua de manantial, nacimientos que ahora estaban en peligro de desaparecer debido a la ambición de unos pocos que pretendían adueñarse de las riquezas naturales que, por derecho, correspondían a los habitantes del lugar, muchos de ellos descendientes de los pueblos originarios que habitaban la región antes de la llegada de los españoles.

Era cierto que la gente no lograba ponerse de acuerdo sobre la mejor manera de cuidar ese tesoro que, según los futurólogos, pronto sería motivo de conflictos a nivel mundial debido a la escasez del agua, cuyo precio superaría incluso al del petróleo. Pero la acción de las constructoras representaba una oportunidad de oro para unirlos.

Mientras se reunían, llegó el regidor de la tenencia a hablar con ellos. Era una persona que trabajaba a favor de la comunidad, pero era perredista y además trabajaba en la presidencia municipal, cuyo edificio sería ocupado por sus vecinos. Su intención era disuadir el movimiento, sin saber que al dañar el manantial también él saldría perjudicado.

Cuando ya había bastante gente reunida, comenzaron a escribir consignas en los carros a favor de la defensa del manantial y en contra del presidente municipal, del gobernador morenista Alberto Ramirez y de la construcción de la zona residencial. Eran más de cincuenta vehículos y cerca de quinientas personas las que acompañaban la caravana. En la memoria de los mayores resonaba el día en que, de manera similar, habían salido a defender el voto; en aquella ocasión eran solo perredistas, ahora dejaban a un lado los colores partidistas para defender una causa común.

La caravana entró en la cabecera municipal, y quienes la observaban se sorprendían por la cantidad de carros y las consignas que exhibían. Sin saberlo, ellos también saldrían afectados, pues la cabecera municipal de San Mateo carecía de agua durante gran parte del año, y cuando esta faltaba, se abastecía con pipas procedentes de Los Manantiales. Si los pozos se secaban, todo el municipio sufriría por la escasez, y aún más por la producción de alimentos, ya que de esa comunidad sureña se exportaban frutas y verduras a diversos lugares del estado, a otras entidades e incluso dentro del mismo municipio. De continuar con las obras, sería una catástrofe no solo ecológica, sino también social y económica.

En la presidencia municipal, algunos policías, al ver la multitud, se limitaron a dejarlos pasar. Los manifestantes se instalaron en el lugar y, para su sorpresa, allí ya se encontraban algunos simpatizantes y empleados de la presidencia, que no superaban los cuarenta, con el propósito de defender la postura del presidente municipal e intimidar a los visitantes.

Tarsicio esperaba únicamente a los siete revoltosos de siempre, esos que soñaban con un municipio mejor, amigos desde la infancia y con gran influencia en la tenencia de Los Manantiales, quienes hasta entonces no habían logrado mejorar la calidad de vida de la gente. Esta sería su oportunidad. El edil se sorprendió al ver entrar a tanta gente, muchos de ellos molestos y con ánimos de derribar puertas; a su vez, los recién llegados se sorprendieron al encontrar al presidente municipal esperándolos con la mayoría de los regidores para tratar el asunto. Ninguna de las dos partes esperaba la actitud de la otra.

El presidente municipal analizó aquello como una oportunidad de oro que catapultaría su reelección. Si lograba quedar bien con la gente de Los Manantiales, aseguraría una parte importante de la votación. En el municipio se instalaban casillas en cinco puntos; la gente presente votaba en una sola. De ganarse a esa gente, tendría asegurada una parte significativa de la elección, aunque eso significara ganarse como enemiga a la diputada; después de todo, ella no quería que se reeligiera.

Consciente de lo que representaba en las urnas, saludó de mano a todos los presentes y, cuando estos comenzaban a impacientarse, fue David quien tomó la palabra.

—Basta de saluditos, presidente, venimos a que nos atienda —su semblante expresaba coraje por lo sucedido, y el tono de voz fue alto, sin faltarle al respeto aún.

—Vamos a instalar una bocina y algunas sillas para que se acomoden, solo que yo los esperaba más tarde —dijo el presidente.

El actuar del presidente era tranquilo y calmado; además, los estaba esperando, lo que significaba que alguien dentro de la comunidad había avisado de lo que sucedería. Traidores había muchos. Instalaron el equipo de sonido e iniciaron el diálogo. Para hacerlo más solemne, el secretario del ayuntamiento improvisó una reunión de cabildo; querían que las personas de Los Manantiales se dieran cuenta de que no era un juego. La intención era asustarlos y hacerles ver que la presidencia tenía protocolos que se debían respetar, aunque ellos mismos, como miembros del ayuntamiento, no los respetaran, ya que algunos regidores se dormían en las reuniones de cabildo, otros no dejaban el celular y algunos más llegaban tarde o no le daban la seriedad al cargo que ocupaban. Esta vez las cosas parecían ser diferentes.

Los habitantes de la comunidad afectada no se vieron sorprendidos por semejante maniobra; era algo que esperaban de la administración. Pensaron que los agarrarían desprevenidos, y el factor sorpresa siempre es determinante cuando dos posturas diferentes se enfrentan; sin embargo, entre los habitantes estaban quienes ya habían participado en una elección y conocían cómo funcionaban las leyes. David y su grupo de revoltosos, como los conocían, descargaron y estudiaron desde un día antes la Ley Orgánica del Estado de Michoacán, y con ella en el celular se dispusieron a defenderse legalmente ante los embates. Un Lalo Baños proporcionó la Ley de Agua y Gestión de Cuencas para el Estado de Michoacán; Nazario, muy activo en la comunidad, aportó la Ley de Aguas Nacionales; Lázaro descargó la Ley de Equilibrio Ecológico y la Ley General de Asentamientos Humanos, Jacinto, Leonel y Dylan también participaron. En menos de media noche habían armado todo un resumen de las leyes, artículos y derivados que afectaban a la tenencia de Los Manantiales.

Entre los habitantes estaba Chuy, el "ingeniero", como le conocían muchos, primo hermano de David, que se encontraba participando muy poco en la defensa del agua de su comunidad. Entendía que el asunto del agua lo perjudicaría, pero estaba comprometido a apoyar al presidente municipal para que le ayudara a quedarse con sus hijas. Por algún momento pensó en no asistir; sin embargo, decidió que su presencia no afectaría ni determinaría el rumbo ni los acuerdos que se tomaran por parte de los afectados y las autoridades. Del lado de la mesa de cabildo se encontraba Itzel, que en cuanto lo vio saludó con un movimiento de mano, a lo que él respondió inclinando la cabeza.

La reunión se tornó tensa cuando se dio la palabra a los miembros de la comunidad. Contrario a lo que pensó el presidente, la gente no se amedrentó, y los que estaban al frente iniciaron con una lectura de las leyes y artículos que defendían la conservación del medio ambiente y la lucha contra el cambio climático. Intervino también un ecologista de nombre Alejandro Chávez, que no pertenecía a la comunidad pero que, viendo la deforestación causada en el ecosistema de la región, apoyó en demasía a los líderes de esa comunidad, convocó a los medios y participó con la lectura de algunas leyes que dejaban entrever la poca preparación que tenían los miembros del cabildo.

Cuando el presidente se vio acorralado, se dispuso a nombrar comisiones de sus regidores y directores para presentar las demandas pertinentes en las diferentes instancias que correspondieran, con el fin de apoyar a la comunidad; quería hacerles ver que estaba de su lado.

—Señor secretario, que quede estipulado en el acta de cabildo que comisionamos al contralor y al síndico para que presenten las demandas necesarias en la PGR ante quien resulte responsable por el daño causado al ecosistema de la tenencia de Los Manantiales —dijo contundente—. A la regidora de ecología y al director de obras públicas les corresponden las demandas ante la Procuraduría Ambiental y ante la PROFEPA. Por último, el contralor municipal y su persona, como secretario del ayuntamiento, quedan encargados de presentar una demanda ante la CONAGUA y Derechos Humanos para que actúen de inmediato ante los daños causados a esta, nuestra más importante tenencia.

Pensó que sería suficiente con eso para que la gente de Los Manantiales se quedara contenta; sin embargo, ellos querían acciones inmediatas.

—Todavía están las máquinas en la zona —dijo David—. ¿Por qué no va alguien de Reglamentos a inmovilizarlas con algunos sellos?

—Por supuesto que sí —accedió el presidente municipal—. En este momento se dirige el director de Reglamentos y el director de Seguridad Pública a acordonar la zona y a asegurar las máquinas que están en el lugar.

Cuando volteó a ver las caras de los vecinos de la tenencia afectada, estas eran de asombro e incredulidad. ¿Se atrevería a ponerse en contra de su madrina política? ¿Mordería la mano que lo hizo presidente? Era una realidad que el daño y la afectación eran enormes, pero no creían que fuera capaz de ponerse del lado de la comunidad ante quien era la persona que lo había apoyado, estimulado y blindado de recursos para su administración, que estaba por finalizar. Sería una decisión que le haría ganar la casilla de Los Manantiales, se dijo orgulloso de su actuar, y preguntó de nuevo:

—¿Algo más que podamos hacer por ustedes?

Las peticiones de la gente de Los Manantiales, que durante dos años y medio no habían encontrado respuesta en los oídos sordos de la administración, de repente encontraban las puertas abiertas. No se hicieron esperar: desde apoyos de alimentación hasta ayudas para el campo, personas que pedían cemento y subsidios de vivienda, hasta los clásicos traslados a las ciudades de Morelia y Ciudad de México. Cuando las peticiones eran muchas y la gente empezaba a olvidar la razón, intervino David.

—Vamos a dar por terminada la sesión, presidente, estableciendo una fecha concreta para dar seguimiento a los acuerdos tomados hoy.

Sus palabras fueron certeras. David ya tenía experiencia con acuerdos a los que se llegaba con los miembros de las presidencias municipales y que nunca se concretaban; no había seguimiento. Por su parte, los empleados del ayuntamiento, que creían que por ser año electoral los últimos meses solo irían a cobrar su sueldo, se sintieron presionados por la carga de trabajo que ahora se les venía encima. Los regidores, que obtenían sus puestos por elección popular, no se presentaban más que a las reuniones de cabildo, y eso solo porque los multaban si no asistían; de otra manera, se dedicarían a cobrar sueldos que jamás volverían a ganar, sin hacer nada por su municipio.

—Bien, ¿les parece adecuado un mes para reunirnos de nuevo y presentar nuestros avances? —preguntó el presidente, que pretendía ser quien dirigía la reunión.

—Creemos que es mucho tiempo —intervino de nuevo David—. Solo se trata de entregar las solicitudes; creemos que una semana es suficiente.

—Es muy poco tiempo, una semana —intervino la regidora de ecología, que había hecho muy poco por su comisión—. Tenemos otras actividades que hacer.

—Pero esto es prioritario, debemos actuar con brevedad —intervino Lázaro amigo de David.

—¿Les parece que sean quince días? —volvió a preguntar el presidente.

Hubo un murmullo de asentimiento general que parecía indicar que estaban de acuerdo; las regidoras accedieron y los líderes del movimiento, personas que siempre estaban para apoyar al pueblo, no hicieron más que aceptar.

La reunión se dio por concluida, y tanto el presidente como la gente de Los Manantiales sintieron que habían ganado al llegar a acuerdos que les beneficiaban a ambos. Los únicos que se sintieron ofendidos fueron la mayoría de los regidores. Tenían mucho de qué quejarse: dentro de su trabajo, se decía que el presidente municipal ganaba con cada obra que se ejecutaba en el municipio —según comentaban, era un 10% del total—. En lo que llevaban de administración, se habían manejado más de trescientos millones de pesos en obra pública. Ellos solo recibían sus salarios, que no eran poco, pero querían más. Además, para las gestiones nunca les daban viáticos hasta que regresaban, y la gasolina siempre se la negaba el chofer del presidente, alegando que no alcanzaba. De ahí su molestia.

Los primeros en salir fueron David; el químico Lázaro; Jacinto, que estaba terminando sus estudios en administración de empresas; Martín, ingeniero en sistemas computacionales; Gael, otro químico farmacobiólogo que había estudiado con Lázaro, su primo; Leonel, técnico forestal; Alejandro, el ecologista con mucha experiencia en el servicio público; Armando, técnico en administración agro-silvícola; Silvio, ingeniero en mecatrónica, Lalo Baños y Dylan, el más joven de todos pero también el más inteligente . Ninguno creía que ahora el presidente tuviera las puertas abiertas para ellos; algo tenía que haber escondido tras aquella muestra de buena voluntad. Pronto lo averiguarían.

Tan pronto como los integrantes de la comunidad salieron de la presidencia municipal, el presidente aprovechó la ocasión para llamar a uno de los periodistas con los que tenía contrato. Lo citó en privado en su oficina para tratar algunos temas de la reunión. Una vez que estuvieron solos, el presidente se adelantó a decirle:

—Buenas tardes, Sandro. Necesito que me hagas un favor —dijo al tiempo que se sentaban ambos—. Quiero que saques una nota en la que hables sobre el trabajo que está desempeñando el presidente municipal de este municipio y quiero que satanices la decisión de la diputada de no apoyar a los miembros de su partido. ¿Cuento contigo?

—Claro que sí, ya sabes. ¿Para cuándo la quieres? —preguntó el periodista.

—Lo más pronto posible —dijo el presidente—. Si la publicas en Irimbo, vas a hacer negocio. Eso sí, no sabes quién te ordenó que la publicaras, eso que quede claro desde ahorita. ¿Tenemos un trato?

—Va a estar difícil encontrar un periodista que quiera firmar esa noticia —dijo pensativo el periodista, al tiempo que terminaba sus notas—. Vamos a necesitar pagarle a alguien más para que la firme; sabes que no es barato —finalizó.

—Por dinero no te preocupes. Voy a buscar la reelección; si llego a ganar, tienes tres años de contrato asegurado en el municipio.

—Pero, ¿acaso aquí en San Mateo no será candidata una mujer del PAN? —preguntó incrédulo el periodista.

—Mira, tú publica la noticia y vemos qué es lo que sucede —dijo impaciente el presidente—. Si necesitas dinero, te extiendo un cheque.

El mismo Sandro se sorprendió, ya que en otras ocasiones tenían que corretearlo durante varios días para que les pagara lo que les debía. Esa oportunidad no la desaprovecharía.

—Sí, claro que necesito. Si puedes darme algo por adelantado, mejor.

—Bien, pasa a tesorería. Ahorita le digo al tesorero que te haga un cheque —finalizó el presidente.

Terminada la plática, el presidente salió primero de la oficina, dejando a Sandro, el periodista, en la presidencia municipal. Salió de prisa hacia donde le esperaba su chofer para que lo llevara a Morelia.

# XXXI

María empezó a preocuparse por su marido cuando llevaba tres días sin llegar a casa. La primera noche pensó que estaba con sus amigos; era algo habitual que tomara alcohol con ellos. Esa noche imaginó que el doctor la besaba y la abrazaba; respiraba ese perfume caro que tan rico aromaba y sentía sus suaves manos recorrer su cuerpo. Le emocionaba pensar eso, y la manera en que la trataba el doctor era prueba de que la quería. Estaba convencida de que, si no estuviera casado, ya le hubiera declarado su amor. Siempre que ella llegaba, él la saludaba y la abrazaba, y cuando era el doctor quien llegaba, la saludaba de igual manera. Era verdad que a todos los saludaba con un abrazo, pero era para disimular y hacer creer que no solo era a ella a quien quería abrazar.

La segunda noche se preocupó: cuando dieron las campanadas de la iglesia que marcaban las doce y no llegó, imaginó lo peor. Tantos desaparecidos de los que no volvían a saberse nada, y de repente los encontraban a la orilla del camino, muertos, con golpes en todo el cuerpo y algunas de sus partes separadas. A ellos, que recogían las botellas de la orilla de la carretera y viajaban a menudo por todo el municipio, les había tocado ver en varias ocasiones los cuerpos mutilados y ensangrentados de las víctimas. Preocupada por lo que pudiera pasarle, rezó el resto de la noche, imposibilitada para dormir.

Por la mañana, cuando llegó la secretaria para abrir la oficina, se percató de que ya estaba la señora de la limpieza con su niño en brazos ahí en la banqueta esperando. María la saludó de buen agrado, pero la señorita que hacía las funciones de secretaria contestó de mala gana. Le caía mal porque era una encimosa con el presidente y porque cuando trapeaba la oficina quedaba un olor a huevo que molestaba.

María se esforzaba por hacer su trabajo de la mejor manera, pero era algo que no sabía; en su casa nunca trapeaba, su piso de tierra se lo impedía. Inició con las labores habituales: regar la calle, barrer, después trapear la oficina, sacudir las paredes, limpiar los muebles y lavar las ventanas. La gente del partido fue llegando poco a poco, y le extrañó no ver al presidente; en algunas ocasiones no se pasaba por la oficina, tenía más cosas que hacer, era un hombre muy ocupado. Sin embargo, ahora ella tenía una preocupación: debía encontrar a su esposo, y la única persona que podía ayudarle era el presidente.

Cuando llegó un licenciado gordito que vestía muy elegante con un traje gris, y que parecía que mandaba en la oficina, pues siempre les gritaba a todos y trataba al presidente de güey, María se acercó y lo saludó.

—Buenos días, licenciado, ¿no sabe si va a venir el doctor? —preguntó con pena.

—No sé —respondió enojado el licenciado, que también hacía gestos cuando veía a María.

—Es que mi esposo no ha llegado a la casa y no sé dónde estará —. La tristeza se reflejó en el rostro de María.

—Y a mí qué me preguntas. Búscalo en las cantinas —dijo tajante el licenciado Manolo, que sabía que las personas de su colonia se dedicaban a tomar en exceso.

—Por favor, ayúdeme, tengo miedo de que le haya pasado algo malo —suplicó María de nuevo.

El licenciado entró a la oficina sin hacer caso de las peticiones de María, quien, entre lágrimas, buscaba ayuda para encontrar a su esposo.

En la oficina lo esperaba Rubí, la secretaria, y dos hombres más que participaban activamente en la campaña de Xochitl Galván, pero que veían a los nuevos miembros con recelo, pensando que quizá el puesto de trabajo que les tocaba a ellos fuera en esta ocasión para María o Pancho. Cuando el licenciado entró y los saludó solemnemente con abrazo y apapacho, a la manera de los nuevos políticos, de inmediato pasaron a la oficina y, antes de iniciar sus actividades diarias, comentaron el caso de María.

—¿Qué chingados trae esta limosnera? —preguntó el licenciado.

—Dice que se le perdió su viejo, que lleva tres días sin llegar a su casa —dijo Paco, uno de los más viejos, que había participado como juez en el registro civil, aunque no tenía ni la primaria—. No la vea tan mal; está mal arreglada, pero es güera y de ojos de color.

—Y, ¿supongo que ustedes saben dónde está? —reviró el licenciado, haciendo caso omiso a los comentarios de Paco.

—Pues claro, para eso nos pagan, para estar informados —contestó Maru, la encargada del partido desde hacía 30 años—. Lo agarraron por quitar las lonas de Claudia y de Morón; cuando lo revisaron, traía en su triciclo lonas de todos. Dicen que nosotros lo mandamos. Eso sí, se portó como hombrecito: no dijo nada ni cuando le pusieron una chinga que casi lo mataban —.

—Y, ¿por qué demonios no le dicen a esa vieja para que se largue de aquí? —gritó esta vez el licenciado.

—Queremos que sufra un rato. A nosotros tampoco nos cae bien, pero ya ve el doctor con su chingada inclusión: que un voto cuenta, que quiere proteger a los pobres... Se me hace que se la quiere chingar —dijo entre risas Paco.

El licenciado no reía; en su mente maquinaba un plan para deshacerse de María, que limpiaba las oficinas gratis, solo por una despensa que debía llegarle de acuerdo con la ley del estado de Michoacán, esas leyes que todos omitían. Ideó la manera de deshacerse de esa muchacha atenta que trabajaba con ahínco.

—Tengo la manera de correr a esa piojosa y ni se va a dar cuenta —dijo el licenciado—. Háganla pasar.

Maru fue por ella y, cuando hubo pasado, le dijeron que se sentara. Quien habló primero fue el licenciado, mientras que Paco y su compañero esperaban el desenlace de lo que estaba por suceder.

—¿Sabes qué le pasó a tu marido? —dijo el licenciado, y sin dejarla responder prosiguió—: No, no sabes. ¿Cómo una persona de tu clase va a saber algo? Pero yo te voy a decir: el doctor lo mandó encerrar porque está enamorado de ti y quiere apartarlo de tu lado para quedarse contigo —hizo una pausa mientras observaba cómo sus compañeros luchaban por contener la risa—. ¿Tú estás enamorada del doctor?

María no contestó. En ese momento tenía sentimientos encontrados: por un lado, ese buen hombre que tanto les había ayudado correspondía a su amor, e incluso estaba dispuesto a separar a su esposo con tal de quedarse con ella; por otro lado, estaba su Pancho, quien estaba encerrado, ese buen hombre que trabajaba todos los días por ella. Estaba confundida, no sabía qué pensar, mucho menos qué hacer; solo bajó la mirada al piso. Era evidente a los ojos de todos que sentía algo por el doctor. ¿Cómo confesarlo? ¿Cómo decirle al mundo que sí estaba enamorada de ese maravilloso hombre? Simplemente guardó silencio.

—Te voy a platicar cómo le vamos a hacer —continuó el licenciado—. Te voy a ayudar a sacar a tu esposo de la cárcel, pero prométeme que no vas a volver a las oficinas de nuestro partido. Si el doctor se entera de que te ayudé, me mandará matar junto con tu esposo, y tú no quieres eso, ¿o sí?

María negó con la cabeza; estaba al borde del llanto. Por amar a un hombre que tanto los había ayudado, su marido estaba en la cárcel, quién sabe cómo. Pensó que el doctor no era tan buena gente después de todo, que mandar encerrar a su marido para quedarse con ella... ¡Qué hombre tan malo! Si él le hubiera pedido que fuera su amante, ella hubiera accedido y nadie se hubiera dado cuenta. Pero ahora tenía que tomar una decisión: ¿salvar a Pancho o quedarse con el doctor? Ahora ella sabía que él también la quería, se lo había dicho el licenciado; y sin embargo, no podía dejar a su esposo. ¿Qué pensarían en su colonia? Que se fue con el doctor solo por dinero. No, tenía que salvar a su esposo, aun a costa de su propia felicidad. Esos sacrificios que se tienen que hacer por las personas que se aman.

—¡DIME RÁPIDO, CHINGAO, QUE NO TENGO TU TIEMPO! —gritó el licenciado.

—Sí, voy por mi esposo —sollozó María, que con un suspiro se despidió de su amor por el doctor.

—Bueno, vete para tu casa, que allá va a llegar. Y acuérdate: no le vayas a decir al doctor que nosotros te ayudamos porque nos manda matar junto con tu esposo —terminó el licenciado.

Cuando salió María, los tres soltaron una sonora carcajada; la habían engañado de la manera más tonta que se puede engañar a una persona.

—Ahora ustedes me van a traer a alguien que haga el aseo gratis, par de alcahuetes —dijo entre risas el licenciado.

# XXXII

La noticia del diario *Panorámico* surtió el efecto que el presidente esperaba. A cuatro columnas en la página principal se destacaba la brillante labor del joven presidente municipal y la manera ruin en que se le impedía ser candidato de nuevo para las elecciones de ese año, haciendo énfasis en el autoritarismo con el que se había impuesto a la candidata de Acción Nacional —esposa del presidente del partido—, sin trayectoria política ni social. Argumentaba además que los militantes del PRD no estaban de acuerdo con tal designación y que exigían que se les tomara en cuenta para designar al próximo candidato. La realidad era que a la militancia jamás se le consultaba nada; la Alianza por México, que unió a partidos de ideologías muy distintas como PAN, PRI y PRD, fue un acuerdo cupular donde se beneficiaron los grandes dirigentes; a los militantes solo los ocupaban en las urnas, no al momento de tomar las decisiones del partido.

A consecuencia del encabezado, el frente se rompió en el municipio de San Mateo; el PAN siguió con su candidata, y el PRD abrió la puerta al debate de quién sería el candidato, el PRI también iría solo. El presidente municipal se frotaba las manos en espera de que lo designaran a él. Mientras tanto, seguía con el trabajo. Temprano, antes de que se iniciaran las actividades en la presidencia, llamó a su chofer:

—Gabi, buenos días. Antes de que te vengas, pasa por cinco canastas de fresa. Vamos a ir a Morelia para cerrar lo de la reelección.

—Sí, está bien —respondió Gabino—. Pero déjame regresar, porque ya iba llegando a la presidencia. De camino a Morelia, los ánimos del presidente estaban por las nubes; se sentía pletórico. Empezó a imaginar que las cosas marcharían mejor. Tres años era mucho tiempo para trabajar por el municipio, sobre todo ahora que no estaría la diputada; les demostraría que sabía gestionar, que el trabajo era suyo.

—Ahora que vamos a competir por la presidencia, vamos a hacer un cambio total en la presidencia. Imagínate, todos los traidores que ya andan coqueteando con los demás partidos —dijo seguro el presidente.

Marcó por teléfono a su secretario particular y le pidió que reuniera a los empleados de mayor confianza para darles a conocer el proyecto de la reelección. Estaba seguro de que ganaría: tenía recursos, tres años de campaña, y la gente que había ayudado le debía pagar con el voto. No imaginaba la derrota bajo ninguna circunstancia.

Cuando llegaron a la sede del partido, había muchos candidatos esperando su turno para pasar con los consejeros estatales. Ellos eran quienes decidían a quién poner y a quién quitar en las elecciones; no tomaban en cuenta a la militancia, ni tampoco qué candidato realizaría un mejor trabajo. Todo se trataba de arreglos, dinero e influencias. Por supuesto que Tarsicio lo sabía; entendía que el poder del dinero estaba por encima de todo. Él no tenía dinero, pero la diputada lo impulsó, lo ayudó y le consiguió la candidatura, cuando él solo no hubiera logrado nada. Siempre, todos los candidatos necesitan algún padrino; él tenía a la diputada, y con ella logró colocarse como candidato, a pesar de no ser el mejor perfil, pero era quien más colaboraría con la corriente en el poder, que en ese momento era lo que quedaba del ex gobernador Silvio Vallejo.

En esta ocasión sería diferente. Era seguro que la diputada se molestaría porque le mandó parar su obra en Los Manantiales, además porque no respetó el frente. Bueno, no tenían evidencias de que él fuera quien mandó publicar el artículo que lo colocaba como el mejor candidato; de lo demás, le diría que era una estrategia para ganar votos, pues en la política las mentiras eran muy habituales entre todos. Era seguro que ella estaría molesta con él, y sin embargo no le interesaba, pues había ayudado a lavar suficiente dinero proveniente de la federación, y el gobernador, que pertenecía MORENA, estaba agradecido con su trabajo —al menos eso pensaba.

Cuando les tocó el turno de pasar con los consejeros, estaba emocionado; entendía que su trabajo le daría continuidad al municipio y que podía pactar varios tratos a largo plazo que le dejarían mucho dinero. Total, en San Mateo a nadie le interesaba lo que se hacía con los recursos públicos, y los que trataban de hacer algo diferente, la misma gente los tachaba de locos y revoltosos.

—¿Tarsicio Yépez? —preguntó una secretaria.

—Sí, yo —respondió el presidente.

—Haga favor de pasar.

Dentro de la oficina, que pertenecía a una casa de seguridad de los mismos allegados perredistas, estaban sentados en una mesa tres hombres que eran los consejeros estatales del PRD, más un miembro del Partido Acción Nacional y del PRI. Se pusieron de pie para saludarlo.

—Candidato, buenas tardes. Le presento a Luis Aureoles, primo hermano del exgobernador y representante de la corriente Foro Nuevo Sol; al señor Carlos Pérez Piña, representante de la corriente ADN; al señor Mauricio Calderón, que viene por parte del partido Acción Nacional; y su servidor, representante del PRD ante el INE —dicho esto, los miembros del consejo se sentaron—. Tome asiento, por favor.

—Buenas tardes —saludó el presidente—. Entiendo que en mi municipio, por el género, tocaba mujer, pero ahora el pacto se rompió en San Mateo y cada partido tendrá su representante. Así que vengo a postularme para la vacante —dijo seguro.

—Las cosas no son tan sencillas —dijo el presidente del consejo—. Estamos reunidos aquí para evaluar la candidatura y hacer lo que mejor convenga a nuestro partido. Entendemos que en un pueblo de tan pocos habitantes es difícil ponerse de acuerdo, pero la Alianza por México es algo que viene desde la dirigencia nacional, así que no vamos a permitir que afecte las relaciones a nivel país —las palabras del presidente del consejo sonaron contundentes.

—Yo estoy de acuerdo con ustedes —replicó el presidente municipal, que empezaba a entender que la suerte no le favorecía.

—Vamos a ser bien claros con usted para que no pierda su tiempo ni su dinero: el INE ha determinado que en el municipio de San Mateo al PRD también le toca mujer —esperó un poco a que sus palabras fueran asimiladas, después finalizó—. A menos de que se haga una operación para convertirse en mujer, usted no podrá competir en estas elecciones por el partido, y como ya pasaron las fechas de registro para candidatos, dudo que pueda competir en estas elecciones.

Tarsicio se quedó mudo. No lograba entender que, siendo el mejor posicionado para ganar la elección en el municipio y posicionar al partido, no le dieran la oportunidad de competir. El PRI le estaba apostando a la reelección con sus presidentes actuales; ¿por qué su partido no hacía lo mismo? Se preguntaba. Sin embargo, no se iba a rendir tan fácil. El poder, cuando está en manos de una persona —como en el caso de los presidentes municipales— duele cuando se ve alejarse; es imposible de soltar. Por eso los legisladores habían votado la reelección.

El presidente jugaría todas sus cartas para poder perpetuarse en el poder, y haría lo que estuviera en sus manos para conseguir otros tres años en la presidencia. Así que dijo:
—¿Con quién tengo que hablar para que me dejen reelegirme? —por más que trató, sus palabras sonaron a súplica.

—Pues aquí estamos los indicados —dijo Pérez Piña una vez que el silencio se volvió incómodo—. Con nosotros. Pero ya te dijimos que no es posible, porque el INE ha determinado que en San Mateo el género es mujer.

—¿De cuánto estamos hablando para que me dejen ser yo el candidato? —dijo insistente Tarsicio, quien de inmediato reconoció que era un error. Lo más normal era invitarlos a comer, ofrecer algunas botellas y, al calor de las copas, solicitarles que lo consideraran a él, ofreciéndoles tal vez algunos cientos de miles de pesos. Pero el tiempo no daba para más; se la tenía que jugar, costara lo que costara.

—¿Qué pasó, presidente? Usted será consejero del partido durante muchos años. No eche en saco roto esta posibilidad insultándonos —dijo el presidente del consejo.

—¡NO ME VENGAN CON PENDEJADAS! —gritó esta vez Tarsicio—. ¿De cuándo acá le hacemos caso al INE? ¡DÍGANME CUÁNTO QUIEREN PARA QUE ME DEJEN SER EL CANDIDATO!

Los cuatro miembros del consejo se quedaron en silencio, mirándose unos a otros, esperando que alguien tomara la iniciativa. Octaviano Campos, el presidente del consejo, ya había recibido una cantidad de dinero por registrar la planilla que presentó el presidente a principios de año; esperó que el presidente municipal no se lo restregara frente a los miembros de esa comisión. Fue Pérez Piña quien tomó la palabra.

—Esa actitud no es digna de un presidente municipal —dijo con pesadez—. Debe darse cuenta, presidente, que en la política el dinero no es lo primero ni lo más importante. Siempre prevalecerán las relaciones y las amistades muy por encima del dinero. En San Mateo toca mujer, no hay manera de ayudarle. Que pase buena tarde.

El presidente entendió que lo habían echado. Las últimas palabras fueron contundentes y no tenía manera de debatirlas; además, estaba lo bastante molesto como para no proponer una solución. Si se quedaba ahí, terminaría retándolos a los golpes, y eso empeoraría más la ya difícil situación. No entendía cómo podía funcionar la política de esa manera. Él era un buen candidato: había hecho más obra pública que las tres administraciones anteriores juntas, había logrado grandes cambios —la creación de varias escuelas públicas nuevas, la extensión de la universidad virtual, la planta de tratamiento de aguas residuales, mejora de calles—. La gente estaba contenta con su actuar y era seguro que ganaría la elección. ¿Por qué no lo dejaban ser el candidato? ¿Por qué se empeñaban en imponer a una doctora que nada sabía de política?

Recordó sus tiempos de secretario particular, cuando, junto con algunos jóvenes inquietos, había formado un frente juvenil que trabajara a favor del pueblo, pues consideraba la política como lo más sucio que podía haber en el mundo. Después lo convencieron de ser el candidato y abandonó sus sueños de cambio. En esos momentos estaba enojado. Había trabajado para el partido, pagaba sus cuotas a tiempo, ayudaba al gobernador contratando sus empresas constructoras y no les pedía más que el acostumbrado diezmo. Otros presidentes municipales habían pedido ser socios de las empresas que tenían y les daban participación; sin embargo, aún se sentía honesto, no era tan ambicioso, y en esos momentos lo lamentaba. Presa del coraje, se prometió que en los pocos meses que le quedaban en la presidencia municipal se dedicaría a hacer dinero para retirarse más rico de lo que ya era. Salió de las oficinas del partido tan enojado que no se despidió de nadie; en la sala había más presidentes municipales y miembros del partido, y se alejó sin siquiera saludarlos. Era notable su molestia.

Su chofer estaba donde se había quedado. Subió al coche y pidió que se alejaran de ahí.

—¿Cómo te fue? —preguntó Gabino.

—Esos hijos de su reputísima madre dicen que toca mujer —dijo con la voz quebrada y lágrimas en los ojos—. No me van a dejar reelegirme.

—¿Crees que aún pueda ser regidor? —preguntó Gabino.

Sin decir palabra, se limitó a mirarlo fijamente. No respondió nada. Entendiendo que era un mal momento para preguntar por alguien más que no fuera el presidente, Gabino continuó la plática mientras se trasladaban por la avenida Camelinas con rumbo a la plaza Las Américas.

—Ahí estaba la diputada. Vi cuando se bajaron de su camioneta; venía con su mamá y algunos miembros del partido de ahí de San Mateo —dijo con voz pausada, como pensando si no estaba mal lo que le diría—. Se bajó su cuñado y empezamos a platicar, ya ves que es bien chismoso el buey ese. Me dijo que la diputada quiere que su mamá sea la candidata y que hoy la venían a registrar.

Al asimilar las palabras de su chofer, empezó a patear el carro con rabia y coraje. Después golpeó con los puños su asiento y gritó dentro del carro tantas maldiciones que terminó por espantar a su viejo amigo.

—¡ESA PINCHE VENTAJOSA! —gritó el presidente con rabia—. ¡POR SU CULPA NO PUEDO SER YO EL CANDIDATO! ¡MALDITA VIEJA! ¡OJALÁ TE PUDRAS EN EL INFIERNO, MALDITA VIEJA! —Mientras decía eso, la saliva le escurría de su boca; era presa de un coraje que bien podría haber destrozado el carro si se lo hubiera propuesto.

Gabino buscó un lugar para estacionarse. Esperó a que se le pasara el coraje para seguir con la marcha, y mientras tanto se quedó en silencio, viendo cómo su patrón chillaba de coraje. Una vez que se le pasó, cuando había transcurrido casi media hora, fue Tarsicio quien rompió el silencio.

—¿Qué más te dijo su cuñado?

—Pues que, ya que se había roto el frente en San Mateo, iban a poner una candidata para que ganara las elecciones. ¿Quién más que su mamá, que entendía más de política que la misma Antonia? —dijo temeroso Gabino.

—¿Y a quiénes serán sus regidores? ¿No te dijo? —preguntó de nuevo Tarsicio.

—Sí. Trae a una maestra que trabaja contigo en Los Adobes, a su prima hermana que trabaja en el DIF, a la presidenta del partido... y a un muchacho que es de San Francisco del Monte; es el único que no está en la presidencia.

—Vamos a ir viendo. Si la puta de la diputada quiere guerra, entonces guerra le vamos a dar.

El coraje se notaba en cada palabra del presidente, que hasta ese momento no se había dado cuenta de que el culpable de tal situación había sido él mismo por querer ser más que la diputada.

—Vamos a tragar, que del coraje me dio hambre. Mientras, vamos pensando cómo le vamos a hacer para dejar en ridículo a su madre —dijo el presidente, que estaba dispuesto a empezar una guerra política con su predecesora.

# XXXIII

Chuy estaba sentado en el pasto frente a su cabaña, vestido con su traje de bodas y con una rosa en la mano. Frente a él estaba Alina, su esposa, que lucía un elegante vestido blanco muy escotado para su gusto, pero se veía hermosa. Reían por ciertas cosas que ella había contado y disfrutaban un momento agradable. En el columpio cercano jugaban sus niñas, que reían cada vez que se balanceaban en la llanta. Todo era felicidad y alegría. Entonces, Chuy ofreció la rosa roja que tenía en la mano a su esposa, y ella la contempló sin tomarla.

—Es muy lindo de tu parte —dijo ella—, pero no puedo aceptarla —. Su mirada era dulce, tierna y amorosa.

—¿Por qué no? —preguntó Chuy—. Yo te amo.

—Eres un buen hombre, Jesús, pero yo no te merezco. Tú mereces una mujer que te quiera y te valore; yo estoy enamorada de otro hombre —. Mientras decía eso, apareció su cuñado, que la abrazó y le dio un beso en la boca.

Chuy se molestó; no entendía cómo podía amar a otro hombre si él le había dado todo. Parecía que ella leía sus pensamientos, así que dijo:

—Eres un buen hombre, pero algunas mujeres necesitamos algo más. Tú no mereces que te engañen, así que me tengo que ir. Sé feliz y no olvides que te quiero mucho —. Dicho esto, Alina se acercó para abrazarlo y le dio un beso, el cual Chuy recibió con gozo. Sus labios se unieron en un beso de amor y despedida que significó mucho para él. Cuando posó sus manos sobre ella, notó que estaba desnuda; su dolor se transformó en excitación y comenzó a besarla apasionadamente, a lo que ella correspondió de la misma manera. Tocaba sus pechos desnudos y sus pezones duros, y entonces notó algo diferente: sus pechos eran más pequeños, pero más firmes, y su piel tenía un aroma distinto. Confundido, abrió los ojos y se sorprendió al ver a la licenciada Itzel desnuda sobre él, en el mismo lugar donde había estado Alina. Sorprendido, apartó sus labios de la joven licenciada y buscó con la mirada a su esposa, pero no la encontró. En su lugar, vio a sus hijas enfadadas porque estaba besando a otra mujer que estaba desnuda. Itzel se montó sobre sus piernas, puso sus manos en su cuello y comenzó a besarlo apasionadamente. Convencido de que estaba mal lo que hacía, intentó apartarse de ella, pero sus manos no lo dejaban. Entonces escuchó un ruido extraño que se hacía cada vez más cercano e insoportable, hasta que abrió los ojos y vio que su despertador sonaba sobre la mesa de noche. Todo había sido un sueño.

Apagó el despertador y se quedó en la cama, dubitativo, tratando de comprender su sueño. No entendía por qué su esposa se había transformado de pronto en la licenciada Itzel. Era verdad que había notado cierto interés en ella; lo había visitado una vez para hacerle preguntas tontas que a él le molestaron, pero no había pasado de ahí. Después de la visita, y entendiendo que era necesario llevarse bien con las autoridades, le había correspondido llevándole varias canastas con los frutos que cosechaba en sus parcelas. Lo hizo con la intención de que le ayudaran a resolver su caso, pero ella se mostró muy emocionada por el gesto. Recordó que en esa ocasión ella llevaba una blusa de tirantes sin sostén, con los pezones duros y los pechos firmes; de ahí los recordaba, aunque no sabía por qué los había imaginado tocándolos. Lo de su esposa no le extrañaba; hubiera querido que desde el principio ella fuera honesta y le dijera la verdad. Ahora entendía que simplemente no lo quería. De ella no sabía nada; habían pasado tantas cosas desde la última vez que la vio en la presidencia, hacía casi dos meses, que apenas recordaba cómo era.

Se levantó y fue a ver a sus niñas, que dormían en el cuarto del fondo. Las encontró, como todas las mañanas, descubiertas y con la boca y los ojos entreabiertos. En la mesita de noche encontró el libro que les leía en las noches: *Momo*, de Michael Ende, donde la tortuga Casiopea guía a Momo hacia el maestro Hora. Se imaginó que era algo muy habitual en las personas: darle mayor importancia al trabajo que a la familia, "y después nos quejamos de que la sociedad está descompuesta", se dijo para sí.

Encendió el televisor y en las hablaban de la importante ventaja de la Doctora Claudia sobre sus demás competidores, Xóchitl Galván de ridículo en ridículo y Álvaro Máynez en un lejano tercer lugar. Era el 17 de mayo de 2024 y todos comentaban que el porcentaje de votos que tenía podría ser decisivo para que el segundo lugar.

No le dio importancia a la noticia y se alejó a preparar el desayuno para sus niñas. Estaba exprimiendo las naranjas para el jugo cuando sonó el teléfono de su casa; eran las siete y media. Imaginó que sería alguna promoción o algún número equivocado, nadie le llamaba a esa hora. De hecho, nadie usaba ya el teléfono fijo; lo había contratado su esposa hacía algunos años, cuando el teléfono de casa era más barato que el celular. Respondió y escuchó atento.

—Buen día, ingeniero —dijo la voz de una mujer—. Soy Itzel, ¿se acuerda de mí? —preguntó con voz coqueta al otro lado de la línea.

—Claro que sí, licenciada. ¿En qué puedo servirle? —respondió Chuy.

—Ay, no me digas licenciada, dime Itzel mejor. Ya habíamos quedado en eso.

—De acuerdo, Itzel. Muy buenos días, ¿cómo amaneciste? —siguió el juego Chuy.

—Muy bien, ¿y tú qué tal? —preguntó ella.

—También muy bien, gracias —y guardó silencio, entendiendo que la situación seguiría un camino que no lo llevaría a buenos términos si continuaba por ahí.

—Mira, no te quito tu tiempo. Solo quiero preguntarte si es posible que te vea hoy —preguntó ella.

Chuy no entendía la situación; ella estaba siendo muy directa y le gustaba provocarlo. Desde su visita a su casa para llevarle algunas cajas de sus cosechas, ella le mandaba mensajes a su celular: le deseaba buen día y buenas noches, le preguntaba cómo estaban las niñas y qué haría para comer. Chuy, por su parte, se limitaba a responder en algunas ocasiones; a veces iba más allá y le respondía muy amablemente, le hacía bromas y le agradecía que se interesara por él. Sin embargo, no quería nada serio por el momento; era muy poco el tiempo que había pasado desde que encontró a su esposa con otro, y no pensaba que fuera capaz de amar a nadie de la misma manera. No quería comprometerse, pero entendía que, si era necesario acostarse con la licenciada con tal de que sus hijas se quedaran con él, sería un sacrificio que tendría que hacer.

—Mmm, ¿sí? Creo que sí —titubeó él.

Del otro lado de la línea se escuchó una risa burlona.

—No es nada malo, solo quiero entregarte los documentos del expediente que te dan la patria potestad de las niñas y los trámites de tu divorcio ya concluidos —dijo Itzel, y agregó—: Ahora sí serás libre. Si no tienes tiempo hoy, puede ser otro día. Chuy respiró aliviado.

—Claro que sí. Hoy no puedo, pero paso en la semana. ¿A qué hora puedo encontrarte? —preguntó emocionado.

—Mira, que ahorita con esto de la campaña andamos muy atareados, pero, ¿qué te parece a las cuatro?

—Sí, a esa hora está bien. ¿Voy a ver a Alina? —dijo él—. Es decir, ¿va a firmar algo o ya no la voy a encontrar ahí?

—No, ella no está citada —ahora parecía molesta su voz—. Pero si quieres buscarla, es tu problema.

—No me refería a eso; lo que pasa es que a esa hora no tengo con quién dejar a las niñas, y si va a estar ella, no quiero llevarlas. Pero si no estará, puedo pedirles que me acompañen —explicó—. No me malinterpretes, por favor.

—Mire, ingeniero, a mí no me tiene que dar explicaciones de nada, eso que quede claro —ahora lo llamaba de nuevo "ingeniero".

—Mira, Itzel, no era mi intención hacerte sentir mal.

—¿Y qué derecho tengo yo de sentirme mal? Es más, ¿por qué iba a sentirme mal? —dijo Itzel desafiante.

—Porque has sido muy buena conmigo: te has preocupado por mí, me has ayudado, me has acompañado y estoy en deuda contigo —el sentimiento de Chuy en esos momentos era de gratitud hacia ella—. Quiero invitarte a comer. ¿Me permites o estás muy ocupada?

—No tienes nada que agradecerme, solo hice mi trabajo —agregó ella.

—Por favor, permíteme invitarte a comer —suplicó Chuy.

—Déjame pensarlo. Tal vez me ocupen en el partido; vemos cuando vengas —finalizó ella.

—Muy bien, muchas gracias. Una pregunta más antes de que cuelgues.

—¿Sí? Dime —dijo ella, cortante.

—¿Tengo que llevar el dinero? Lo que me pidieron de cuota para que me ayudaran

—Chuy temía que sus palabras ofendieran a la licenciada.

—Mira, yo hago mi trabajo por un salario; de arreglos no sé nada. Eso puedes verlo con el síndico —dijo ella, y agregó—: Yo te recomiendo que no les des nada; acá en el partido traen un desastre y veo muy difícil que usen tu dinero para algo bueno. Mejor haz como que se te olvidó; al fin, tu caso ya está resuelto.

—Gracias, has sido muy buena conmigo, no sé cómo pagarte.

—Hola, papi, ¿con quién hablas? —dijo una voz a sus espaldas.

—¿Ya se levantaron tus niñas? —preguntó Itzel.

—Sí, ya están aquí —sonrió Chuy.

—Pues yo te dejo, que tengas un lindo día. Nos vemos en la tarde —se despidió Itzel.
—Gracias, igualmente —dijo él.

# XXXIV

Los vecinos organizados de Los Manantiales viajaron ese día a Morelia para presentar las demandas necesarias contra quien resultara responsable del daño ecológico al manantial. Habían confiado en la presidencia y lo habían dejado en sus manos; al principio, las autoridades trabajaron con ahínco, pero cuando el presidente municipal se convenció de que no participaría en la reelección, los trámites desde la presidencia se dejaron abandonados y este se dedicó a desviar el poco dinero que llegaba al municipio. Si ellos querían un cambio, era necesario que actuaran por su cuenta, ya que nada podían esperar de la actual administración, ni de la siguiente, ni de ningún político en particular.

En la camioneta blanca de David viajaban sus compañeros de lucha social, amigos y socios en varios negocios: Martín, Jacinto, Gael, Lázaro, Armando, Leonel, Silvio, Lalo y Dylan, quienes estaban dando otro rostro a la economía de la región. Entre las empresas que tenían como socios, había una procesadora de frutas y verduras que transformaba la materia prima en mermeladas, salsas y frutas en almíbar. Les había costado trabajo organizarse, como a todos, pero una vez que se unieron y dejaron de lado sus diferencias, lograron iniciar una de las empresas más exitosas de la zona. También tenían un criadero de conejos, de truchas, y su labor de la cual estaban más orgullosos: una biblioteca pública virtual que daba acceso a una gran cantidad de libros de todas las especialidades. Ahora tenían frente a ellos un reto enorme: defender las riquezas naturales de su región. Quizás así lograrían dejar huella para las futuras generaciones.

Algunos de ellos habían sido invitados a formar parte del partido político MORENA, en el que participaba un ingeniero muy capaz de Irimbo; sin embargo, cuando cambiaron el requisito de género para que la candidata fuera una mujer, el movimiento se vino abajo. El ingeniero continuó intentando con el Partido del Trabajo y después con el Partido Encuentro Social, pero, al ver el caso perdido, mejor se alejaron de la política para seguir su camino por otros medios. Habían llegado a la conclusión de que un partido político, por mucho que hiciera, no lograría erradicar el analfabetismo, la pobreza, la falta de empleo y la marginación en el municipio; se necesitaba más tiempo, más recursos y una visión a largo plazo para mejorar su entorno. Convencidos de que lo lograrían a largo plazo, continuaron con su trabajo.

Ese día en Morelia presentaron la demanda en la CONAGUA. El primer pretexto que les pusieron fue que, como representantes de la comunidad, no podían presentar la demanda conjunta; solo uno de ellos podía hacerlo. David fue el responsable de llenar el formato, integrar el expediente con las fotos, firmas, demandas e incluso el acta de cabildo con los acuerdos pertinentes. Preguntaron si alguien más había presentado otra demanda, y la respuesta fue negativa: el ayuntamiento en turno no había hecho nada respecto a las promesas que habían firmado.

Visitaron la Comisión Nacional de los Derechos Humanos (CNDH), y el argumento por el que no pudieron ayudarlos fue que esa instancia solo puede sancionar a servidores públicos federales que incumplen. Les prometieron que, si la CONAGUA no prestaba atención a sus quejas, ellos se encargarían de presionar, y les recomendaron acudir a la Comisión Estatal de los Derechos Humanos para presentar una queja en contra del ayuntamiento de San Mateo.

En la Procuraduría Ambiental les argumentaron que no podían actuar porque estaban en tiempos de campaña electoral, y que acudirían a realizar una inspección hasta después de los comicios. Aceptaron la demanda, y esta vez fue Jacinto quien quedó como demandante, dejando nuevamente copias del expediente reunido y proporcionando información sobre coordenadas y referencias geográficas para la inspección. En ese punto, los ánimos de los ahora activistas sociales estaban por los suelos; nadie parecía escuchar sus peticiones, y la desesperación se hacía notar en sus rostros.

En las oficinas de la Comisión Estatal de los Derechos Humanos les dieron las pautas para presentar una queja: debían hacer un escrito dirigido al presidente municipal o a cualquier servidor público, y si este no respondía en un plazo de diez días hábiles, deberían dirigirse al contralor interno. Si este tampoco respondía, tendrían derecho a notificar a la Contraloría del Estado, y si aun así no había respuesta, entonces podrían acudir con ellos para presentar la demanda, pero esta vez en la oficina correspondiente a su jurisdicción, ubicada en la ciudad de Zitácuaro.

Llegado a este punto, David sí explotó. Era visceral y en ese momento tenía toda la razón: habían visitado cuatro oficinas en un día, todas de diferentes dependencias, y en ninguna parecían entender lo que sucedería en la tenencia de Los Manantiales si continuaba la deforestación. David, con base en argumentos sólidos, trató de hacer ver que no solo una comunidad dependía de su ayuda. El licenciado de la oficina de derechos humanos, excusándose en que no era de su competencia ni obligación, los despidió.

Visitaron también el Palacio de Gobierno, hablaron con el secretario particular del secretario de Gobierno, quien les pidió que presentaran la queja. Fue muy amable con ellos, pero no lograron nada.

Llamaron también al Departamento de Impacto y Riesgo Ambiental del estado para pedir ayuda, y lograron orientación y la promesa de que darían seguimiento al caso, pero nada más.

De camino de regreso al municipio de San Mateo, hambrientos, decepcionados y molestos, discutían entre ellos las posibles soluciones que quedaban.

—No nos va a quedar otra que agarrar nuestras cositas e irnos a vivir a otro lado —dijo Armando.

—¡Ni madres! Por gente como esa las cosas siempre son iguales. Vamos a defendernos a como dé lugar —intervino Lalo Baños.

—Pero estás viendo que las autoridades no hacen nada, David —dijo Martín—. Tenemos todo el día perdido y sin tragar, ¿y qué logramos?

—Hay una posibilidad —intervino Jacinto—. Podemos hacer lo que hicieron en Cherán: nos levantamos en armas, ¿qué nos queda?

—La gente no jala —dijo Leonel—. A ver, hay gente que ni siquiera nos apoya en esto. Si queremos hacer algo grande, nos van a correr del pueblo.

—¿Entonces nos quedamos cruzados de brazos esperando que destruyan nuestro ecosistema? —intervino Dylan.

—Yo creo que ahorita andamos enojados todos —habló de nuevo Martí—. Mejor vamos a dejar de lado este tema hasta que nos enfriemos, y mientras vamos por unas cervezas y unas tortas.

—Sí, vamos a pararnos a comer algo, porque ya tengo hambre —dijo Jacinto.

Dejaron de lado el tema y se pusieron a hablar de cómo Claudia transformaría el país, pero como había diferencia de opiniones, estaban molestos por el mal día y porque no habían ingerido alimento en todo el día, dejaron también ese tema de lado.

Se pusieron a hablar de fútbol, resaltando las características de los grandes jugadores de Europa, y hasta ese momento, antagonistas en la lucha por el Balón de Oro de la FIFA: Lionel Messi y Cristiano Ronaldo. Hicieron apuestas para ver quién de los dos llegaría al mundial de México 2026, y estuvieron de acuerdo en que la selección mexicana no conseguiría el quinto partido aun así juntarían dinero para ir a ver a sus ídolos.

Después de comer, salieron del restaurante con rumbo a su comunidad. El coraje y la desesperación seguían presentes en ellos. Fue David quien habló:

—Anímense, no pasa nada. Vamos a seguir trabajando en lo nuestro. La política es un mal que debemos erradicar de nuestro pueblo; no será fácil, pero juntos podemos hacer las cosas diferentes.

—¿Cuándo vamos a conseguir arbolitos al CBTF para reforestar el manantial? —habló esta vez Gael—. Si ellos tiran un árbol, nosotros vamos a plantar diez —dijo emocionado. —Vamos mañana de una vez, ¿cómo ven? —preguntó David.

—Sí, vamos —dijeron al unísono todos.

Tenían un nuevo proyecto que iniciar, algo nuevo que hacer. Emocionados, el corazón regresó a ellos. Trabajarían en la reforestación de la zona que habían dañado e invitarían a más gente a hacer lo mismo. Era un buen proyecto el que iban a iniciar. Regresaron con más ganas de las que se fueron; revertirían las cosas.

# XXXV

El presidente municipal estaba en casa de la candidata a síndico por parte del PRI, esperando a que llegara el doctor Óscar. Mientras tanto, la joven candidata a síndico le preguntaba cómo era el trabajo de la sindicatura en la presidencia, pues la planilla que competía por esta elección estaba entre las más jóvenes del estado: hombres y mujeres muy preparados, pero carentes de experiencia política, deseaban hacerse del cargo público para darle un giro a su olvidado municipio de San Mateo.

La candidata a síndico vivía en la comunidad de Los Barros, la tenencia más grande del municipio, de donde había sido director de la clínica el doctor Óscar, candidato a presidente municipal por parte del PRI. Él, contrario a lo que sucedía a nivel nacional, en el municipio estaba en la cima de las encuestas, con el triunfo casi asegurado al contar con más de dos votos de cada diez. El presidente municipal, que en algún momento buscó la reelección y que, por caprichos de la diputada de su partido —ahora candidata a diputada federal— no logró quedarse con la candidatura, estaba dispuesto a hacer un trato con el crítico más duro que había tenido en su gestión, para afectar a quien en otros tiempos había sido su apoyo y mentora.

Cuando hubo llegado, se saludaron de mano y se sentaron en la sala de la candidata a síndico, Helen, e iniciaron la conversación.

—Usted dirá, presidente —dijo el doctor Óscar—. ¿Para qué somos buenos? El presidente, en esos momentos, sentía repulsión por quien lo había criticado duramente en la actual administración, diciendo que se había robado los setenta millones de pesos prometidos para el mejoramiento de la unidad deportiva de la cabecera municipal. Debía guardarse sus sentimientos para salvar el pellejo y, además, para perjudicar a quien había ocupado su lugar al frente del partido.

—Pues quiero llegar a un acuerdo contigo para que le ganes a la mamá de la diputada —dijo con voz seca, y recordó que, de ser él el candidato, el doctor no tendría oportunidad de competirle. Al recordar eso, sonrió satisfecho.

—¿Qué quieres acordar conmigo? —respondió tajante el candidato puntero de las encuestas. —Te voy a dar lana para tu campaña a cambio de una única posición en la presidencia —ofreció Tarsicio.

—¿Quieres comprarme un puesto de trabajo? —amenazó Óscar.

—No, quiero asegurar que no vas a hacer una cacería de brujas cuando llegues a la presidencia — ofreció Tarsicio—. Ya ves que doña Obdulia dice que soy un vendido y un traidor porque no ayudé al pueblo, y que me va a hacer una auditoría.

—Muy bien, ¿cuánto es lo que me ofreces para mi campaña? —preguntó el doctor.

—Quiero que dejes a la encargada de normatividad en la presidencia, al menos por dos años —hizo una pausa para estudiar su rostro y prosiguió—, y quiero que le mantengas el salario que tiene ahora. A cambio, te voy a dar trescientos mil pesos para tu campaña.

—A ver, la encargada de normatividad es un puesto delicado; es quien decide con quién hacer contratos y con quién no —dijo dubitativo—. No creo que me convenga, ¿y si desde dentro sigue trabajando para ti?

—Solo cuidará que no vayas a hacerme una auditoría; es lo único que le encargo. De ahí en adelante, si hace mal su trabajo, el contralor puede llamarle la atención, incluso ponerle una multa —finalizó Tarsicio.

—¿Y si no gano yo las elecciones? —preguntó Óscar.

—También te puedo ayudar con ello —presumió el presidente—. Como sabes, tengo gente que me sigue y que votará por quien yo le diga. No queremos ir con los de Encuentro Social, pero ya te pisan los talones.

El candidato de Encuentro Social, el ingeniero Rodrigo Villoro, había alcanzado un grado de popularidad sin precedentes en la historia del municipio, colocándose en segundo lugar en las encuestas —y eso con un partido que nunca había competido allí. Los mismos poderosos se habían encargado de desarticularlo; de haberlo dejado competir con MORENA, su triunfo habría estado asegurado. Sin embargo, la estrategia era buena y les había funcionado. Mateo, el activista de MORENA, logró cambiar el requisito de género del candidato una vez que Rodrigo le ganó la candidatura. No contento con eso, convenció a una de sus regidoras, que atraía bastantes votos, de que fuera la candidata, y ella aceptó, quedando él como candidato a síndico y desfondando así el proyecto del ingeniero, que era uno de los mejores para el municipio.

—¿Cuántos votos traes? —preguntó de nuevo el doctor.

—Calculo unos doscientos seguros, más los que podamos sumarte —aseveró el presidente—. Pero esto debe quedar entre nosotros. Afuera debo afirmar que apoyo a la mamá de la diputada. ¿Estamos de acuerdo?

—Sí, estamos de acuerdo, ¿verdad, Helen? —preguntó el candidato.

Se dieron la mano en señal de que quedaban de acuerdo, y se retiró el presidente, dejando a los futuros gobernantes en la sala afinando los detalles de su campaña.

# XXXVI

Después de recibir los documentos que acreditaban que Jesús tenía la patria potestad de las niñas y los trámites del divorcio que lo separaban legalmente de Alina, sintió que las emociones se le anudaban en el estómago.

La licenciada Itzel notó su tristeza y dijo:

—Si gusta, podemos dejar la comida para otro día—.

—No creo que sea necesario, además tengo hambre —dijo sonriendo Chuy—. Si gustas, te puedo esperar.

—No, ya salí. No es necesario, solo déjame ir por mi bolsa —respondió.

Entró a la oficina por su bolsa y su saco y salió con prisa. Hasta ese momento, Chuy no se había fijado en lo linda que era. Vestía elegantemente con una blusa blanca y un pantalón gris que la hacían ver muy formal. Cuando subieron a su nueva camioneta, notó que llevaba un botón desabrochado que dejaba ver su escote y el brasier; imaginó que lo había hecho a propósito y se sonrojó. Sin embargo, lo olvidó rápidamente al ver la dulzura con la que trataba a sus niñas. La camioneta, una Toyota Hilux 2.7 color gris, la había sacado de agencia, nuevecita. Se la compró una vez que se enteró de que estaba divorciado, queriendo demostrarle a su exesposa de lo que se había perdido. Itzel estaba maravillada con la camioneta, que incluso tenía aroma a nuevo.

Llegaron al restaurante en el municipio vecino, ya que San Mateo carecía hasta de ese tipo de negocios. Bajó de la camioneta y Jesús tuvo que abrir la puerta de Itzel, cosa que le dio pena, pero lo hizo ver caballeroso. Entraron al restaurante y se colocaron en una mesa al fondo, pegada a la pared. Las sillas eran de plástico rudimentario, pero el restaurante era de los más prestigiosos que había en la ciudad. Estaba adornado con tiburones y pescados propios de los guisos que vendía; el aroma a ajo y condimentos impregnaba el ambiente, lo que hizo que el estómago de Chuy produjera ruidos propios del hambre.

Ese día Chuy se había vestido elegantemente, con unos zapatos lustrados a la perfección, un pantalón de mezclilla y una camisa a cuadros que llevaba perfectamente metida en la cintura, dejando ver su cinto negro que hacía juego con los zapatos. Sus niñas vestían dos vestidos floreados de colores vivos, unos huaraches elegantes y un peinado que consistía en una trenza con torcidos que hacía lucir su largo y negro cabello, y que fue el motivo de conversación.

—¿Las llevaste a una estética, verdad? —preguntó divertida Itzel.

—No —respondió tranquilo, mientras observaba el elegante peinado que llevaban ambas—. No es necesario.

—Mi papá nos peina —dijo Michel—. Siempre nos ha peinado y no nos jala. Mi mamá sí nos jalaba y nos pegaba.

—Pues su papá sabe hacer peinados muy bien —dijo Itzel, mientras acariciaba el cabello de Yuri.

Estaban absortos en los peinados cuando se acercó la mesera a dejarles las cartas. Un grito los sacó de su ensimismamiento.

—¡ASÍ QUE ESTA ES LA PUTA CON LA QUE ANDAS! —gritó Alina, al tiempo que arrojaba las cartas al rostro de Chuy—. ¡POR ESO TANTO INTERÉS EN QUE FIRMARA EL DIVORCIO, PINCHE PUTA! —.

Y se abalanzó sobre Itzel, tomándola por sorpresa mientras esta estaba sentada. Chuy, presa de la impresión, no entendía lo que pasaba y se limitó a tomar a sus niñas con un movimiento rápido. Después tomó a Alina de la cintura y la levantó del suelo, donde estaba encima de la licenciada. En ese punto, varios meseros y el personal de seguridad estaban listos para intervenir; los comensales interrumpieron su comida para observar la escena. Uno de los cocineros se acercó a Chuy, le quitó a Alina de las manos y lo empujó contra las mesas. Chuy se limitó a levantar a Itzel y la colocó detrás de él, protegiéndola de los golpes de Alina, mientras abrazaba contra sus piernas a sus dos hijas, que, espantadas por el espectáculo y porque su mamá estaba peleando, empezaron a llorar. Mientras tanto, Alina gritaba y amenazaba a la licenciada, quien, espantada, se limitaba a tratar de entender qué sucedía.
El dueño del restaurante pidió que se llevaran a Alina del lugar y se quedó con Chuy, Itzel y el jefe de meseros.

—¿Qué fue lo que pasó aquí? —preguntó el dueño, que era un señor de edad.

—No lo sabemos —respondió Chuy—. Estábamos por ordenar cuando llegó la señora, nos aventó las cartas y se lanzó a los golpes —dijo, y preguntó—: ¿Así tratan a todos los comensales?

—¿Ustedes la conocen? —preguntó el jefe de meseros.

Itzel y Chuy se miraron uno al otro. Fue ella quien rompió el silencio.

—Sí, ella es la esposa del señor. Yo soy licenciada y trabajo para el ayuntamiento de Irimbo —dijo, en un tono que pretendía ser convincente—. Venimos por motivo de trabajo.

—Pero jamás pensamos que ella estaría aquí; de otra manera no hubiéramos venido —se defendió Chuy—. Pero mejor nos vamos, no queremos causar problemas —agregó.

—No, por favor —intervino el dueño—. Qué impresión se van a llevar de nuestro restaurante. Quédense y procuraremos la mejor atención para ustedes.

—No me sentiré a gusto —agregó ella—. Mejor vámonos.

Tomaron sus cosas y, de la mano de las niñas, se alejaron del restaurante, jurando para sus adentros no volver nunca más.

De camino a San Mateo, Chuy le pidió disculpas por lo ocurrido:

—Lo lamento, no pensé que fuera a estar en ese restaurante —dijo sinceramente, y agregó—: Perdóname.

—No te preocupes, la culpa fue mía por ser tan insistente con ella; la presioné demasiado para que firmara.

De camino a casa, las niñas estaban recargadas en las piernas de Itzel, que las llevaba abrazadas. Era notable que necesitaban amor de madre. Chuy era un padre ejemplar y las cuidaba lo mejor que podía; sin embargo, ellas buscaban algo más: esa figura materna que las inspirara a ser femeninas.

—Papi, tengo hambre —dijo Yuri.

—Vamos a comer a la casa —le respondió Chuy—. ¿Quieres unas quesadillas?

—Quiero papas a la francesa —agregó divertida—. ¿Podemos invitar a Itzel a comer?

—preguntó Michel.

—Sí podemos, si ella acepta, claro —completó Chuy.

—¡Claro que acepto! —respondió ella de inmediato—. Será un placer.

Llegaron a la casa y bajaron de la camioneta; las niñas de inmediato se metieron corriendo al jardín, donde florecían las hermosas rosas rojas que tanto le gustaban a Itzel. Cuando entraron, Chuy se fue directo a la cocina a preparar la comida. Itzel se apresuró a ayudarle, pero él se incomodó:

Eres mi invitada hoy, permíteme hacerte olvidar el mal rato —agregó—. ¿Quieres una copa de vino, jugo de zarzamora, refresco?

—¿Qué me recomiendas tú? —preguntó ella.

—Un vaso de vino tinto con jugo de zarzamora, casero por supuesto —sugirió. —De acuerdo, eso tomaré —respondió mientras cruzaba las piernas.

Sacó cuatro vasos y los llenó de jugo de zarzamora; en dos de ellos vertió vino tinto y le ofreció uno a ella. En ese momento se acercaron sus hijas y tomaron el jugo apresuradamente, pidiendo más. Llevaban unas muñecas hermosas que les había comprado su papá, vestidas de manera vistosa con ropas de colores que parecían de confección casera.

—Mira las muñecas que me compró mi papá —se acercó Michel, y Yuri también mostró la suya—. Él las peina y las viste, también les hace vestiditos —agregó sonriendo.

—¿Tú haces todo esto? —preguntó ella, sorprendida, pues cada momento la maravillaba más ese hombre.

—Cuando tengo tiempo, únicamente —dijo sonriendo.

Mientras preparaba la comida, Itzel lo observaba atenta. Imaginaba sus brazos fuertes y delicados, que cuidaban de esas frágiles niñas. Cuánto amor había en ese hombre, y su esposa no había sabido valorarlo. Se prometió que, pasara lo que pasara, ella estaría ahí para él siempre. No importaba si él no la quería o si era demasiado respetuoso con ella; si había oportunidad, podría hacer una vida a su lado.

Terminó de hacer la comida de las niñas: papas a la francesa, que ellas adoraban, y que les sirvió después de que se comieran un plato de ensalada de verduras. Para ellos sirvió la misma ensalada y chiles morrones rellenos que ya tenía preparados, acompañados con sopa de arroz blanco. Para beber, jugo de zarzamora para las niñas y, para los adultos, el mismo jugo mezclado con vino tinto.

Durante la comida estuvieron atentos a que las niñas comieran. Incluso cuando Chuy les daba "avioncitos" de sopa de arroz, a Itzel se le llenaban los ojos de lágrimas de felicidad. *"Estoy ante el hombre más maravilloso del mundo"*, se dijo para sí, y decidió aprovechar esa oportunidad para acercarse más a las niñas. Decidió darles de comer de la misma manera que lo hacía él. Las niñas no la rechazaron e, incluso, se le acercaban a abrazarla. Sintió afecto por ellas y observó con ternura la cara de sorpresa de Chuy. Era obvio que no esperaba que fueran tan receptivas con la licenciada, sobre todo después de lo que acababan de presenciar con su madre.

Cuando terminaron de comer, las niñas se fueron a la sala a ver las caricaturas, mientras Itzel y Chuy terminaban de comer. Ella aprovechó la situación para sentarse a su lado y ofrecerle de comer de la misma manera que a las niñas, gesto que Chuy no rechazó.

—¿Has pensado en casarte de nuevo? —rompió el silencio Itzel.

—Creo que es muy pronto para esto —dijo él apenado, no pensó que tocaría el tema—. Quiero dedicarme a cuidar a las niñas, además, ¿quién se fijaría en mí con ellas?

—Pues hay muchas que matarían porque las invitaras a comer —dijo coqueta—. Yo, por ejemplo —añadió sin inhibiciones y mirándolo fijamente a los ojos.

La mirada de ella y su blusa blanca desabotonada a medio pecho, que dejaba ver parte de su piel, hicieron que un escalofrío recorriera su cuerpo entero. Estaba empezando a excitarse y no quería comprometerse tan pronto con alguien. Ella, aprovechando ese momento de vacilación, se acercó y le robó un beso que él no respondió, alejándose luego apenada y molesta.

—¿A qué le temes? ¿Por qué no aceptas que tu vida debe continuar? —preguntó atónita. —Perdóname, lo siento —se disculpó Chuy—. Eres una linda mujer, eres atenta, me has ayudado bastante, no quiero que te alejes de mí, no lo malinterpretes por favor, pero no quiero hacerte daño —y bajó la mirada a su vaso de vino.

—Soy consciente de lo que hago —se defendió—. Las decisiones que tome, si me afectan, son mías; solo yo soy la responsable de ellas, así que no te preocupes —e intentó besarlo de nuevo.

Esta vez Chuy no solo respondió el beso, sino que la abrazó y probó en sus labios el sabor inconfundible de la zarzamora tibia. Le gustó y la estrechó entre sus brazos, pudo sentir sus pechos firmes y la respiración agitada de ella, que bajó el brazo hacia la entrepierna de Chuy. Él, en cuanto sintió su contacto, se levantó de la silla y se alejó de ella.

—Por favor, lo siento, pero no puedo, es algo muy difícil para mí —dijo apenado.

—No, perdóname tú a mí —intentó que no se sintiera tan culpable Chuy—. Me precipité, lo lamento, seré paciente.

—Tengo que contarte qué sucedió; has sido muy amable conmigo y mereces saber que le tengo miedo a hacer el amor —dijo con la cabeza baja y los ojos llenos de lágrimas.
—Ven, siéntate —le invitó Itzel—. Cuéntame, ¿qué pasó?

Y le contó la historia de cómo encontró a su exesposa, cómo llevaba desde que nació su segunda hija sin hacer el amor, de cómo lo habían usado para hacerle creer que él era el papá, y de la manera terrible en que estuvo a punto de terminar con todo cuando los encontró en la cama.

—Creo que después de que sepas esto no voy a volver a mirarte a los ojos —finalizó Chuy.
—No te preocupes —lo consoló ella—. Yo te entiendo. Y, ¿no te ha vuelto a buscar tu cuñado?

—No, lo vi una vez en la presidencia cuando fui por primera vez; desde ahí no he vuelto a verle —sentenció Chuy.

—¿No tienes miedo de que algún día te busque para intentar una venganza?

—No, él es muy miedoso, dudo que haga algo al respecto —aseguró de nuevo Chuy.

—Pues no deberías estar tan confiado, ya ves cómo están las cosas ahorita.

—Sí, lo tomaré en cuenta —dijo pensativo—. A propósito, debo llevarte a tu casa antes de que estas niñas se duerman; después no tendré con quién dejarlas.

—Yo pensaba en quedarme contigo —dijo ella.

—En otra ocasión, si estás de acuerdo, ¿sí?

—De acuerdo.

—Pues vamos.

Subieron a su camioneta de nuevo y salieron con rumbo a casa de ella.

# XXXVII

Las cosas habían vuelto a la normalidad para Pancho y María, quienes, después de salir de la cárcel, no habían regresado a las oficinas del PRI. La policía les había quitado el triciclo para recoger botellas; ahora estaban igual que cuando María se cortó el pie, solo que, acostumbrados a la mejor vida que tenían cuando trabajaban para el PRI, sentían que no lograrían vivir sin el dinero y la despensa que les daban. Además, en los mítines que hacía el partido siempre había quien les diera de comer, así que ni siquiera tenían que gastar las despensas que tenían acumuladas en casa.

María era inteligente, y cuando Pancho le preguntó por qué no regresaban con el candidato del PRI, ella le comentó que fueron ellos los que la habían corrido y que lo habían mandado encerrar porque un día él acudió a juntar botellas y encontró al candidato del Partido Encuentro Social, se sacó una foto con él y la subió a Facebook, esa red social que atontaba a todos. Eso les quitó credibilidad y provocó las burlas de los miembros del PRI, que de por sí no los aceptaban. Contento con la explicación que le dio su esposa y molesto porque lo habían dejado encerrado, no hizo nada por buscarlos.

En las oficinas del partido se corrió el rumor de que, como no les pagaban, ya no fueron, y el presidente se quedó con la idea de que así había sido.

Ese día muy de mañana, María recogía la última bolsa de frijol que le quedaba en la caja de despensa. Pensaba en el amor que sentía por el doctor Óscar y que, además, era correspondido. De no ser porque sentía gratitud hacia su esposo y porque era el padre de su hijo, se hubiera declarado abiertamente al doctor. ¿Qué importaba que tuviera esposa? Seguramente no era feliz; por eso les había contado a sus amigos que estaba enamorado de ella y que, además, había mandado encerrar a su esposo para quitarlo del camino. Recordó aquella novela que veía cuando era niña, en la que una señorita sin estudios y pobre, como ella, se enamoraba de un hombre rico y su vida cambiaba, y hasta se llamaba como ella, María. Solo que ella era de Los Ailes, no del barrio, como le decían a la muchacha que se casó con el rico y se hizo famosa; ahora hasta cantante era. "María de los Ailes", qué bonito suena.

Mientras quitaba las piedras a los frijoles de la última bolsa para cocerlos, pensaba en que ella no lo haría sufrir como lo hizo la muchacha en la novela, cuando entró corriendo Pancho. Llegó todo agitado y, del cartón de huevos que tenía, se puso la camisa más nueva mientras le decía a su esposa:

—Cámbiate, vieja, nos van a llevar a Morelia. ¡Córrele, vieja! —dijo apresurado.

—¿Qué vas a ir a hacer a Morelia? —preguntó María, al tiempo que dejaba los frijoles sin escoger; cuando el marido ordenaba algo, era necesario acatarlo.

—Va a venir la vieja de MORENA a la capital, y por parte de la organización nos están ofreciendo cien pesos y la comida para ir a gritarle cosas —dijo él—. Si vamos los dos, van a ser doscientos; nos va a alcanzar para la semana. ¡Córrele, que nos dejan!

—Pero si nosotros vamos a votar por el PRI —dijo confundida María.

—Pues a nosotros nos van a pagar por gritarle cosas la vieja esa que quiere dejar Obrador. ¡Vámonos y no preguntes! —dijo apresurado Pancho.

Salieron presurosos y se encaminaron a través de los huizaches que había entre una colonia y otra. Llegaron sudando y jadeando a la carretera principal; ahí ya había bastante gente reunida que esperaba el camión. Pancho llegó primero; María, retrasada con su niño, llegó enseguida, cuando la gente estaba subiendo a los camiones. Subieron y se acomodaron juntos; era el camión que rentaba la presidencia, y en ese les tocó ir. Cuando se hubieron acomodado, el camión arrancó y se enfilaron con rumbo a Morelia.

Tomaron el libramiento del municipio vecino y, cuando pasaron la desviación de la ciudad, se levantó don Lalo, el dirigente de la organización. Era un señor de experiencia, tenía una casa de dos pisos y tres carros; se encargaba del enlace con las presidencias y hacía reuniones con la gente en las colonias de la organización. La pareja participaba muy a menudo en las manifestaciones de la organización en muchas ciudades, y con muchos otros que viajaban para pagar el terreno que les habían dado. Algunos decían que las tierras que daban estaban malditas, que nunca terminarían de pagarlas y que siempre los obligarían a ir a marchas. Ellos no decían nada; estaban viviendo en un terreno que les habían prestado y nunca pagaban, pero participaban en todas las marchas que hacían, siempre y cuando hubiera comida. Don Lalo pidió silencio, y todos los presentes le escucharon.

—Vamos a ir a Morelia a gritarle a Claudia que es una mentirosa y que es una populista; acuérdense de que el PRI ha sido el partido que nos ha pavimentado las calles y que el PRD nos ayuda con las despensas. Con ese mentiroso de López no nos ayudó nada. A ver, mujeres, vayan preparando unas consignas para gritarle a esa vieja —ordenó, y de inmediato se armó un cuchicheo en todo el camión.

Durante el camino organizaron las porras y algunas consignas; a la mitad del camino les repartieron las tortas de huevo y jamón que habían preparado algunas señoras de la organización. Le dieron sus cien pesos a cada asistente al evento, y María aprovechó para pedir otra torta. No tenía mucha hambre, pero quiso guardar una para después, por si Panchito le pedía de comer.

Cuando llegaron a Morelia se sorprendieron de la cantidad de gente que había: camiones y camiones llenos de gente se estacionaban para que de ellos bajaran lo que parecía un mar de personas. María se emocionó; había participado en otras marchas donde la cantidad de gente era tal que no se alcanzaba a ver el principio ni el fin. Se incorporaron a la marcha, pero la gente de los cuatro camiones que llegaron del municipio de San Mateo con miembros de la organización se diluyó entre la gente que había y que llegaba de otros lugares. Todos iban a apoyar a la que las encuestas daban como presidenta de la República; lo que pensaron que era gente que apoyaría los gritos en contra de la Doctora Claudia, era gente que la alentaba, que le echaba porras, que la animaba,

Andrés Manuel López Obrador había hecho un gran trabajo y esta votación era prueba de ellos, había construido un país fuerte, se había enfrentado a Trump y había dirigido los destinos de una nación de manera que ahora todos los políticos querían pertenecer a MORENA. En el estado la situación era diferente, Alberto Ramírez era un improvisado y Michoacán iba de mal en peor, Raúl Morón Orozco le había regalado la candidatura una vez que en INE le imputó cualquier tontería para quitarle la candidatura, el debería ser el candidato a gobernador, pero Alberto Ramírez se peleó con él y era su enemigo jurado, ahora el profesor oriundo de Chucándiro era un firme candidato a Senador y el apoyo más grande que tenía la doctora Claudia en este estado, sin duda ganarían con una gran diferencia.

Ante esa situación, algunos de los que iban en contra de MORENA optaron por regresarse al camión; otros se perdieron entre la gente. Pancho tomó de la mano a María y regresaron al camión; ahí se encontraron con don Lalo, que, preocupado, hablaba por teléfono.

—Es un chingo de gente la que trae la Doctora; si le gritamos en contra nos va a madrear —vio que María se le quedaba viendo y les dijo con voz queda—: Súbanse pa'riba —y siguió hablando por teléfono.

Una vez que hubo terminado, subió al camión y le dijo algunas cosas al chofer, que encendió de nuevo el vehículo y se alejó de ahí con menos miembros de los que llevaba. Don Lalo se puso de pie de nuevo y, hablando fuerte, les dijo: —Son muchos los que están con ese viejito —dijo molesto—, pero me acaban de avisar que aquí también estará Xóchitl Galván; vamos a apoyarla a ella, pero vamos a tener que esperar hasta la tarde. Como sea, les vamos a pagar otros cien pesos, porque va a ser todo el día—.

Se oyeron gritos de aprobación e incluso algunas porras que improvisaron al momento. El camión se dirigió al Jardín Morelos, lugar donde se reuniría la candidata presidencial del PRI, y a medida que se iban acercando, el tumulto de gente que se enfilaba hacia el mitin de Raúl Morón y Claudia Sheinbaum parecía desvanecerse. A la candidata de la Alianza no le habían hecho tanta publicidad, y en su evento hubo menos gente, mucha menos que la que tuvo MOREN.

Bajaron del camión y gritaron las consignas que habían preparado; sin embargo, el ambiente se notaba vacío, triste y melancólico; la sensación de derrota se notaba en las caras largas de los que habían asistido desde la mañana y que sabían del evento masivo que tuvo MORENA.

—A mí se me hace que va a ganar otra vez el partido del viejito —dijo María—.

—Cállate, que si te oyen nos van a apalear —le advirtió Pancho.

No era necesario ser experto para saber que el PRI, PAN y PRD estaba a punto de perder las elecciones por una amplia diferencia.

A lo lejos, María pudo ver al doctor Óscar; estaba presente con el candidato de su partido, y al verlo sintió que el corazón le latía más fuerte. Ese día, por la prisa, no se había peinado y sintió pena de que la viera como estaba. Se retiró de enfrente de donde él estaba y se ocultó de la vista, retirándose hasta lo más atrás que pudo de la gente, temerosa de que la viera su gran amor, aquel que había mandado encerrar a su esposo para quedarse con ella y que ahora estaba al lado de la candidata a presidenta de la República. Su corazón se llenó de orgullo y amor

# XXXVIII

Itzel atendía sus obligaciones en la oficina del síndico de la Presidencia Municipal mientras recordaba el único beso apasionado que había recibido de Chuy. Al evocarlo, volvió a sentir sus manos apretando su espalda y su pecho fuerte donde restregaba sus senos, endurecidos por la excitación. Imaginó que él llegaba más allá y empezaba a despojarla de la blusa mientras con sus labios recorría su cuello y sus hombros hasta tocar sus senos desnudos. Suspiró emocionada al imaginar sus labios delgados y húmedos posándose sobre sus pezones; visualizaba a su hombre ideal acariciándole la espalda mientras bajaba las manos hasta tocar sus glúteos. Suspiró de nuevo y, en ese instante, la secretaria del síndico tocó la puerta de lámina. Inmediatamente y con esfuerzo, regresó a la realidad.

—Licenciada, buen día. Vienen a buscarla —dijo la secretaria.

—Sí, adelante. Que pase, por favor —imaginó que quizás fuera Chuy o algún obsequio que él mandara. Desde la noche en que se besaron, él le enviaba ramos de rosas blancas con una tarjeta diciéndole lo maravillosa que era. Le llevaba arreglos de zarzamoras que cosechaba en su huerta, chiles morrones o fresas, siempre disculpándose por no poder corresponderle. Imaginaba que algún día se decidiría a buscarla y declararía su amor por ella. Tal vez ese era el día.

En lugar de Chuy, entró una señora de unos setenta y cinco años, según calculó Itzel, pasada de peso, que usaba mandil y con la cabeza que empezaba a blanquearse a causa de las canas.

—Buenos días, licenciada —dijo mientras extendía la mano para saludarla—. Busco al síndico, ¿estará?

—Buenos días. Soy la licenciada Itzel Alanís —respondió para tomar la mano de la señora—. Siéntese, ¿en qué puedo servirle?

—Pues es que traigo un encargo con el síndico desde hace dos años, y vengo a ver si ya me resolvió algo.

—No, pues el síndico no está y no creo que regrese pronto, pero me encargó que atendiera sus asuntos yo —y agregó amablemente—. Estoy para servirle, dígame.

El síndico municipal estaba coordinando la campaña de la señora Obdulia, mamá de la también candidata a diputada federal Toñita. Desde mucho antes de la campaña no hacía acto de presencia en la presidencia, y ahora que estaban por cerrar las campañas, se pasaba todo el día en la casa del partido. Se había olvidado de su trabajo completamente; total, para eso tenía a la licenciada.

La señora sacó unos papeles de su bolsa de mandado —que le habían regalado en la campaña anterior por parte del partido— y le extendió los documentos a la licenciada, mientras decía:

—Yo soy Martha. Hace dos años que la policía fue a la casa por mi esposo y mi hijo, y desde entonces no sé nada de ellos —llegado a este punto rompió en llanto—. Ya pusimos denuncias en la procuraduría, aquí con el síndico, y no me han resuelto nada. Me dijo el síndico que viniera, que ya me tendría una respuesta, y así me trae vuelta y vuelta desde hace dos años y nada. Ya estoy desesperada, licenciada. Todos los días le pido a diosito que me ayude a encontrarlos, aunque sea solo para sepultarlos, pero quiero saber qué ha pasado con ellos. ¿Usted me puede ayudar? —preguntó sollozando.

Itzel trataba de imaginarse el panorama de lo que sucedía mientras revisaba los papeles de las denuncias que había hecho doña Martha. En ellos señalaba a los policías municipales como los principales sospechosos, diciendo en su declaración que, antes de la hora de la comida, habían llegado dos patrullas de la policía municipal, se habían metido a la fuerza a su casa tirando la vieja puerta de madera y, golpeando a su esposo e hijo ahí frente a su familia, alegaron que pertenecían al cartel de los Zetas. Los subieron a su camioneta y desde ese día nada supieron de ellos.

—¿Cuándo llegaron los policías no les presentaron una orden de arresto, señora? —preguntó Itzel.

—No, señorita, nada. Solo se los llevaron así, sin decir más.

—Y, ¿no vinieron a preguntar a las oficinas de la policía?

—Sí, luego nos vinimos para ver qué pasaba —dijo secándose las lágrimas con su mandil—. Sabemos que la policía municipal ha levantado a varias personas y que ya no las vuelven a ver sus familiares. Así que venimos a ver, y la secretaria que estaba ahí nos hizo esperar hasta que estaba oscuro. Después llegó el comandante y nos dijo que ellos no sabían nada, que eran policías de otro municipio y que no era su responsabilidad —dijo entre suspiros doña Martha.

—¿Usted no reconoció a ninguno de los policías que fueron por sus familiares? —preguntó de nuevo Itzel.

—No, llevaban la cabeza tapada, pero eran policías, se notaba en su viejo uniforme.

—¿Qué le han dicho en la procuraduría y en derechos humanos?

—Pues yo no tengo dinero para andar por allá. Tengo a mis nietos que debo atender, mi nuera se va a trabajar para arrimarles algo y yo los cuido. Vengo a la cabecera cuando me dan el apoyo de Obrado, y no tengo para moverme a Morelia —dijo apenada—. Ya ve que uno está re 'sonso y no sabe leer ni escribir.

—No se preocupe, doña Martha. Voy a ver qué podemos hacer por usted —dijo pensativa Itzel.

—Muchas gracias, señorita. ¿Cuánto le debo? —preguntó esta vez doña Martha.

—Nada, no se preocupe —respondió Itzel.

—Tenga, si quiera para el refresco —extendió un billete de cien pesos.

—No se preocupe, aquí nos pagan y estoy para servirle, no me debe nada —dijo Itzel—. ¿A poco el síndico le cobraba? —preguntó de nuevo.

—Pues me decía que le dejara algo para juntar para la campaña, y siempre le dejaba cien pesos —y se arrepintió de lo que dijo—. Pero no le vaya a decir nada, que tal que se enoja.

—No se preocupe, no se va a enterar. Váyase usted tranquila.

—Pues muchas gracias, que Dios me la bendiga —se despidió doña Martha.

—Estamos para servirle —dijo Itzel mientras estrechaba la mano que le ofrecía la señora.

Cuando salía de la oficina, Itzel no podía imaginar el grado de corrupción que había en los municipios: el síndico sin hacer su trabajo y, aparte de su sueldo, cobrando a la gente para financiar sus campañas, que no hacían más que repartir hojas llenas de mentiras con promesas falsas que nunca cumplirían; el presidente, que desde que se había enterado de que no sería el candidato a la reelección, jamás se había parado en la presidencia más que para las reuniones de cabildo. De hecho, ella solo lo había visto cuando la contrató y en las inauguraciones de obras. Y, por si fuera poco, la policía, que era la encargada de proteger y servir a la comunidad, era la misma que cometía asesinatos y desaparecía a las personas por unos cuantos pesos del crimen organizado.

Haciendo un análisis de la situación, se dio cuenta de que los regidores jamás se aparecían en la presidencia, y que los directores de los departamentos estaban de adorno, solo para recibir las quejas de la gente, pues nunca podían resolver ningún problema, ya que no tenían presupuesto porque el presidente autorizaba todo.

La mayoría de los servidores públicos no tenían más intención que trabajar para ganar votos con base en las despensas que daban, las láminas o los huevos a peso. Pero en sí, la tercera parte del presupuesto del municipio que se gastaba en el pago de los salarios de los servidores estaba desperdiciada. Ese era un gran problema que tendría que contemplar el primer presidente de izquierda, ya que, si lo dejaba de lado, impediría el correcto desarrollo de México y lo que proponía la Cuarta Transformación, el cambio verdadero estaba en los ayuntamientos. Sería muy difícil si no tomaba en cuenta a las pequeñas localidades, los municipios, que eran los más cercanos a la gente y el lugar donde más podrían hacer llegar los apoyos y transformar desde ahí al país, no desde los escritorios de la Presidencia de la República.

# XXXIX

Michel y Yuridia dormitaban escuchando el cuento que les leía su papá. Hablaba sobre una niña que robaba libros. Su papá les leía el relato de la niña que andaba sobre la nieve cuando enterraron a su hermano y cuando la separaron de su madre. A ellas les gustaría conocerla; ya su papá les había prometido que las llevaría a verla, que en un lugar él había visto cuando nevaba. La niña *Liesel* se parecía un tanto a ellas, pues tampoco tenía mamá, solo un papá lindo que tocaba el acordeón y que le enseñó a escribir. Poco a poco se fueron quedando dormidas.

La noche era fresca. Afuera de la casa, el agua caía a cántaros; era una lluvia fresca de junio que venía a refrescar el calor de la primavera. Rayos ocasionales iluminaban el interior de la casa, dejando filtrar luz por las grandes ventanas. Chuy descansaba sobre el sillón de lectura en el que acostumbraba leerles a sus niñas. Todas las noches, desde que eran unas bebés, les leía cuentos diferentes. Ese día contaba la historia de La ladrona de libros, cuento que ellas mismas habían escogido después de verlo con una niña en la portada sosteniendo un libro. Él imaginaba que lo que en realidad habían visto era una niña que se paraba valiente sobre las ruinas que había a su alrededor. Aún recordaba a su profesor de psicología, Genaro Hernández, y las pocas horas que había visto con él sobre la manera en que nuestro subconsciente toma decisiones sobre la parte consciente de nuestra vida.

Imaginó que sería otra noche larga en la que estudiaría su curso por internet sobre cultivos orgánicos, o se quedaría a leer hasta muy tarde con el fin de no pensar en sus necesidades fisiológicas. Cada vez que veía imágenes de sexo, recordaba la manera vil en que su esposa lo había engañado y la forma en que lo habían usado para encubrir un embarazo. Sentía rabia y coraje, y de inmediato se ponía a pensar en otras cosas para quitarse el deseo de la mente. Un relámpago iluminó de nuevo su casa; la lluvia seguía cayendo fuerte.

Decidió ir a bañarse y fue a su cuarto a desvestirse. Como estaba solo en casa, decidió quedarse solo en short. Cuando caminaba rumbo al baño, alguien llamó a la puerta de su casa. Se detuvo en silencio y volvieron a llamar, esta vez más insistentemente. De inmediato imaginó que era su esposa que acudía a que la perdonara; tal vez necesitaba vitaminas o dinero para ir al doctor. El vago de su cuñado no se haría cargo del bebé, ni a los que llevaban su apellido mantenía. Su presumida esposa tenía que vender en el tianguis con su suegra para darles de comer. Le ayudaré, pensó para sí, pero estas no son horas de venir a buscarme. Se puso una bata y, sin zapatos, acudió a la puerta; los llamados no se hicieron esperar, esta vez más insistentes.

Cuando estaba cerca de la puerta, se le heló la sangre. El miedo vino a él de forma brusca e imaginó que tal vez era alguien que quería robarle. La camioneta gris era nueva y no había campesinos que compraran carros del año, como lo había hecho él. Desesperado, corrió a su alcoba, abrió su buró y sacó el arma con la que había corrido a su cuñado. Revisó el cargador y desactivó el seguro. Si venían por él, les costaría trabajo; defendería su casa y a sus hijas, aunque le costara la vida. Las llamadas en la puerta eran más insistentes y, sin embargo, no hablaban. A esas alturas, el miedo era rabia desenfrenada y adrenalina en la espera de que sonara el primer disparo. Estaba listo para contraatacar. Sigiloso, caminó pegado a la barda y, antes de abrir, preguntó:

—¿Quién es? ¿Qué buscan a estas horas? —dijo molesto.

—Pues a ti, tontito —dijo una voz femenina—. Abre que me estoy mojando.

—¿Quién eres? —preguntó de nuevo.

—Soy Itzel —dijo apenada—. No tengo planes de pasarme toda la noche afuera.

Con el arma en la mano, abrió la puerta. Afuera llovía a cántaros. Itzel estaba empapada hasta los pies. Escondió el arma en su única prenda que llevaba y la dejó pasar. Cuando estuvo adentro, asomó la cabeza para revisar si nadie vendría con ella. Desconfiar es bueno, pensó. Cuando se convenció de que solo estaba ella, cerró la puerta.

—Hola, ¿cómo estás? —dijo él—. ¿Qué haces aquí?

—Andaba por aquí y quise venir a saludarte —mintió Itzel—. Pensé que estarías solo.

—Pues sí, de hecho, estoy solo —agregó él con voz turbada—. Las nenas ya se fueron a dormir.

Hasta entonces prestó atención: ella estaba completamente mojada, tanto que el agua le escurría por la cara, el pelo empapado y el cuello completamente húmedo. Llevaba puesta una blusa blanca de manga larga, delgadita, que, mojada como estaba, resaltaba sus duros pechos; no llevaba brasier y sus pezones estaban erectos. Ha de tener frío, pensó Chuy. Llevaba un pantalón de mezclilla igual de empapado y unas zapatillas rosas con brillos que hacían que pareciera más alta. Se quitó la bata y se la ofreció, quedando nuevamente en short. Reconoció su error cuando sintió su pene que se ponía duro ante aquella escena de mujer joven que, por lo empapada que estaba, dejaba poco a la imaginación. La invitó a pasar delante de él con el afán de ocultar su erección.

—¿Te escapaste de una fiesta? —preguntó Chuy, tembloroso debido a la excitación que no pudo controlar.

—No, de hecho, no —respondió ella, quien se rehusó a caminar—. Te voy a mojar todo el piso. Mejor déjame cambiarme aquí, ¿te importa? —preguntó coqueta.

Para ese momento, los latidos de Chuy estaban a mil por hora. Imaginó lo que vendría y las intenciones de ella y, aunque sabía que no era correcto, cada vez le costaba más poder controlarse.

—¿Qui... quieres pasar al cu... baño? —dijo nervioso.

—No —fue la respuesta de ella.

Y se levantó la blusa, tomándola por enfrente. Con dificultad, por lo pegada que estaba, la subió por encima de su ombligo. La sujetó de la parte de atrás e hizo el intento por subirla; después la tomó de nuevo por enfrente y la subió hasta sus pechos, cubriéndolos aún. Repitió la maniobra con la parte de atrás y, finalmente, la blusa abandonó su cuerpo torneado.

Chuy sentía que su miembro reventaría el short; sentía cada latido de su corazón, pero creyó que se había bajado a la entrepierna. Mientras contemplaba el cuerpo desnudo y mojado de la sexi licenciada, su mente daba vueltas y vueltas.

Sin decir palabra, extendió la mano con la bata para que se cubriera, pero ella no hizo caso. Desabrochó su cinturón y desabotonó su pantalón, de inmediato empezó a bajarlo con todo y calzones, sin quitar la vista del hombre que estaba delante de ella. Bajó lento el pantalón hasta la altura de los muslos, después se inclinó para desabrochar sus zapatillas y dejarlas a un lado, tomando el pantalón por los tobillos para quitarlo de su cuerpo con sumo cuidado. Cuando terminó la maniobra, se incorporó y su pelo cayó por enfrente de su cuerpo, cubriendo a medias sus pechos erectos. Cruzó sus pies de manera muy sexy y se tocó la entrepierna completamente depilada, como queriendo ocultarla, pero subió su mano lentamente a su ombligo, haciendo que un escalofrío recorriera el cuerpo de Chuy.

Sintió que se había venido; tenía su pene a punto de reventar y el contacto con el short le parecía incómodo. Le dio pena sentirse excitado con aquel espectáculo que acababa de presenciar; pensó que había eyaculado y trató de que Itzel no lo notara.

—¿Quieres que me la ponga? —dijo ella, señalando la bata y esperando que él tomara la iniciativa a partir de ahí.

—No, no quiero —y se arrojó a sus brazos desnudos, besándola desesperadamente.

Sintió su cuerpo mojado y frío y acarició su espalda desnuda, que aún tenía agua a causa del pelo que seguía mojado. Sus labios se unieron con desesperación y frenesí en un beso anhelado por ambos desde hacía mucho tiempo. Los pechos de ella rozaron el cuerpo de Chuy que, al sentir su contacto, restregó su cuerpo contra ella, que se pegó de forma urgente. Caminaron así hacia su cuarto, sin dejar de besarse y acariciarse. Itzel bajó sus manos por su espalda con la intención de despojarlo de su short, cuando sintió el arma en su espalda; espantada, se separó de inmediato de Chuy.

—¿Qué es eso? —preguntó atónita.

Chuy, que hasta el momento se había olvidado de que la tenía, se sintió culpable; imaginó que después de eso no querría hacer el amor y se sintió morir. Sacó la pistola de su espalda y la aseguró.

—Es por mi seguridad —respondió él, y la guardó en el buró, dándole la espalda a la licenciada. Seguía muy excitado; no sabía si ella seguiría besándolo, si quería hacer el amor con él, si la había espantado. Se le ocurrió que debía pagarle el favor.

Recostada en la cama yacía Itzel. Chuy se dio vuelta y, quedando de frente a ella, comenzó a bajarse el short de la manera más lenta y sexy que pudo, queriendo provocarla, tal como lo había hecho ella hacía un momento. Se arrepintió; no tenía la gracia ni el cuerpo de ella. Sin embargo, los ojos de Itzel estaban más abiertos que de costumbre y también tenía la boca entreabierta.

—¿Sigo? —preguntó Chuy sin mostrar aún su miembro.

—Sí, por favor —dijo ella.

Siguió bajando su short hasta liberar su miembro erecto, que apuntaba hacia Itzel. Hasta ese momento, Chuy había pensado que había tenido una eyaculación; sin embargo, solo eran parte de los líquidos preseminales. Con confianza, terminó por dejarlo caer de su cuerpo, quedando completamente desnudo. Él, a diferencia de Itzel, tenía vello púbico; sintió pena de no estar, al menos, con los vellos recortados.

Al ver que titubeaba, fue ella quien tomó la iniciativa. Levantándose de la cama, se hincó frente a él, tomó su miembro y lo engulló hasta la mitad. Inició una felación.

—¿Quieres seguir? —preguntó Chuy, que intentaba reponerse de la escena anterior. Jamás en su vida le habían hecho el amor así; estaba encantado.

Itzel no respondió; en lugar de ello, se limitó a recoger sus pies y abrirlos, ofreciendo generosamente su sexo, que estaba húmedo. Chuy quería regresarle el favor, pero tenía tanto miedo que no lo hacía; se sintió inseguro de nuevo. Comenzó por tocarle las piernas mientras bajaba hacia su ombligo; ella cerró los ojos y, cuando su mano rozó su sexo, emitió un gemido y se retorció de placer.

—Espera —lo detuvo ella—. Antes tienes que saber algo.

—Sí, dime —dijo él impaciente.

—Mmm, me da pena —agregó Itzel.

—Con confianza, dime —repuso él.

—Soy virgen.

Aquella declaración infundió en Chuy valor; ahora el experimentado era él. Lo que hiciera, fuera lo que fuera, sería la primera experiencia de ella.

—He visto algunas películas y videos, pero nunca he tenido relaciones —finalizó ella.

—Seré cuidadoso —dijo él, pues aquellas palabras habían hecho que su pene, cobrara más vida.

Se acostó a su lado y comenzó a besarla, esta vez con pasión, aunque sin desesperación. Bajó poco a poco hasta sus pechos erectos y se detuvo en ellos, mientras con sus manos acariciaba su sexo. Así llegó el primer orgasmo de Itzel, que, encantada, se retorcía de placer mientras sus gritos apagaban el sonido de la lluvia. Siguió bajando mientras ella respiraba agitada a causa del inmenso placer que sentía. Llegó a su vagina perfectamente depilada y comenzó a jugar con su lengua sobre ella, buscando con calma el estrecho canal que lo conduciría a la gloria. Ella lo tomó de la cabeza y empujó contra su cuerpo, enterrando sus uñas en su cabeza, causándole dolor y placer. Llegó su segundo orgasmo; esta vez empapó la colcha y la cara de Chuy, que seguía lamiendo y succionando el sexo de Itzel.

—Ya, ya, mmm, ya —dijo ella, y Chuy se incorporó para acostarse a su lado.

Se volvieron a besar apasionadamente mientras Chuy acariciaba su espalda, desde la nuca hasta sus glúteos, y ella rasguñaba la suya. Itzel se incorporó y se subió sobre él, que seguía de espaldas, mientras lo besaba. Cruzó su pierna sobre su cuerpo y se acomodó sobre su vientre sin dejar de besarlo; posicionó su cuerpo de manera que sus sexos quedaran a la misma altura y, con su mano, buscó el miembro de Chuy, quien permanecía atónito ante la escena que presenciaba. Ella, la joven licenciada que sería menor que él por unos diez años, estaba desnuda y montada sobre él, a punto de consumar el acto sexual. Imaginó que era un sueño y se restregó los ojos; era real, cada instante era real.

Itzel tomó su miembro y lo restregó contra su sexo una y otra vez. Llegó su tercer orgasmo, mientras él, recostado en la cama, sentía que el pene le iba a explotar. Ella acomodó el pene en la entrada de su vagina y comenzó a bajar; emitió un gemido de dolor —era muy estrecha—, solo introdujo una pequeña parte. Las lágrimas corrieron por sus mejillas. Bajó un poco más y la mitad del miembro desapareció en su interior; esta vez gritó, pero fue un grito de placer mezclado con dolor. Bajó por tercera vez y la penetración se completó. Itzel se tocaba el cabello tratando de entender las emociones que sentía: dolor, placer, culpa, emoción. Acariciaba sus pechos y comenzó un movimiento que la hizo disfrutar, mientras observaba a Chuy, que la tomaba por la cintura con los ojos cerrados y la boca abierta. Entonces escuchó sus gemidos; era delicioso. Volvió a terminar, esta vez mientras bajaba sobre el miembro de Chuy, que, presa de un placer que no conocía, sentía que el pene le explotaría. ella terminó por cuarta ocasión y se derrumbó sobre el pecho de el, exhausta pero satisfecha.

Chuy, sin haber terminado aún, le dio vuelta con maestría y, mientras la besaba, empezó un vaivén cadencioso que a ella le gustó, mientras gemía y gritaba de placer. Sin dejar de penetrarla, buscó sus pechos y comenzó a chupar sus pezones. Fue suficiente para que ella terminara de nuevo, haciendo que sus contracciones obligaran a Chuy a terminar dentro. Se unieron en un grito de placer mientras Itzel sentía el líquido caliente de su hombre dentro de sí, lo que hizo que su orgasmo fuera largo y abundante.

Quedaron tendidos sobre la cama, respirando agitados, mirándose el uno al otro.

—Voy al baño —dijo ella, apenada.

Se encaminó al baño y él la siguió; volvieron a besarse y se metieron juntos a la ducha. Volvieron a hacer el amor y, después, desnudos se acostaron de nuevo, mirándose enamorados y culpables. Se acariciaban mutuamente, y ella descubrió la cicatriz de su cuello.

—¿Qué te pasó aquí? —preguntó Itzel.

—Hace muchos años, en una pelea con el presidente municipal Pepe Yépez. Yo era consejero del partido y me obligaron a que les firmara —dijo pensativo.

—¿En el 2012? —preguntó ella.

—Sí, cuando él quería ser presidente. ¿Lo recuerdas?

—Fue nuestro padrino de generación cuando salí de la prepa; ya era presidente.

—Y, ¿quién crees que gane esta vez las elecciones? —preguntó Chuy.

—A nivel nacional, Claudia Sheinbaum. Aquí, quién sabe: doña Obdulia tiene todo el apoyo de la presidencia, aunque el mejor candidato es Rodrigo Villoro, pero como va por otro partido no creo, imagino que terminará ganando el Doctor —agregó ella.

Se quedaron mirándose un largo rato. Ella se recargó sobre su brazo derecho mientras él la abrazaba. Se quedaron así, dormidos, exhaustos y felices.

# XL

La tristeza y la desesperación embargaron a Leonardo. Había presentado solicitudes en varias empresas para trabajar, pero o le ofrecían un trabajo muy mal pagado o eran largas jornadas laborales. Sentía que, al tener una licenciatura y una maestría, debería ganar más; sin embargo, la situación en el estado era pésima. En el área educativa, el sindicato controlaba las plazas, y los únicos que entraban a trabajar eran quienes tenían para pagarlas o quienes tenían conocidos o parientes dentro del sistema.

Las empresas que había en las ciudades vecinas eran todas de ventas: centros comerciales, tiendas departamentales o cooperativas de crédito. En su municipio, la situación era peor; la única manera de encontrar trabajo era en la presidencia municipal, pero ahí la situación era aún más difícil, pues el presidente decidía a quién contratar y siempre eran sus allegados o compañeros de partido. No había lugar para el talento ni para las personas que de verdad pretendían un cambio.

No se explicaba cómo una región con una institución como el Instituto Tecnológico Superior podía estar tan subdesarrollada. ¿A dónde iban los ingenieros que egresaban de esa universidad? ¿Dónde estaba la innovación que tanto promovían en sus ferias tecnológicas? ¿Por qué no transformaban su entorno? Andrés Oppenheimer, en su libro Crear o morir, explicaba que una de las razones por las que Latinoamérica no crecía económicamente era la falta de una educación de calidad y la escasez de ingenieros que innovaran y transformaran las dificultades en oportunidades. Con una institución así en la región, y sin los resultados esperados, se echaban por tierra las aseveraciones del periodista. Era claro que una institución de ese tipo no sería el único ingrediente para detonar el cambio, pero algo podría hacer.

En su comunidad de Los Barros, la única fuente de trabajo eran las galeras. Su padre tenía una, pero vendía el tabique y la teja a un solo vendedor, que era quien obtenía toda la ganancia. Desesperado, ayudó a su padre a trabajar; lo había hecho toda la vida y tenía experiencia en el arte de transformar la tierra en material. Sin embargo, el dinero no alcanzaba; era muy poco lo que le pagaba el patrón, y para el lunes siguiente ya tenían que pedirle prestado de nuevo para dar de comer a su familia. Así se volvían a endeudar, y Leonardo sentía que estaba en tiempos de la Revolución, donde se les pagaba a los campesinos en las tiendas de raya y el dinero nunca les alcanzaba. La situación era asfixiante.

Desesperado, hizo su maleta y ahorró dinero suficiente para un boleto a la ciudad de Querétaro. No le dijo a nadie hasta el día en que iba a partir. Por la noche no pudo dormir y por la mañana se levantó más temprano que de costumbre. Puso su maleta en la silla de palma, que se caía de lo desvencijada que estaba. Pensó en irse sin despedirse, pero debía darles esperanza a sus hermanas; debía decirles que, desde lejos, cuidaría de ellas, les contaría cuentos y les traería juguetes. Sintió un nudo en la garganta cuando su papá lo encontró leyendo a la luz del foco de la cocina; aún no amanecía.

—Buenos días, ¿madrugaste, hijo? —preguntó don Odilón, su padre.

—Sí, me quedé con ganas de leer este libro que me prestaron en la biblioteca —respondió Leonardo.

—¿De qué trata? —preguntó su padre cuando vio la maleta negra en la silla.

—Sobre la educación en México, padre. Se llama El sistema educativo mexicano y lo escribe Carlos Ornelas —dijo Leonardo, intentando que el tiempo corriera más despacio que otros días.

Muchos hijos dejaban a sus padres; se iban a Estados Unidos a buscar fortuna. Muchos no regresaban, otros volvían para enterrar a sus padres, algunos más se olvidaban de ellos y nunca regresaban. Recordó esa estrofa de la canción popular que decía:

*Un día por sorpresa le dije a mi padre que*
*había decidido a viajar hacia al norte*
*ya estaba cansado de tanta pobreza*
*y que yo quería poderlo ayudar,*

*Con mucha tristeza me dijo mi padre*
*hijo no te vayas no me dejes solo*
*yo ya estoy muy viejo y tal vez cuando vuelvas*
*debajo de tierra me vas encontrar.*

Se le partió el corazón y, tratando de cambiar de tema y olvidarse del asunto, dijo con lágrimas en los ojos:

—Algún día voy a escribir un libro —dijo animado—. Será muy importante, venderé millones de copias y te pediré que dejes de trabajar. Tendremos mucho dinero.

—Sé que te va a ir muy bien, hijo —dijo su papá—. Estoy orgulloso de ti.

—Gracias, papá. Yo también estoy orgulloso de que seas mi papá —y se arrojó a sus brazos sollozando.

—Perdóname por no poder ayudarte, hijo —lloró su padre.

—Ya me ayudaste mucho, gracias, papá. Te quiero.

Por culpa del llanto y las emociones, no se dieron cuenta de que sus tres hermanitas y el pequeño Christopher y su madre ya se habían levantado. Su madre, descalza, lloraba en silencio en el rincón; siempre había sido fuerte, siempre había aguantado hambres, penurias, enfermedades y carencias. Sin embargo, ese día lloró. Sus hermanitas lloraron con él, menos Zoé, que solo lo abrazaba.

—¿Te vas? —preguntó Alexandra, la mayor.

—Sí, voy a trabajar para comprarte tu uniforme de la secundaria —dijo él.

—No te vayas —lloró ella—. No voy a la secundaria, pero no te vayas. Quédate con nosotros —dijo abrazándolo fuerte, como temiendo que al soltarlo jamás lo volvería a ver.

—Yo voy a vender mis dibujos para comprarle su uniforme —dijo Alison, que era una excelente dibujante a sus nueve años—. Pero no te vayas.

Aquella escena le hizo un nudo en la garganta y, por más que trató, no aguantó y lloró. Las lágrimas caían por sus mejillas y un sentimiento de tristeza invadía su alma.

—Solo voy por un tiempo. Voy a regresar cada ocho días, voy aquí cerquitas, a Querétaro. Tengo un amigo que me consiguió trabajo en una universidad —mintió Leonardo—. Regresaré, lo prometo.

—Pero, ¿y si no te vuelvo a ver? —dijo Alexandra.

—Estaré aquí para cuando salgas de la primaria —respondió él—. Lo juro por el dedito.

—Ya déjenlo que se vaya, o lo va a dejar el camión —dijo su padre molesto, que siempre procuraba mostrarse fuerte.

Leonardo se despidió de sus hermanitas como siempre, con un beso en la mejilla, solo que en esta ocasión sabían a sal a causa de las lágrimas que lloraban.

—Quiero que, llegando de la escuela, hagan la tarea, obedezcan a mamá y no se peleen entre ustedes —y agregó—: Alexa, ahora eres la hermana mayor; tienes que cuidar de tus hermanitas siempre, ¿de acuerdo?

—De acuerdo —dijo ella sin dejar de llorar.

—Cuando venga, te voy a comprar un block de dibujo y unos lápices especiales para que dibujes — le dijo a Alison.

—A ti te voy a traer un pastel en tu cumpleaños, pero pórtate bien —y abrazó a Leslie.

Abrazó a su mamá, que le dio la bendición y lo abrazó.

—Regresaré pronto —dijo con una sonrisa y lágrimas en los ojos.

Su papá le extendió la mochila y, al tomarla, le agradeció con una mirada.

—Ten para que te comas algo por allá —dijo su papá, ofreciendo el único billete de doscientos que había en su cartera.

—No te preocupes, llevo dinero y voy a llegar con el hijo de tu comadre —mintió de nuevo, pues nadie lo esperaba—. Guárdalos tú.

Se despidió y salió de la casa justo cuando la combi que iba a la ciudad de Maravatío daba vuelta en la esquina. Aún no salía el sol, así que era muy de madrugada. Subió al camión y se alejó con tristeza de su pueblo. No era el primero que se iba, pero pensó que con sus estudios se afianzaría en su comunidad; nadie más tenía una maestría en pedagogía. Muchos maestros de la primaria y secundaria de su comunidad ni carrera tenían, pero pertenecían al sindicato; eso era suficiente para impartir clases.

Con la esperanza de una vida mejor, se alejó de su tierra natal para buscar un sueño que quizás no llegaría.

# XLI

El tiempo de campaña había finalizado. Ahora estaban en veda electoral y, aunque el INE prohibía el proselitismo en grandes masas, los candidatos de los diferentes partidos políticos a nivel municipal seguían cuidando a los adeptos que habían ganado. Hacían reuniones a puerta cerrada, visitaban a ciudadanos indecisos y entregaban algunos apoyos discretamente. El INE era consciente de todo ello y se hacía de la vista gorda. Los mismos ciudadanos eran los que vigilaban y exponían a los infractores de la ley electoral. Si tan solo hicieran eso durante toda la vida y no solo en periodo electoral, el país sería otra cosa.

Las noches eran muy largas para todos los miembros activos de los partidos políticos, que vigilaban que los contrarios no fueran tan descarados en la publicidad que hacían. Itzel y Chuy descansaban desnudos en su cama, cubiertos únicamente con una sábana. Hacían el amor a diario desde aquella noche lluviosa; estaban muy contentos. No vivían juntos, solo dormían juntos. Por las mañanas, ella se levantaba, se bañaba y se iba muy de madrugada a su trabajo. A la salida, iba a casa de sus papás, dormía algunas horas y se iba a la casa de Chuy entre las 10:00 y las 11:00 p. m. Tenía esa rutina desde el primer día que hicieron el amor.

—¿Cómo te fue el día de hoy? —preguntó Chuy.

—Fíjate que mal. Encontraron otro tráiler con despensas para repartir. Cuando se le cuestionó al chofer quién le había mandado, dijo que venía por parte del gobernador.

—Son mentiras, solo intentan dañar la imagen de MORENA —dijo Chuy.

—No, eso nos lo dijo a nosotros solos. El síndico lo dejó ir porque habló con alguien a Morelia y le dijeron que era ayuda del gobernador para la diputada federal Toñita y los miembros de su partido, ya MORENA y el PRD están trabajando juntos —decía Itzel mientras lo veía a los ojos.

—Entonces es verdad. También las camionetas con sobres llenos de dinero que le han encontrado, y que apuntan a que es el gobernador quien está financiando otro partido —dijo Chuy.

—Por eso no progresamos. Los servidores públicos se la pasan robando durante su periodo de labores al frente de las oficinas para que en las campañas se gasten lo robado sobornando jueces, dando playeras y pegando lonas —dijo tristemente Itzel—. Tantas tonterías en las que se gastan nuestros impuestos.

—¿Tú crees que con Claudia cambie algo? —inquirió Chuy, que con su mano recorría el pecho de ella en círculos hasta llegar a su pezón.

—A nivel federal, sí. Aquí, a nivel municipal, tendría que educar a toda la gente para que hubiera un cambio radical, y eso no va a suceder.

Para este punto, Chuy se había apoderado de su cuello y bajaba la mano hacia su entrepierna. A ella le gustaba que la besara y se dejó hacer mientras separaba las piernas. Estaban abandonándose al placer cuando se escuchó un fuerte ruido en la puerta. Desconcertados, dejaron lo que estaban haciendo y pusieron atención. El ruido volvió a escucharse, esta vez más fuerte. No era un accidente. Vio la hora en el celular y eran la 1:47 de la mañana. El ruido se volvió a repetir, esta vez más fuerte aún.

Chuy se levantó de la cama, se puso el primer pantalón que encontró, unos tenis viejos azules, una camisa naranja de manga larga y tomó su pistola y su caja de balas. La caja estaba casi vacía y en el arma solo tenía dos tiros. Mala suerte. Para ese momento, la puerta sonaba insistentemente y se escuchaban voces de hombres afuera.

—¡TÍRALA, CHINGADA MADRE! —dijo una voz de hombre.

—Vete al cuarto del fondo con las niñas —pidió Chuy—. Allá te terminas de cambiar.

Los golpes en la puerta eran demasiado fuertes e insistentes. Sus niñas lloraban. Itzel comenzó a rezar. Con los nervios al máximo, se dirigió al cuarto de las niñas y las abrazó para consolarlas.

Chuy abandonó el cuarto. Se acercó a las ventanas que tenía y agradeció haber puesto las protecciones después de que disparó contra su cuñado y su esposa. Estudió el terreno y afuera vio una serie de hombres armados que venían en camionetas blancas con logos que decían "Investigación Criminal". Trató de entender la situación: él no era un criminal, y si lo era, ¿por qué no esperarse hasta la mañana siguiente? ¿Por qué no tocar la puerta? ¿Qué era lo que querían?

No sabía mucho de leyes, pero entendió que, si pasaban esa puerta, él, sus hijas e Itzel estarían perdidas. Ahora que su vida estaba mejorando, le sucedía esto. Todo empezó cuando compró esa camioneta. Desde ahí le llamaban diciendo que le iban a levantar a una de sus hijas y que lo tenían vigilado. No pensó que fuera real. La puerta estaba cediendo.

Prendió la luz de afuera y disparó hacia el individuo que pateaba la puerta, haciendo gala de su puntería, pues el hombre con chaleco antibalas y pasamontañas se desplomó hacia su derecha. Dos disparos más retumbaron en la casa: uno alcanzó a otro miembro del grupo de desconocidos que pisaba sus rosas, en el hombro, y a otro en la sien. Tres disparos, tres hombres caídos.

Los hombres que estaban afuera del jardín corrieron a esconderse, presas del miedo. Tal vez esa respuesta nunca la esperaban. De inmediato comenzaron a disparar contra la casa. Chuy tenía la sangre fría; no era la primera balacera en la que participaba.

—¡MÁTENLO AL GÜEY, MÁTENLO! —gritaban desde afuera.

Una lluvia de balas hizo añicos sus ventanas, salpicando sus pies de vidrios rotos. Una de las camionetas prendió las luces y las dirigió hacia su casa, a la parte donde había disparado Chuy. Calculó dónde estaría el chofer y, en un rápido movimiento, disparó de nuevo, reventándole el omóplato izquierdo. La lluvia de balas no se hizo esperar, dañando la cama, el tocador y el clóset de Chuy. Arrastrándose, se dirigió a la ventana del baño. Imaginó que, si se asomaba, le dispararían de inmediato. Quebró el espejo del baño y con una parte trató de ver hacia afuera; se dio cuenta de que no era como en las películas, en realidad no se veía nada.

Siguió deslizándose hasta la otra ventana y, ya le había disparado, descubrió que se acercaban a la ventana. Desesperado, disparó hacia donde se escuchaban las voces, asomando solo la mano, y nuevamente se escucharon los quejidos de dolor de los atacantes. Comprendió que, si quería salvar a su familia, debería alejarlos de su casa. Corrió a la puerta de atrás, la abrió y cerró rápidamente. Corrió hasta la tela de alambre del terreno de atrás de su casa y de un salto la cruzó rápidamente. Cargó su arma, dio vuelta a la cuadra y se dirigió a la esquina de su calle. Desde ahí estudió el panorama: un grupo de tres hombres estaban detrás de la camioneta. Un coche blanco con placas del estado prendió el motor y se encaminó hacia la calle donde estaba. Aprovechando que aún no era visto, esperó a que estuviera a metros de distancia y disparó contra los ocupantes del coche, haciendo que este perdiera el control y se estrellara contra la acera de enfrente. Chuy aún no podía creerlo: eran agentes ministeriales.

La maniobra le había valido. Los policías que quedaban afuera de su casa, entendiendo que habían llegado a ayudarlo, tomaron sus camionetas y se enfilaron en dirección opuesta disparando contra la casa y contra la esquina donde estaba Chuy, quien, haciendo gala de su excelente puntería, disparó contra la camioneta en repetidas ocasiones, acertando al chofer en la nuca y haciendo que esta se volcara debido a la velocidad que llevaba. Sin esperar a sus compañeros, la única camioneta que quedaba se alejó del lugar.

Con sangre fría, se acercó pegado a la acera y remató a los que quedaban en la camioneta. Cuando estaba por disparar al último que quedaba con vida, este levantó las manos y dijo:

—No me mates, tengo familia, perdón, perdón.

—¿Quién los mandó? —preguntó Chuy sin dejar de apuntarle.

—No lo sé, ayúdame, me estoy desangrando —gritó el policía.

—Entonces voy a matarte —amenazó Chuy.

—Al jefe de nosotros... le ofrecieron diez mil pesos, nos daría de a mil a cada uno.

Chuy apuntó, dispuesto a matarlo; esta vez no tenía piedad.

—Va a regresar por ti. Fue por los federales. Escápate, amigo, te van a venir a matar. ¿QUE NO SABES QUE SOMOS LA LEY AQUÍ? —amenazó de nuevo el agente.

Sin temor, Chuy apuntó su pistola y, de un balazo en la cabeza, le arrebató la vida. Corrió hacia su casa con el temor de saber cómo estaban sus hijas e Itzel; pensó que estarían preocupadas por él. Empujó la puerta y, de la primera patada, se abrió. De haber tardado más en reaccionar, se hubieran metido a su casa, pues la puerta casi cedía. Entró al cuarto; sus niñas estaban llorando, al igual que Itzel, recargadas en la pared cubiertas con el colchón y unas cobijas. Cuando lo vieron entrar, se abalanzaron sobre él llorando.

—¿Qué pasó? —preguntó Itzel.

—No hay tiempo para explicaciones, vámonos —dijo sacando a las niñas—. Vámonos —repitió mientras sacaba su cartera.

Su camioneta estaba en los invernaderos; pensó ir por ella, pero no quiso dejarlas ahí. Cuando Itzel salió a la calle, no pudo creer lo que sus ojos veían: en la entrada de la casa de Chuy estaban los cuerpos de cuatro hombres asesinados, sangre por todos lados, la casa tenía agujeros por todas las bardas, los cristales rotos y la puerta ya no se sostenía por sí sola. En la calle, a mano izquierda, una camioneta de la policía volcada y dos cadáveres en la carretera; a mano derecha de la carretera y al final de la calle, un Charger blanco con placas de la policía ministerial estaba sobre la banqueta y dos hombres más estaban adentro sin vida.

Corrieron los casi quinientos metros que los separaban de su parcela en pocos minutos. Chuy abrió con prisa y recorrió el portón, dejándolo abierto. Subió a sus niñas en la camioneta en la parte de atrás y subió con prisa. Al ver que Itzel titubeaba, bajó del automóvil.

—Vámonos, ahora eres parte de mi vida, no te puedo dejar —dijo exaltado.

—¿Tú mataste a esos hombres? —preguntó sollozando ella.

—Iban a matarme y matar a mis niñas, ¿qué querías que hiciera? —se defendió Chuy.

—¿Quién eres? —preguntó de nuevo ella.

—No hay tiempo para explicaciones —dijo ya molesto—. Sube a la camioneta, te explico todo en el camino. Vamos.

—¿Y si no subo, me vas a matar? —dijo ella, llorando ahora desconsoladamente.

—No... ¡ah! —se enfureció más—. Te amo, pero amo más a mis niñas. Voy a preguntarlo por última vez, ¿vienes o te quedas? —amenazó.

—No voy a ir con un asesino —dijo ella.

Chuy subió a su camioneta; sus hijas no dejaban de llorar. Arrancó bruscamente y se alejó velozmente, dejando atrás a la mujer con la que había compartido tantos bellos momentos. Por el momento, no tenía idea de a dónde se dirigía; solo sabía que tenía que dejar el pueblo de Los Manantiales y a su amado San Mateo para siempre, pues de encontrarlo lo matarían. Acomodó a sus hijas en la parte delantera de su camioneta y enfilaron con rumbo al norte del país. Tal vez cuando amaneciera encontraría el rumbo de su vida nuevamente.

# XLII

La vida en el municipio de San Mateo transcurría muy a prisa para los desamparados. Las campañas habían terminado y poco faltaba para las elecciones, que prometían ser históricas. Obrador con su candidata Claudia Sheinbaum les llevaba una amplia ventaja a sus contendientes; los empresarios estaban molestos, la gente tenía esperanza. Faltaban dos días para las elecciones cuando Itzel estaba sentada en la oficina de sindicatura. Después de lo ocurrido durante su última noche con Chuy, regresó espantada a su casa; ese día no fue a trabajar alegando enfermedad. La cabeza le daba vueltas y le costaba trabajo dormir. Sería difícil olvidar todo lo que sucedió. Imaginaba que llegaba Chuy en la noche y la mataba. Pensó que, después de todo, su exesposa tenía razón: era un mal hombre.

Como era periodo electoral, no había nada que hacer. De hecho, los ayuntamientos hacen muy poco; no transforman la vida de los ciudadanos, solo hacen como que trabajan. Esperan que el gobierno estatal y federal resuelva los problemas, y los presidentes municipales solo gastan cantidades de dinero estratosféricas que bien podrían beneficiar a su gente. Los empleados buscaban acomodarse con el futuro presidente municipal, que, por lo visto, en el desamparado municipio de San Mateo ganaría el doctor Óscar. Era el que más ventaja tenía y se rumoraba que la diputada lo estaba apoyando sobre su propia madre. Las cosas seguirán igual, pensó Itzel; nadie se interesa por la gente, todos ven por sí mismos y piensan en términos de tres años, siempre cuidando el tiempo de la elección. Estaba sumida en sus pensamientos cuando escuchó el carrito de los periódicos. Era habitual que a estas alturas se desprestigiaran unos a otros los candidatos, a pesar de la veda electoral. Candidatos asesinados, cuerpos a la orilla de la carretera, estafas de servidores públicos... Periódicos amarillistas, al fin, pensó Itzel. Y de pronto, su cuerpo se paralizó.

—¡ENTÉRESE DE LA NOTICIA! BALACERA EN LOS MANANTIALES: DIEZ MUERTOS Y VARIOS HERIDOS. SE ATRIBUYE LA MATANZA A GRUPOS CRIMINALES. EN EL LUGAR FUE ENCONTRADO EL "CHATO", LÍDER DE LOS TEMPLARIOS. LA POLICÍA MONTÓ UN FUERTE OPERATIVO Y LOGRÓ DAR CON LOS RESPONSABLES. CONÓZCALOS EN FOTOGRAFÍA. COMPRE SU PERIÓDICO Y MANTÉNGASE BIEN INFORMADO.

De inmediato salió a comprar el periódico para ver la foto de Chuy y las niñas; casi se cae en los escalones de la prisa que llevaba. Sentía las piernas flaquear y le latía el corazón a más no poder.

—Licenciada, ¿se encuentra bien? —preguntó Narciso, el policía de guardia.

—Sí, no se preocupe —dijo ella con brusquedad.

Regresó a la oficina y se encerró con el periódico. Ojalá que no digan nada de mí, que no me mencionen, por favor, se decía a sí misma.

Comenzó a leer el periódico y las noticias no decían nada de lo que había sucedido. Había fotos de la camioneta y el coche, pero no se veían ni los logos ni las placas, con lo cual protegían a los policías que habían participado en el ataque. Hablaba de una persecución desde los límites del estado hasta la calle de Chuy; decía que los muertos eran integrantes de una banda criminal y no elementos de la fuerza policial. De Chuy, de ella y de las niñas no mencionaba nada. De momento se sintió a gusto de no estar implicada en semejante problema; sin embargo, se inquietó. Algo no encajaba. Había visto cómo golpeaban la puerta de la casa de él, cómo lo habían balaceado, los cuerpos, los automóviles. Chuy le había dicho que era la policía. ¿Por qué los periódicos no contaban la verdad? ¿Por qué no simplemente decir que un grupo de policías había intentado robar a un ciudadano y este se defendió? ¿A quién protegían los periódicos? ¿Chuy era un mal hombre o solo una persona precavida? Recordó cuando le contó sobre su cicatriz: había tenido a su esposa y a su cuñado a punto de pistola y no los mató. ¿Por qué a los policías los ejecutó con tanta facilidad? Entonces empezó a llorar. Chuy no era ningún asesino; solo estaba preparado porque la vida lo había hecho así. Ahora se había ido y ella no quiso ir con él. No le quedaba más que llorar.

# XLIII

El día de las elecciones no pudo dormir a causa del hambre que tenía. Su niño dormía a ratos, pero el hambre no le permitía descansar adecuadamente. Se despertó con ánimo; había escuchado que si votaban por el PRI, tal vez les darían dinero para comer ese día. Se calzó sus zapatos menos rotos y, sin peinarse el pelo, fue a llenar el biberón de agua; al menos le daría eso al niño, en lo que conseguía un poco de leche.

Pancho se despertó con pocas ganas. No le interesaba la política porque decía que era para quienes tenían dinero; a una persona como él ni siquiera le darían trabajo. Con el gobierno de Obrador había muchas ayudas a la gente, apoyo a los mayores de 65 años, apoyo a los jóvenes, apoyo a los negocios, pero a él y su esposa no les había tocado nada, ningún apoyo, ni despensa, ni trabajo. Así que, de mala gana, se puso sus zapatos enlodados y caminaron sobre el piso de lodo y arena, pisando con cuidado para no caerse. Salieron rumbo a la secundaria, ahí donde se instalarían las casillas. Quedaba a más de una hora de camino, que hubieran podido ahorrarse si hubieran tenido diez pesos para el pasaje.

—De tener dinero, le compraría, aunque fuera un jugo al niño —dijo María—. ¿Crees que gastaría en el pasaje?

A Pancho no le causó gracia el comentario; poco podría hacer para cambiar su situación. No le daban trabajo por no saber leer, y como pepenador, oficio al que se dedicaba, había muchos.

Aun así, caminaron desde su colonia —uno de los barrios más pobres, fruto de la organización a la que pertenecían— hasta la secundaria del municipio, lugar donde se instalaron las casillas. Ambos no sabían leer ni escribir, pero ya sabían por qué partido votarían. Les habían instruido que votaran por la bandera de México; donde la vieran, ahí deberían tacharla. Eso no era ningún problema; podrían tachar la bandera, el logo del PRI, y lo harían con sumo orgullo, pues el encargado de la organización les había dicho que les daría despensas. A ellos les había tocado una hacía tiempo, así que estaban muy contentos de que el partido con los colores de la bandera ganara; estaban seguros de que les darían más despensas.

Cuando llegaron a la casilla, ya había suficiente gente formada, esperando a que abrieran la secundaria para ingresar. Pero el niño no dejaba de llorar; tenía desde el viernes que no le daban más que agua, pues no tenían para más. Ella intentaba darle pecho, pero ya ni agua le salía por falta de alimento, pues desde hacía tres días solo habían probado unas galletas María con una Pepsi de cinco pesos, que, por cierto, a ellos le sabía a gloria, pero para el niño no era suficiente.

El niño, Panchito, como su papá, no dejaba de llorar. Pancho pensó que era debido a que le dolía algo, y en realidad así era, solo que de hambre. Tanto María como él caminaban desanimados, sin poder levantar los pies, con dolor de cabeza y de estómago, la vista nublada y un mal humor que los hacía pelear a cada instante. Y, por la menor provocación, además del llanto del niño, estaban a punto de gritarse el uno al otro, argumentando que por culpa del otro no habían llegado temprano y que a lo mejor no alcanzarían el dinero que les habían prometido.

—Te dije que te levantaras temprano —gritó él—. Por tu culpa tenemos que esperar.

—Deja de gritarme, Pancho, que tú fuiste el último que se levantó —se defendió María, solo con palabras, porque no pudo evitar voltear a gruñirle cuando él le apretó el brazo.

—Si siguen peleando, los van a sacar de aquí —dijo don Lalo. Él era uno de los dirigentes de la organización; Pancho se había planteado que sería el padrino de Panchito, pero como no tenía qué invitarle de comer, aún no le habían comentado nada.

—¿Qué tiene ese niño, María? ¿Está enfermo? —preguntó don Lalo.

—Se levantó bien chillón; ha de ser por el agua —dijo María.

—Pues deberías llevarlo al doctor; tiene más de media hora llorando.

—Ya nomás votamos y lo llevo, don Lalo, porque ya tiene desde que nos levantamos que está así. Por cierto —habló bajito María—, ¿sí nos van a dar el apoyo que nos dijo?

Lo anterior hizo que se molestara don Lalo; sabía que por todos lados estaban los observadores electorales, así como personas de otros partidos y del mismo INE. Si escuchaban una declaración así, hasta el tribunal electoral lo llevarían.

—Sí, María, pero cállate —habló muy bajito, pero lo suficiente para que la escuchara también Pancho—. Cuando votes, traes tu dedo manchado y te doy los cincuenta que quedamos.

Aquellas palabras sonaron a esperanza: podrían comprarle leche a Panchito, y ellos comprar huevos para toda la semana. Cien pesos era mucho para ellos, que vivían de lo que juntaban en la basura. Así que escuchar que les darían esa cantidad hizo que apretara más al niño con la intención de que se calmara; no fuera que hicieran enojar a don Lalo y ya no les diera nada. Sin embargo, solo consiguió que Panchito llorara con más ganas, y era porque el hambre le exigía algo, lo que fuera. María le adivinó el pensamiento y se apresuró a darle el biberón con agua, el cual Panchito engulló con desesperación, pero lo soltó al instante cuando probó que era solo agua, para soltar un llorido de dolor que hizo que todos voltearan a verla.

 Desviaron su atención cuando abrieron la puerta de la secundaria para decirles que ya podían pasar. Aquello animó al joven matrimonio; solo votarían y podrían calmar el hambre de ellos y del niño. Sin embargo, tardarían aún más cuando se formaron en una fila de la casilla que no era, pues ella se apellidaba García y se formó en la primera fila, que solo podían votar los de apellido de la "A a la E". Pancho, por su parte, le tocaría hasta la "S" por ser Soto; él se formó tras de María, reclamándole porque Panchito no dejaba de llorar.

—¿En qué fila nos formamos? —preguntó a los funcionarios de casilla, cuando rechazaron su credencial—. Es que no sabemos leer —dijo María.

Y, con el fin —tal vez de ayudar, tal vez para no escuchar el llanto desesperado del niño—, una de las observadoras acompañó a María hasta la urna que le tocaba. Ahí tuvo que hacer fila otra vez, y su esposo fue a votar en la casilla que le correspondía, lo cual para él era un alivio, así no escucharía a Panchito, que ya gritaba desesperado a causa del hambre.

Al llegar frente a los representantes de casilla, se produjo un cambio en Panchito: volteó hacia atrás y dejó caer los débiles brazos hacia el suelo, sostenidos por María, la cual se contentó cuando vio que su hijo por fin había dormido. Así entregó su credencial.

—García Olvera, María —dijo en voz alta el representante de casilla, a lo que los funcionarios ojearon sus libros para identificarla. Le dieron sus cinco boletas y pasó a tacharlas tal y como le habían dicho. Incómoda por el cuerpo de su hijo dormido, trató de hacer la línea lo más derechita posible, sin invadir ningún recuadro de los demás que aparecían en la hoja, y sobre el logo del PRI, ese partido que una vez le llevó una despensa y que le había prometido que le llevaría otra si ganaba. Una vez completada su tarea, acomodó a Panchito y se dispuso a echar las boletas en las urnas, por lo cual recibió un regaño del funcionario por ponerlas en el lugar equivocado, pues ni a los colores del presidente de la república, senadores o diputados atinó qué color sería.

Para el funcionario de casilla fue fácil la tarea; él no tenía tres días sin comer, había ido a la escuela, se había bañado, incluso se dio el lujo de dejar los huevos fritos que le preparó su esposa antes de salir a la casilla. Ese no era el caso de María, así que sintió alivio cuando, con molestia, accedió a ponerlas en su lugar por ella.

—Su credencial, María —dijo una señorita de lentes—. Préstenos su dedo —volvió a decir—.

Y se prestó a ponerle la tinta en el pulgar, no sin un gesto de asco por el aroma de María, quien tenía más de una semana que no se bañaba.

—Listo, aquí tiene su credencial —dijo de prisa, queriendo que saliera pronto—.

Afuera la esperaba Pancho.

—¿Ya terminaste? ¿Cómo le hiciste para que se durmiera Panchito? —preguntó contento.

—Ya acabé, vamos con don Lalo —argumentó sin hacer caso de la pregunta sobre Panchito.

Así se encaminaron a donde don Lalo, quien, previo acuerdo con la gente fiel a la organización para que le cuidaran de que no lo vieran los de otros partidos o los del INE, entregaba los billetes de cincuenta pesos a cada mano que le enseñaba el pulgar manchado con la tinta de que ya habían votado.

María y Pancho los recibieron con júbilo, se despidieron de mano y se fueron muy a prisa, pero muy contentos porque ya tenían para comer toda una semana.

# XLIV

El 13 de noviembre de 2024, una vez iniciada la transición del gobierno federal, se citó a una reunión general para todos aquellos que quisieran participar de manera activa en los diálogos de pacificación del país. La reunión la convocaba directamente el nuevo delegado del bienestar un perredista que había criticado muchos a Andrés Manuel López Obrador, pero que ahora usaba un chaleco de MORENA. La conferencia se llevaría a cabo en el auditorio municipal de la cabecera; esta tenía un tinte diferente: se presumía como algo bueno para el municipio.

Leonardo visitaba a sus papás cuando se enteró de la noticia. Viajaba desde Querétaro cada viernes por la tarde; había logrado entrar a una escuela, una preparatoria pública. Ganaba muy bien y su trabajo era admirado; aprobaban todos sus proyectos y cada mes los alumnos lo nombraban el mejor maestro, el más carismático, el que más aprendizajes les dejaba. Debería sentirse orgulloso, y sin embargo no lo estaba. Hubiera preferido que las cosas que intentaba hacer para mejorar la vida de los alumnos las pudiera implementar en su Michoacán, pero allá el sindicato no dejaba que los nuevos maestros ingresaran tan fácilmente al magisterio; era una mafia.

A Leonardo le gustaba visitar su estado, estar con sus papás y sus hermanitas, pero no se sentía a gusto viendo cómo el poco monte de su comunidad era cada vez menor. Quería hacer algo diferente, algo que cambiara a su municipio, y esperaba lograrlo pronto. Cuando su papá le comentó, dudó en asistir; sin embargo, le habían dicho que elegirían a un ciudadano ejemplar, que se entregaría un nombramiento a un ciudadano notable que se sumaría a las filas de MORENA nacional y que trabajaría en favor del municipio.

Tendría que ser un ciudadano ejemplar, una persona fresca, con ideas, con juventud, con ganas. Al menos eso pensaba el profesor mientras viajaba en la combi a la cabecera municipal. Tal vez sea mi momento, pensaba. Tal vez todo lo que se dice de la presidenta electa sea mentira. Tal vez esta sea mi oportunidad de hacer algo grande por mi país.

Con los nervios de punta por la esperanza que albergaba, se vistió de traje y lustró sus viejos zapatos para encaminarse hacia el auditorio ese domingo lluvioso de noviembre. No dejaba de pensar que alguien pudiera tener más trabajo hecho que él en todo el municipio. Él siempre había actuado sin buscar nada, sin pedir nada, solo por el hecho de buscar un cambio, siempre en favor de la gente.

Al llegar al auditorio, desde la entrada mucha gente lo saludaba con gusto al verlo; la gran mayoría lo conocía por su buen trabajo realizado en casi todo el municipio. Se colocó en primera fila y esperó a que llegaran los invitados principales, los cuales tardaron más de lo previsto, quizá debido a la fría lluvia que caía al mediodía de ese domingo. Sin embargo, la gente se estaba impacientando cuando el retraso superó las dos horas.

Llegó el nuevo delegado del bienestar, perredista de toda la vida ahora convertido a MORENA acompañado de su equipo de seguridad, los miembros de su delegación y personas que dentro del nuevo partido político tenían un cargo importante. Fueron tomando lugar en la mesa del presídium y colocaron las copias del libro de Obrador frente a la mesa y en la salida, para que la gente asistente pudiera comprarlo al final; ese era el principal objetivo. Lo que extrañó no solo al profesor, sino a mucha gente, fue que, dentro del presídium, al lado del delegado de bienestar, e

staba el licenciado Emanuel, líder del PRI en el municipio ahora igual con chaleco guinda. Conversaban como grandes amigos e incluso se reían de las cosas que el otro decía.

Se iniciaron las presentaciones formales; se presentó a los organizadores del evento y cuando le tocó al delegado de bienestar hacer uso del micrófono, se puso de pie, luciendo su alta estatura y con su voz gruesa que lo caracteriza, dijo:

—Quiero agradecer personalmente al licenciado Emanuel por ser tan insistente en que viniéramos a su municipio. Es un gran honor para mí tenerlo como compañero y aliado en este trabajo que vamos a iniciar al lado de nuestra presidenta, la doctora Claudia Sheinbaum Pardo y continuar con el segundo piso de la 4T del licenciado Andrés Manuel López Obrador —mientras hacía una pausa, la gente asistente aplaudía sus palabras. El profesor estaba desconcertado; no creía lo que escuchaba. El doctor continuó—: Aprovecho este espacio y que estamos en su municipio para hacer entrega de este reconocimiento que otorga el comité nacional de MORENA, y dice así: "El comité nacional de MORENA entrega el presente nombramiento al licenciado Emanuel Palomares como delegado del distrito XII, para que inicie los diálogos necesarios en el oriente del estado y contribuya a la pacificación del país". Muchas felicidades, y ¡que viva la Cuarta Transformación!

Fin.

San Mateo; La historia de los olvidados de Ricardo Ruiz Zamudio, se terminó de imprimir en enero del 2026.

www.ingramcontent.com/pod-product-compliance
Lightning Source LLC
Chambersburg PA
CBHW021145260726
48656CB00024B/1455